不尽往事

风流

汪修荣 著

民国先生风华

團结出版社

图书在版编目（CIP）数据

不尽往事尽风流 / 汪修荣著 . -- 北京：团结出版
社，2024.3
ISBN 978-7-5234-0759-2

Ⅰ . ①不… Ⅱ . ①汪… Ⅲ . ①文化 - 名人 - 生平事迹
- 中国 - 民国 Ⅳ . ① K825.4

中国国家版本馆 CIP 数据核字（2023）第 239529 号

出　版：团结出版社
　　　　（北京市东城区东皇城根南街 84 号　邮编：100006）
电　话：（010）65228880　65244790（出版社）
　　　　（010）65238766　85113874　65133603（发行部）
　　　　（010）65133603（邮购）
网　址：http://www.tjpress.com
E-mail：zb65244790@vip.163.com
　　　　tjcbsfxb@163.com（发行部邮购）
经　销：全国新华书店
印　装：三河市东方印刷有限公司

开　本：170mm×240mm　16 开
印　张：23.25
字　数：355 千字
版　次：2024 年 3 月　第 1 版
印　次：2024 年 3 月　第 1 次印刷

书　号：978-7-5234-0759-2
定　价：69.80 元

目 录

我与阿Q是同乡：

名士陈从周

他是孤独卫士，坚守着一种道行，不断地进行着。

——蔡达峰

　　陈从周这个名字，在当代中国园林界，如雷贯耳。从某种意义上说，陈从周差不多就是当代园林的代名词，与当代中国园林已经融为一体。

　　陈从周一生著作等身，他的代表作《说园》是继《园冶》之后全面论述中国园林的最具代表性的经典之作，先后被翻译到英、法、意、西班牙、日等国，产生广泛世界影响，仅日本就曾有六家出版社同时翻译。他是世界著名建筑大师贝聿铭建筑事务所园林顾问、中国台湾园林季刊顾问，日本造园学会唯一的中国学者，也是把中国园林推向海外的第一人。作为当代园林一代宗师，他曾创下了多项第一。著名学者刘梦溪评价说："陈从周先生是中国近代以来有一无二的园林艺术大师，他是二十世纪学术思想谱系中，以深厚的学养和丰富的艺术造诣，在鲜有人问津的学科领域独树一帜。"

　　然而，在熟悉陈从周的人眼里，他热爱生活，兴趣广泛，多才多艺，是个平易近人的"老夫子"，一个嬉笑怒骂的性情中人。

"爱摩之心"

　　徐志摩可以说是陈从周最早近距离接触到的一个现代文化名人，也是对陈从周少年和青年时代影响最大的一个名人。

陈从周之所以在少年时代就喜欢上徐志摩，主要因为陈、徐两家特殊的亲戚关系。陈从周的二嫂徐惠君是徐志摩的堂妹，陈从周八岁丧父，十岁丧母后就由二嫂徐惠君抚养长大。少年时代，徐志摩已经名满天下，因为这个关系，陈从周从小就从二嫂嘴里听说过许多徐志摩的故事，甚至二嫂结婚时，与徐志摩有过一次非常近距离的接触。一九二九年二月，二哥陈鼎文与徐惠君结婚，徐志摩前来贺喜。十一岁的陈从周在家中花厅里远远地看到了诗人穿着长衫的颀长背影。这段诗意的记忆很多年后仍在他脑海中挥之不去。二嫂告诉过他许多有关徐志摩的故事，有关诗人的一切，他都十分感兴趣。

人生就是这样充满了巧合。也许是冥冥之中的天意，徐志摩飞机失事后，命运再一次把他与徐家拉到了一起。

一九四二年，陈从周从之江大学毕业，经徐志摩儿子徐积锴介绍，与海宁名门蒋氏蒋定女士结婚。而蒋定恰好又是徐志摩表妹。这让陈从周与徐家的关系又近了一层，可谓亲上加亲。婚后陈从周又从妻子的嘴里听到了更多有关徐志摩的故事，对徐志摩的了解更加全面了。

真正阅读徐志摩的作品是从初中开始的。初一的课本中就收录了徐志摩的散文《想飞》，这篇文章使陈从周的童心似乎插上了翅膀，回家后他把能找到的徐志摩的诗文都找来读了，徐志摩的诗文深深打动着一颗少年的心。

由于二嫂的关系，他对徐志摩比别的作家更亲近，印象更深，对诗人的一切都十分关注，徐志摩也成了他少年时代的偶像。

十四岁时，他忽然从同学口中听到徐志摩坠机的消息，这个突如其来的消息不仅对徐家，对广大读者和朋友是一个巨大打击，对少年陈从周也是一个巨大的打击，使他在情感上非常受伤。出于对诗人的怀念，他把徐志摩的诗文都随身带在身边，时刻相伴，一有空就翻出来读。也许因为徐志摩的诗文看得太多了，诗人的影子一直在他心中挥之不去，渐渐地就连他的性情气质和文章都受到了影响。

晚年谈及对徐志摩的感情时，他深情地回忆道："这种爱主要来自于我对他诗文的喜爱。记得我十三岁进杭州蕙兰中学读书，课文中有徐志摩《想飞》这篇文章，童心为之引入云端，回家后就将他的诗文，能找到的都读了。第二年志摩就坠机身亡了。但我将他的诗文一直放在行囊中，有空就翻开读读。""徐志摩对我文字功力的影响是不小的。……我的散文笔调是学他的。"

陈从周与徐志摩的渊源这么深，有两个人对他影响最大，一个是二嫂徐惠君，另一个便是他的妻子蒋定。因为这层关系，他与徐家有了更多的联系，对徐志摩了解也更深入。一九四六年，陈从周业余教徐志摩前妻张幼仪女士学画，从张幼仪嘴里，又听到了更多徐志摩的往事。对一个文史爱好者、徐志摩的崇拜者来说，这种关系为他全面了解徐志摩的生平事迹提供了其他人所不具有的便利。作为一个有心人，陈从周开始有意识地、日积月累地广泛搜集徐志摩的资料，亲戚朋友知道他的这个心愿后，也都大力支持，主动提供帮助，这就为他搜集、撰写《徐志摩年谱》打下了坚实的基础。

陈从周认为他对徐志摩的爱是一种无缘无故的爱。其实他对诗人的爱并不是真的无缘无故的，这种爱来自少年时代听了太多徐志摩的故事，来自诗人诗文的熏陶，来自二嫂徐惠君与妻子蒋定的影响，同时还因为两人性情上的相近，自然也不能排除这种亲戚关系所带来的亲近感。

陈从周自己说："由于这种爱，我为他完成了年谱、全集的出版；妥善安排了遗物；重建了陵墓。"

这种喜欢与爱，成为他坚持不懈搜集徐志摩生平资料的全部动力。很长时间，他把业余时间都用在搜集徐志摩资料上，可以说他是现代文学史上最早系统研究徐志摩的第一人。正是由于多年的努力，一九四九年，陈从周终于完成了《徐志摩年谱》的编撰工作，自费印刷四百本，分送亲朋好友。这也是现代文学史上第一部《徐志摩年谱》，为后来徐志摩研究提供了大量珍贵的第一手资料。可以说，没有陈从周，就没有这部珍贵的年谱。

徐志摩前妻张幼仪看到《徐志摩年谱》十分激动，感慨地说："从周弟爱摩之心，胜过儿孙辈。"这是现代文学史上第一部由一个徐志摩的爱好者业余完成的年谱，为研究徐志摩的生平与创作提供了大量第一手资料，很长时间也是港台和海外研究徐志摩最权威的著作，在学术界产生了广泛影响。

鉴于陈从周对徐志摩研究的巨大付出和赤诚，一九六五年，陆小曼临终前，特地嘱咐侄女陆宗麟把自己一直保存在身边的几件珍贵文物转交陈从周保管。其中包括《徐志摩全集》样本和商务印书馆已经排定的一箱纸版、梁启超为徐志摩和泰戈尔会面而写并送给徐志摩的一幅长联，以及一幅陆小曼的山水画卷。陈从周收到这三件珍贵文物非常重视，并没有收归己有，而是请名人在陆小曼山水画卷上题了"历劫之物，良足念也"八个字，并根据三件文物的性质分别捐给北京图书馆和浙江博物馆等单位，为这些历史文物找到了最好的归宿。

在出版《徐志摩年谱》多年之后，陈从周自己已经成为文化名人、一代宗师，但他对徐志摩的感情仍一如既往，二十世纪八十年代，为纪念这位著名诗人，他千方百计设法为徐志摩修复了坟墓，为徐志摩父亲徐申如先生立了亭，并建议将徐志摩故居改为徐志摩纪念馆。

对他来说，这也许是对诗人最好的怀念。

"我与阿Q是同乡"

陈从周一生多才多艺，不仅是一代园林宗师、古建筑专家，还是著名的书法家、画家。作为著名画家张大千的得意门生，二十世纪四十年代就以"一丝柳、一寸柔情"为主题在上海举办个人画展，并出版个人画集，其文人画深受叶圣陶、冯其庸等众多名家推崇，八十年代更被列为国宝，禁止输出海外。

随着陈从周名气越来越大，向他索要书画的也越来越多。虽然名气很大，书画价格也节节攀升，但陈从周送人书画从不索要报酬，只看缘分，他有一句著名的口头禅："丹青只为结缘看"，意思是只要有缘随便要随便给。

陈从周还是西泠社的成员，作为书画家，印章自然是少不了的。除了正式的印章外，他还专门刻了几枚闲章。闲章的取名也非常有意思，比如："免费供应""丹青只为结缘看""梓室九怪""江南石师""有竹人家""我与阿Q是同乡"等，这些闲章取名既幽默又充满文人气息，其中他最喜欢的便是

"我与阿Q是同乡"。仅从这些闲章取名，不仅可以看出陈从周的志趣与性格，也可看出其豁达与为人，真正可以说是章如其人。

作为传统文人，陈从周为人十分谦和，丝毫没有架子。陈从周平易近人，上至达官贵人，下至工人市民，他都一样交往，平等相待。但他做人有自己的原则，违背原则的事，坚决不妥协。

陈从周把自己同济新村的书房称为"梓室"，叶圣陶为他用篆字题额，赵朴初也曾为他题写斋名。他称自己为"梓人"，即木工，以此明志，以示把中国古建筑和园林当作一生的事业。

陈从周在同济校园中被戏称为"老夫子"，既有对他学富五车的尊敬，也有对他"迂腐"的善意玩笑。离乡几十年，他仍然一口绍兴土话，讲快了还有点口吃，但乡音不改。"常见他骑一辆破旧的老爷自行车（上海人称为"老坦克"）奔走于财务科、器材科办事。走到哪里，一大批男女老幼职员总是围着他，引他说笑。"（薛求理《追忆陈从周先生》）

陈从周从来没有大学教授的架子，不时流露出魏晋风度，做大事不拘小节。"有一次我在校园里遇见他，可能他有些累了，就拉着我在北楼东端的阶梯上坐了下来，一位老师见此很惊讶，说你这堂堂的大教授，竟然席地而坐……"（蔡达峰《怀念陈从周教授》）但这就是陈从周。

还有一个细节也很能反映他的名士风度。上世纪八十年代，陈从周将"明轩"移建美国大都会博物馆，蜚声海外，访美归来，学校安排他做讲座。

"陈先生访美返沪，在同济新村工会俱乐部作观感报告，讲堂里塞满了听众，先生穿着出国时的一件簇新中山装，风纪扣也扣着。忽然背痒，陈先生用手搔了一下，隔衫搔痒，不能恰到好处，陈先生索性当众解开风纪扣，搔个痛快，众皆大笑。"（薛求理《追忆陈从周先生》）

虽然誉满中外，但他从来不把自己当作一位大师。"在日常的生活工作中，他是个很朴素随和的人，就像造园所追求的自然境界。从教师、员工到校外交警、店员，都有他的朋友。在做园林工程的时候，他用的是工人的伙食，看他十分耐心地对工人讲造园的道理，俨然就像一位老师傅。"（蔡达峰《怀念陈从周教授》）

很多从事古建筑园林的老师傅都是他终身的朋友，他还曾把一个擅长做古建筑模型的苏州师傅介绍到同济大学工作，专做教学模型。他虚心向从事古建筑园林的一批有经验的造园师傅请教，尊重他们的劳动和创造性，苏州香山帮的一群经验丰富的老师傅也为他修复古建筑园林提供了强大的专业支持与服务。可以说，没有这些有经验的老师傅，有再好的设想设计也只能停留在纸上，无法化为现实。

陈从周喜欢烟、茶、黄酒，爱品茶，爱抽烟，抽烟不论好坏。不仅家里来朋友时请朋友抽，学生来了，也请学生抽。时间一久，学生知道老师为人，便主动拿桌上的烟和老师同抽，其乐融融，陈从周从不以为忤。在陈从周看来，这才是真文人，真性情。

抽烟如此，教自己研究生画画，也是如此，在貌似随意随和中，处处流露出他率真的性格。"记得他画花蕊的时候，墨笔去嘴里抿一下，舌头都黑了也不管，直等画完再漱口。"（李振宇《客厅、书房和课堂》）

陈从周一生豁达随意，但又疾恶如仇，这种耿直性格在"文革"中受到冲击，是完全可以想见的。

"一九五八年，就是因为他的《苏州旧住宅图录》中引用了《吴风录》中一段：'虽闾阎下户小民亦以盆岛山石为玩'（大意，未核）闯下大祸，说他诬蔑劳动人民是'小民'，是反动文人，从北京直批到上海。此后他就成了'老运动员'。'文化大革命'正值韶韶年华，戴高帽子、抹三花脸、游街、罚跪。但先生也有一套对付的办法，他相信中国哲学：柔能克刚。人家叫他低头，他弯腰，人家叫他下跪，他索性就躺在地上了。……"（路秉杰《好

人好事人常忆》)

面对这些不公正的待遇，陈从周十分豁达。当"牛鬼蛇神"时打扫厕所擦地板是家常便饭，"'文化大革命'中他是'牛鬼蛇神'，只好夹着尾巴做人。白天叫他打扫厕所，他就把拖地当作练大字，用足臂力腕力，把地板拖得光可鉴人"。（李振宇《陈从周教授的治学和情趣》既然躲不过，就坦然面对，"文革"后他不无得意地说："我把它当成练书法写大字，我的臂力、腕力如此之好，还得益于那几年哩。"

陈从周随和达观，并不表示他没有性格与脾气。随和与耿直可以说是他性格的两个方面。他一生耿直，碰到看不惯的人与事，就要说，就要骂，有点鲁迅风，朋友说他怪，他便刻了"我与阿Q是同乡"的闲章自嘲。对陈从周，写字画画是他重要的交际手段，他戏称"缴饭钱"，学者、书记、市长给，门卫、炊事员、司机也送，要的人多了，他索性提出"梓翁画画不要钱""翰墨只把结缘看"。

陈从周也绝不是不食人间烟火。有一次同济大学校门口发生一起车祸，他到处找人，要求在校门口安装交通信号灯。为同济师生安全，他为人画了不知多少画，写了多少字，交通指示灯终于安上了，解决了同济师生交通安全问题。为此，同济师生一致选举他为人大代表。

自成一家的"草头王"

陈从周最早是学文史的，上世纪五十年代调到同济大学才由文史改园林。因为半途出家，又以文史见长，所以他治学也就不按常规，有自己的一套方法。

招研究生时，他出的考题与别人不同，凡是书本上死的知识他通常都不考，问的似乎是很普通甚至很家常的问题，比如：你是哪里人？你的家乡有什么名人？有什么典故？乡邦历史地理有什么特色？他正是从这些貌似很寻常的问题里考查学生平时是否关注文史知识，从中判断学生的素质和潜力。

陈从周觉得研究中国古建筑园林，必须研究传统文化，没有丰富的文史知识，就难窥壶奥。因此他要求自己的学生必须熟悉文史，了解传统文化，还要亲自勘测古建园林，反对死读书，读死书。在他看来，文理相通，中国古建园林博大精深，常常诗的功夫在诗外，因此要求学生学昆曲，读古文，写文言文，练习书法，学中国画等等。他有一套自己的培养方法，主张写字先临帖，学画从画梅花开始，要求自己学生每周画五千个圈圈，只有基础打扎实了，才能画好画。他常常边教边画，书房兼画室，有时便把课堂上画的画写的字送给自己学生，和学生称兄道弟，他给学生送画落款时称对方弟，给外人送画称对方兄。

陈从周虽然是教会学校出身，但却特别喜欢中国文化，日常也以传统民族服装为主，常常是上面对襟褂子，脚下布鞋一双。有次见有个研究生穿了一双布鞋挺好的，他让学生脱下来，自己一试正好，便说，这双鞋归我了。

"他写文章，往往不用书桌，几张稿纸放在膝盖上，就像现在用掌上电脑的样子，很随意。他的书房大概七个平方米，朝北靠墙放着一张八仙桌，吃饭画画都在这上面。房里还放着一张单人床，一张真正的书桌，上面放满了砚台、图章、印泥、笔墨等，墙角推着纸儿。这书房也是卧室和餐室，而且显得有点散杂，但这么多雅洁的作品，就是从那里出来的。"（蔡达峰《性情、学养与境界》）

平时陈从周和自己弟子十分随和平易，甚至称兄道弟，但在学术上要求甚严，绝不马虎。研究生论文答辩时，别的导师都为自己的学生打招呼求情，提供方便，陈从周却主动对评委说："我学生的论文，请评委不要轻易给优，优就是很好。哪来这么多很好，如果有问题，可以给不及格。严格要求就不能讲面子。"（李振宇《陈从周教授的治学和情趣》）

因为半途出家，陈从周除了从传统园林理论中汲取营养，更注重实践。他亲自参加了国内很多著名园林的修复、保护与重建工作。他之所以成为当代园林一代宗师，与他注重实际考察，不人云亦云，凡事亲力亲为、以事实说话有直接的关系。陈从周一生，参与了国内大量古建筑园林保护与修复工作，可以说很多著名的古建筑园林都留下了他的身影，尤以江浙沪地区为最：

一九五二年，随刘敦桢考察山东曲阜等古代建筑。

一九五四年，他参与指导上海龙华寺塔修理工程。

二十世纪六十年代初，参与指导上海豫园、嘉定孔庙、松江佘山秀道者塔的修复、设计工作。

一九六三年，协助、参与梁思成设计扬州大明寺鉴真和尚纪念堂，研究扬州园林。

一九八〇年，将苏州网师园的园中园殿春簃复制输出至美国纽约大都会博物馆，改名"明轩"。

晚年参与豫园东部建设，并亲自主持设计了云南楠园。

因为他是半途出家，有些学术界人士就觉得他是旁门左道而看不起他，"文革"前他的职称一直是教员，"文革"后升教授也经过了一番曲折。他对自己学生说："我搞学问用的是红军战术，我没有多少兵力，就打游击，你打你的，我打我的，占山为王，占住一个山头就抓住不放，管你承认不承认。只要是真东西，就不管别人说三道四，慢慢地山占多了，就成了'草头王'，你不认也要认。因此，埋头做学问是第一，打仗要真功夫是第二，占山头就是抓住不放钻研到底是第三，这三件一件也不能少。"（阮仪三《忆恩师陈从周先生》）

冲冠一怒为国宝

陈从周为人随和，没有架子，上至达官贵人，下至工人市民，他都一样交往，都有朋友。但他又是一个有原则的人，违背原则的事，坚决不妥协。

在别人眼里，陈从周作为一个堂堂教授却爱管闲事小事，过于较真。比如大饼分量不足或者涨价，他也要郑重其事与人家理论，如果对方不接受，他就说我要写文章登报曝光，于是周围群众送他一个绰号"大饼教授"。

在同济校园，看到大学生在草地上踢球，他也要干预，在他看来，他不是反对学生踢球，而是反对学生破坏绿化。他的弟子蔡达峰回忆说："我在建筑系读本科时，有一次与几个同学在北楼前的草地上踢球，正被他遇见，他大叫着阻止，还没有等我们反应过来，他追着皮球，又拉着一位同学去校长那里评理，当时我们觉得他迂得有点过分，现在想来，作为一个园林专家，爱惜绿化到了如此投入的程度，这种执着的精神和社会责任感，正是我们现在很缺少的。"（蔡达峰《怀念陈从周教授》）

对学生如此，对领导也是一样，只要违背原则的事，他都反对。

一九八六年，同济新村内一块绿地上要建一活动室，陈从周认为这是破坏环境，在他一再反对下，工程只得暂时停工。一位老领导特地登门向陈从周求情，希望他通融一下，陈从周坚持不给面子，弄得老领导非常难堪。"老领导最后沉下脸来，说老陈啊，现在你是名人了，我的话你也听不进去了，那你看着办吧。说罢拂袖而去。"（李振宇《陈从周教授的治学和情趣》）

一九八八年，苏州园林局希望由他主持做拙政园东园改建方案，他欣然接受，但提出一个条件：设计、改造方案，一切由他说了算，不允许领导们干预定调。

镇江国家级大型热电厂一开始选址镇江南山，南山曾是历史上著名的风景区，城市建设部门认为在这里建电厂会对风景区造成毁灭性破坏，电力部门坚持要建。陈从周作为被聘请的选址论证专家，他完全支持城市建设部门意见，认为镇江南山是历史上有名的风暴区，一旦建电厂，整个环境就会遭到极大破坏，他分析利弊，与部长、省长针锋相对，最后硬是把电厂赶走了。现在镇江南山已经成为国内著名风景区。

陈从周对保护自然不遗余力，最著名的例子莫过于他为保护浙江海盐南北湖所做的努力。

南北湖是一个天然风景十分优美的地方，有山有水，堪称园林胜境。上世纪八十年代，当地为了发展经济，大规模开山取石，好端端的一个风景区百孔千疮，山鸟野禽被捕尽杀绝，陈从周看了伤痛欲绝，决定拯救南北湖。他以一个知识分子的责任感和一个园林学家的使命感为保护南北湖四处奔走呼号。

作为一介书生，陈从周只能运用手中的笔，于是他带着记者去采访，引起全社会关注。先后在《人民日报》《解放日报》《新民晚报》《中国城市导报》等多家报刊发文介绍南北湖，呼吁拯救南北湖。他给嘉兴市委书记写"放下屠刀，立地成佛，救救南北湖"，为海盐县长写"石落乌纱"，为了求海盐县委书记开恩，甚至专门送画，并在画上题"在隆隆炮声中挥泪写之"。

他的学生回忆说："海盐南北湖开山炸石头，他去找县长，要保护风景资源，县长说，老百姓要吃饭，不好办。陈先生很恼火地说，你们在糟蹋老祖宗留下的财富，等于挖祖坟，在卖祖宗，你不听，我就写文章上报纸，白纸黑字你逃不了。不几天《新民晚报》上登出了陈从周骂海盐乱开山破

坏风景的文章。这下触动了海盐县的领导，停止了开山炸石，陈先生也与海盐有了交情……"（阮仪三《忆恩师陈从周先生》）

在他一再呼吁努力下，地方政府总算做出了一些改进措施。陈从周并不仅仅呼吁，他还主动作为，为南北湖建设出谋划策，他认为南北湖适合建成一个园林式风景区，并提出："宜小不宜大，宜藏不宜显，宜曲不宜直，宜旧不宜新"，在他的不懈努力下，一九八五年，南北湖被评为省级风景区。

但是好景不长，不久，在现实利益驱使下，南北湖环境再次遭到破坏。一九九一年，他在《中国环境报》上读到读者来信，反映南北湖风景区炸石捕鸟的情况，再也忍不住，无奈之下不由写信告了"御状"，给当时的国家最高领导人写信，结尾署名："救救南北湖，小民陈从周"。

这封信引起了最高层的关注。在最高层干预下，浙江省委高度重视，在第一时间做出重要批示，在有关方面强力干预下，南北湖才完全停止开山炸石捕鸟，风景区情况才真正好转。在海盐人看来，没有陈从周，就没有南北湖，这一点并不夸张。

南北湖保住了，对此，陈从周得意地说："我的一封信救了南北湖……"

陈从周去世后，海盐人并没有忘记他。二〇〇〇年陈从周艺术馆建成，其艺术馆和他的雕像就坐落在南北湖观音山南麓，俯瞰南北湖，守护着南北湖。

对于陈从周来说，古建筑园林就是他的生命。为了保护风景园林他可以"告御状"，为了保护古建筑，他也可以面对高官拍案而起。

一九九二年一月，陈从周参加上海城市规划会议，有关部门为了发展经济主张拆除徐家汇一座清代藏书楼，这个计划遭到与会文物专家的一致反对。为保存这座珍贵的历史建筑，陈从周冲冠一怒，与市领导发生激烈争吵，由于太激动，导致血压升高，突发脑卒中住院。可以说，他用生命保护了这座清代藏书楼。

他的朋友邓云乡感慨地说："想想三年前他同某位大官开会时拍桌子大发脾气，忽然血压升高手脚冰凉，中风住医院，危险黄牌挂了半个多月，好不容易从死亡线上拣回一条命……"（邓云乡《我的朋友陈从周》）

著名学者刘梦溪对此评论道："虽然不能说陈从周是因园林而生，但他确实是因园林而死。"

陈从周三次中风，二〇〇〇年病逝，其实都与他的性格，与他文人风骨有关。他的亲炙弟子蔡达峰感慨地说："呼吁与抗争，直到他精疲力竭，得了三次中风，不能写不能说的时候，才变得平静了。""他是孤独卫士，坚守着一种道行，不断地进行着。"（蔡达峰《怀念陈从周教授》）

也许他的弟子蔡达峰对他的这个评价才是最为公允的。

主要参考资料：

蔡达峰、宋凡圣主编《陈从周全集》

黄昌勇、封云主编《园林大师陈从周》

万古人间四月天：

林徽因与
徐志摩、金岳霖

徐志摩当时爱的并不是真正的我，而是他用诗人的浪漫情绪想象出来的林徽因，可我其实并不是他心目中所想的那样一个人。

——林徽因

看来思成是真正爱你的，我不能去伤害一个真正爱你的人，我应该退出。

——金岳霖

我离开了梁家就跟丢了魂一样。

——金岳霖致费慰梅

林徽因1916年于北平

在现代文化名人中，林徽因是一个独特的存在。她不仅是一位优秀的中国古典建筑研究学者、大学教授，同时还是一位优秀的作家，写出了许多才气横溢的小说、诗歌、散文。然而，一般人对林徽因的了解，多半因为她与徐志摩、金岳霖之间充满传奇色彩的情感纠葛。令人敬佩的是，由于她的妥善处理，这些感情纠葛最终都升华为高尚的友情，给世人留下了一段文坛佳话。这就是林徽因有别于一般女性的地方，她也因此获得了世人的尊敬。

关于林徽因，著名作家萧乾晚年在《才女林徽因》中曾怀着钦敬的心情这样写道：

我第一次见到林徽因是一九三三年十一月初一个星期六的下午。沈从文先生在《大公报·文艺》上发表了我的小说《蚕》以后，来信说有位绝顶聪明的小姐很喜欢我那篇小说，要我去她家吃茶。

那天，我穿着一件新洗的蓝布大褂，先骑车到达子营的沈家，然后与沈先生一道跨进了北总布胡同徽因那有名的"太太的客厅"。

听说徽因得了很严重的肺病，还经常得卧床休息。可她哪像个病人，穿了一身骑马装（她常和费正清与夫人威尔玛去外国人俱乐部骑马）。她对我说的第一句话是："你是用感情写作的，这很难得。"给了我很大的鼓舞。她说起话来，别人几乎插不上嘴。别说沈先生和我，就连梁思成和金岳霖也只是坐在沙发上吧嗒着烟斗，连连点头称赏。徽因的健谈绝不是结了婚的妇人那种闲言碎语，而常是有学识，有见地，犀利敏捷的批评。我后来常想：倘若这位述而不作的小姐能像十八世纪英国的约翰逊博士那样，身边也有一位博斯韦尔，把她那些充满机智、饶有风趣的话一一记载下来，那该是多么精彩的一部书啊！

这段话可以说是林徽因当年生活的真实写照。

梁思成：志同道合的伴侣

梁思成和林徽因从某种意义上说是门当户对的结合。梁思成是著名的学者、维新运动领袖梁启超的长子。林徽因的父亲林长民也是一位有名的学者和官员。林徽因十五岁那年，林长民和梁启超成了好朋友。他们都在日本待过，又都在北洋政府中任过高级官吏，作为朋友，他们自然地希望通过子女的婚姻关系使两个家庭进一步联系在一起。一九一九年，梁思成和林徽因在双方父母的介绍下相识了。这一年，梁思成十八岁，林徽因十五岁。虽然梁启超和林长民希望他们将来结合在一起，但作为受过西方教育的人，他们都主张由子女自己来决定他们的婚事。梁思成当时刚考入清华学堂，热爱音乐、美术和艺术，同时又是运动健将。林徽因则出身名门，受过良好教育，爱好文学艺术，而且天生丽质。无论从哪个方面看，两人都是天造地设的一对。接触不久，很快两人便都有了好感。有意思的是，第一次约会时，由于矜持和紧张，梁思成居然独自爬到一棵树上，把林徽因丢在了树下，林徽因被气得半死。这件事多年后想起来，仍令林徽因耿耿于怀。

一九二〇年，林长民被任命为中国驻英国国际联盟的主任，为了排遣

寂寞，他把女儿带去做伴。这一年林徽因十六岁。出国前，林徽因已经在上海和北京的教会学校学会了一口流利的英语，到英国后，很顺利地进入圣玛丽女子学院学习。这时欧战结束了，林徽因作为家里的女主人，经常负责接待国内外的客人。其间，一个父辈的男人突然闯了进来，扰乱了父女平静的生活。他就是徐志摩。作为过来人，林长民发现徐志摩显然来得太勤了，而且徐对自己女儿的过分热情引起了他的警觉和不满，为了不节外生枝，林长民便带着林徽因离开英国回国。为防夜长梦多，林长民和梁启超把梁思成与林徽因的婚事重新提了出来，梁启超自然也十分乐意。一九二三年，梁启超在写给梁思成大姐的信中说："思成与徽因已约定结婚。"但作为一个有远见的思想家，梁启超对这对年轻的恋人提出了一个要求，他们在正式结婚之前必须完成自己的学业。在梁启超的建议下，梁思成与林徽因决定赴美国深造，攻读建筑。

虽然梁思成与林徽因的婚姻关系口头定了下来，但他们之间来往并不很多。林徽因这时迷恋创作，多少仍被徐志摩吸引着，但这时意外发生的一起交通事故，加深了她和梁思成之间的感情。一九二三年五月七日，梁思成与弟弟思永骑着一辆摩托车准备参加学生游行示威，这一天是袁世凯

签订丧权辱国的"二十一条"国耻纪念日。两人正在路上行驶，突然被一辆大轿车撞翻了，梁思成左腿被撞断，只好在医院卧床休息。这次车祸给梁思成留下了终身残疾，对他后来的工作产生了很大影响。

车祸虽然给梁思成带来了巨大痛苦，但却使他意外地与林徽因亲近起来。梁思成住院后，林徽因每天都到医院来看望梁思成，陪他说话，开玩笑，或者安慰他。这段时间，他们加深了相互理解与感情，三个月后，等到梁思成出院时，他们已经成了密不可分的恋人。这一年时间，林徽因常常陪梁思成到公园散步，几乎到了形影不离的地步。

由于车祸，赴美留学的时间被推迟了一年。一九二四年夏天，梁思成与林徽因才一起离开中国赴宾夕法尼亚大学攻读建筑。梁思成顺利进了建筑系，因建筑系不收女生，林徽因只好进了美术学院，选修建筑系的课程。一九二七年，梁思成与林徽因从宾大毕业，林徽因获得了美术学士学位，梁思成获得了硕士学位，并取得了建筑师的资格。大学毕业后，梁思成一度到哈佛大学研究美术史，林徽因则到耶鲁大学师从贝克教授学习舞台美术。两人在美国度过了三年难忘的留学生活。

完成了美国学业后，在梁启超的安排下，梁思成和林徽因按照严格的传统习俗，在测了生辰八字后，一九二八年三月二十一日，在加拿大渥太

1928年3月，梁思成与林徽因在渥太华举行了婚礼

华中国驻加总领事馆按传统方式举行了婚礼。当时梁思成的姐夫周希贤任中国驻加拿大大使馆总领事。林徽因一时没有合适的结婚礼服，特地为自己设计了一套"东方式"的带头饰的结婚礼服，收到了意外的效果。这也算林徽因大学毕业后第一次设计作品。婚后，两人便启程游历欧洲，开始了蜜月之旅，先后到英国、瑞典、挪威、德国、瑞士、法国和西班牙等国考察西方建筑，数月后才回到国内。

一九二八年八月，在梁启超的安排下，梁思成受聘东北大学建筑系，从事建筑系的筹备工作，担任教授兼系主任。次年，林徽因也来到东北大学担任建筑系教师，讲授雕饰史和专业英语。当时建筑系初创，只有梁、林二位教师，两人在条件极为艰苦的情况下，为东北大学建筑系的创办立下了汗马功劳，做了许多开创性的工作。有一种说法，林徽因在东北大学曾担任建筑系教授。东北大学校徽征集图案时，林徽因以"白山黑水"设计得奖。两人在东北大学一共待了三年时间，可以说东北大学建筑系是二人一手创办的。

一九二九年八月，他们生下了第一个女儿，为了纪念祖父梁启超，取名再冰。在父亲的影响下，梁思成转而研究中国古代建筑。

生下女儿后，林徽因的身体变得体弱多病，不久，医生诊断她患上了肺病，东北寒冷的气候显然不适合她，为了林徽因的健康，梁思成决定把妻女送回北京治疗。

一九三〇年秋天，梁思成把林徽因母女和林母接到靠近北京东城墙的北总布胡同3号一处北京四合院里。一九三一年四月，梁思成也回到北京，到"中国营造学社"担任法式部主任，林徽因到"中国营造学社"担任"校理"。这是他们对中国古代建筑研究的开始，后来他们便把全部精力用到中国古代建筑的研究中去了。"从一九三一至一九三七年，母亲作为父亲的同事和学术上的密切合作者，曾多次同父亲和其他同学们一道，在河北、山西、山东、浙江等省的广大地区进行古建筑的野外调查和实测。"（梁从诫《倏忽人间四月天——回忆我的母亲林徽因》）

梁、林二人不仅共同致力于古建筑的考察研究，还共同从事建筑设计。一九三四年，二人共同完成了北京大学地质馆的设计。一九三五年，二人又共同完成了北京大学学生宿舍的设计。

"七七"事变后，梁思成与林徽因一家大小与清华北大教授们一起流亡大后方昆明。一九四〇年冬，梁家随中央研究院一起迁往四川宜宾附近的李庄。一九四六年八月举家回到北京。

战争环境对他们的研究产生了很大影响，但即使在抗战最艰苦的日子里，梁思成和林徽因也没有停止对中国古代建筑的研究。在林徽因全力支持下，梁思成在中国古代建筑研究方面取得了举世瞩目的成就，一批研究成果轰动了世界，赢得了世界建筑界的尊敬。抗战胜利后，耶鲁大学和普林斯顿大学同时邀请他前去讲学，耶大请他担任客座教授，讲授中国艺术与建筑艺术，普大请他参与"远东文化与社会"国际研讨会的领导工作。梁思成还应邀参加联合国大厦的设计工作。鉴于他在中国古代建筑研究方面的杰出贡献，普大授予他名誉博士学位，并给予了高度评价："一个创造性的建筑师，同时又是建筑史的讲授者、在中国建筑的历史研究和探索方面的开创者和恢复、保护他本国的建筑遗存的带头人。"（费慰梅《梁思成与林徽因》）

一九四九年，林徽因被聘为清华大学建筑系教授。主讲中国建筑史，同时为研究生开设住宅概论等课程。同年九月，林徽因、梁思成等人参加中

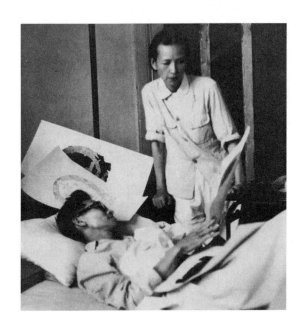

华人民共和国国徽的设计工作，一九五一年，林徽因又和梁思成一起参加了人民英雄纪念碑的设计修建工作。

直到病逝前，林徽因一直是梁思成最重要的助手和合作伙伴，可以说，梁思成在中国古代建筑方面开创性的研究成果都是与她的参与分不开的，正是二人的共同努力，才使中国古代建筑研究成果走向了世界。

与徐志摩的插曲

林徽因作为一代才女之所以在现代文学史上一度为人称道，与徐志摩有一定的关系。

徐志摩和林徽因相识，完全是因为林长民的关系。徐志摩最初是以父辈的身份与林徽因相识的。

徐志摩是浙江一位银行家的儿子。一九一五年与张幼仪结婚，并生有一子。北京大学毕业后，又赴美留学，两年后转赴英国。徐志摩在妻兄张君劢介绍下结识梁启超并成为梁的得意弟子。徐志摩具有创造的热情和幽默感，他身上的诗人气质非常吸引人。由于共同的爱好与志趣，他与林长民一见如故，很快成了忘年交，彼此十分相投，感情很深。

一九二〇年，林长民到达伦敦，徐志摩便以朋友的身份来看望他。那时林徽因刚到英国不久。徐比林徽因年长近十岁，一开始，林徽因称他叔叔。徐志摩本来是来找林长民的，但却被这位年轻的女主人吸引住了。她活泼的个性、美丽的外表、敏锐的洞察力和非凡的文学才能令他一见钟情。这时徐志摩结识了一批英国诗人，在与诗人的交往中，对文学产生了兴趣，并开始写诗。英国浪漫主义诗人的生活方式也对他产生了很大影响。由于对文学的共同爱好，他便自然地成了林徽因的文学导师。在徐志摩介绍下，林徽因进入了英国的诗歌和戏剧界。结识林徽因后，徐志摩对她开始了疯狂的追求，这一年，林徽因才十六岁。他身上的才气，他的举止风度，他的诗人气质和热情深深地吸引了林徽因，她也很喜欢这位才华横溢的年轻诗人。林长民虽然喜欢这位年轻的朋友，但对他追求自己女儿的做法显然并不满意，为了避免出现不必要的麻烦，第二年，他便带着女儿回国了。

一九二一年春天，徐志摩的妻子张幼仪也来到了英国。不久张幼仪到德国留学，随着两人的分离，以及对林徽因的爱恋，徐对妻子的感情也越来越淡漠。在张幼仪生下第二个孩子才一个月时，徐志摩便写信向妻子提

徐志摩与初到欧洲的张幼仪

出离婚，表示要追求一种自由的爱情和婚姻。张与徐本不十分融洽，见徐志摩在这样的情况下提出离婚，知道拖下去也无益，便同意了徐志摩的要求，一九二二年三月，两人理智地分手。徐、张的离婚遭到了双方家庭一致反对，徐志摩的父亲知道儿子离婚的消息后，甚至以断绝父子关系和经济来源相威胁。

林长民和林徽因回到北京后，徐志摩不久也回到了北京，继续追求林徽因。徐志摩对梁家未来儿媳妇的危险感情是梁启超始料未及的，作为老师，他虽然欣赏徐志摩的才气，但并不赞成这样的生活方式。从报纸上得知徐志摩与妻子离婚的消息后，梁启超以导师的名义给徐志摩写信，对他的这种不道德的行为进行了批评，他在信中要求徐志摩不要"把自己的欢乐建筑在别人的痛苦之上"，不要"追求幻梦中的极乐世界"。这样做既是谴责他抛弃了妻子，也是为了保护儿子与未来的媳妇。徐志摩并没有把导师的话听进耳里，回信说："我将于茫茫人海中访惟一灵魂之伴侣。得之，我幸，不得，我命，如此而已。"

林徽因对徐志摩的感情是复杂的：一方面她倾慕徐的才情和气质；另一方面，她又对徐抛弃妻子的做法大为不满。这与林的家庭背景有关。林徽因的母亲由于未能给父亲生下儿子，父亲纳第二个妾后，对她的母亲便十分冷淡，这种家庭悲剧，使她对张幼仪的遭遇十分同情，对徐的做法不以为然。这也多少影响了她对徐志摩的好感。

林徽因回国后不久，她和梁思成的婚事便很快确定下来，一九二三年，双方家庭对此做出了决定。虽然并未正式举行订婚仪式，但两个人的关系事实上已经确定了。徐志摩回到北京，发现林与梁已经口头上订了婚约，但他仍不放弃，不停地利用一切机会给林徽因打电话，约她散步，给她写诗，甚至在林与梁因车祸感情已经发展到相当密切阶段还经常闯入两人圈子，出于无奈，两个人不得不用英语在门上贴了一张纸条："恋人想单独在一起。"直到这时，徐才知趣地离开。

作为一个爱情至上主义者，徐志摩对林徽因并未死心，不久泰戈尔来华给了他一个很好的机会。这时林徽因虽然与梁思成关系已经非同寻常，但她仍然敬重徐志摩。这一时期，她开始写作诗歌、散文和小说。一九二四年四月，泰戈尔来华访问，徐志摩全程陪同，并请林徽因在泰戈尔访问北京期间做

副翻译。在欢迎泰戈尔时，徐志摩与林徽因还在欢迎泰戈尔而演出的诗剧《齐德拉》中担任男女主要演员，梁思成担任幕景。林、徐二人由于在剧中的精彩演出被人称为"金童玉女"。这段时间和林徽因的接近，使徐志摩不免有些飘飘然，就在这时候林徽因突然告诉他，下个月她和思成便要赴美留学了，他只能做她的大哥哥和朋友，他们的关系也只能如此。

这个消息对徐志摩简直是晴天霹雳，徐情不自禁地大哭了一场。此时林长民也以老朋友身份劝徐不要放任自己的感情，徐志摩知道一切都成定局，失望之余，便转而追求另一个已婚女人，这就是陆小曼。他与陆小曼的恋爱很快闹得沸沸扬扬，成为轰动一时的新闻。迫于压力，他只好出国到欧洲旅行，直到陆小曼离婚，两人才于一九二六年十月结婚。在胡适等人的要求下，梁启超勉强同意做两人的证婚人，但他却在婚礼上严厉地批评了这对年轻夫妇这种不负责任的行为，要徐"以后务要痛改前非，重新做人"。后来梁启超在给梁思成和林徽因的信中也提到这件事："昨天我做了一件我不愿做的事——在徐志摩的婚礼上当证婚人。他的新婚夫人以前是王守庆夫人。她爱上了徐志摩，同王离了婚。这是极端不道德的。我骂过徐志摩好几次，可是没有效果。由于胡适和张彭春一定要我担任这个角色，我就在婚礼上发表了一篇演说，严厉批评了新婚夫妇。年轻人往往受到自己感情驱使，不能控制自己，破坏了传统的安全保障。他们掉进了使他们遭受苦难的陷阱。这确实是可悲和可怜的。"（转引自费慰梅《梁思成与林徽因》）

这段插曲并没有影响到林徽因夫妇与徐志摩的友情。一九三一年以后，林徽因逐渐在文坛崭露头角，并引起关注，这与徐志摩的影响有一定的关系。徐志摩对林的影响主要在文学上，"从她早期作品的风格和文笔中，可以看到徐志摩的某种影响，直到她晚年，这种影响也还依稀有着痕迹。"（梁从诫《倏忽人间四月天——回忆我的母亲林徽因》）

林徽因和梁思成结婚回国后，林仍把徐当成自己的知音，而徐也与梁思成维持着终生的友谊。事实上，就在徐志摩去世前，他与梁家仍然维持着十分密切的交往。那时陆小曼住上海，开销很大，为了养家，徐志摩经常北京上海两地跑。离开北京前，听说林徽因十一月十九号晚上在协和礼堂给外国使节们讲《中国的宫室建筑艺术》，他表示当天就可以回来，要去给林捧场。从上海回北京前，他特地给林、梁发报："下午三点抵南苑机场，请派车接。"梁思成如约而至，可等到四点多钟也没有等到飞机。第二天早上报纸报道了飞机失事的消息。

对徐志摩的英年早逝，林徽因显然是十分悲痛的。徐去世后，梁思成和张奚若等人到济南帮助处理徐的善后事宜，梁思成从失事地点带回一块飞机残片交给林徽因，据说林一直把它挂在墙上，直到去世。

林对徐的怀念还不止于此，在徐去世后，她先后写过两篇怀念文章以寄哀思。徐飞机失事后半个月，林徽因就写了一篇《悼志摩》，四年后又写了一篇《纪念志摩去世四周年》，她在文章中这样写道："志摩的最动人的特点，是他那不可信的纯净的天真，对他的理想的愚诚，对艺术欣赏的认真，体会情感的切实，全是难能可贵到极点。他站在雨中等虹，他甘冒社会的大不韪争他的恋爱自由……"

林的好友费慰梅也证实了林对徐的怀念之情。"她不时对我谈起他，从来没有停止说话来思念他。我时常想，她对我用流利的英语进行广泛、充满激情谈话可能就是他们之间生动对话的回声，那在她作为一个小女孩在伦敦时就为她打开一个最广阔的世界。"（费慰梅《梁思成与林徽因》）

虽然当时外界对徐、林二人的关系有不同的说法，但徐对林的情感是高尚纯洁的，并没有不可告人的地方。林徽因也曾坦诚地对子女说，徐的

上世纪30年代，林徽因、梁思成与费慰梅合影

小诗《偶然》《你去》都是为她写的。《偶然》写于一九二六年五月。

偶然

我是天空里的一片云，
偶尔投影在你的波心——
你不必讶异，
更无须欢喜——
在转瞬间消灭了踪影。

你我相逢在黑夜的海上，
你有你的，我有我的，方向；
你记得也好，
最好你忘掉，
在这交会时互放的光亮！

一九二六年五月中旬作

相比之下,后一首《你去》写得更晚,离他去世仅仅只有四个月的时间。

你去

你去,我也走,我们在此分手;
你上那一条大路,你放心走,
你看那街灯一直亮到天边,
你只消跟从这光明的直线!
你先走,我站在此地望着你;
放轻些脚步,别教灰土扬起,
我要认清你远去的身影,
直到距离使我认你不分明。
再不然,我就叫响你的名字,
不断的提醒你,有我在这里,
为消解荒街与深晚的荒凉,
目送你归去……
不,我自有主张,
你不必为我忧虑;你走大路,
……
但你不必焦心,我有的是胆,
……
更何况永远照彻我的心底,
有那颗不夜的明珠,我爱——你!

七月七日

　　诗言志,读者自可从这些诗里读出诗人的心声。梁从诫谈到这两首诗时这样说:"从这前后两首有代表性的诗中,可以体会出他们感情的脉络,比之一般外面的传说的确要崇高许多。"(梁从诫《倏忽人间四月天——回忆

我的母亲林徽因》)

徐志摩对林徽因的爱是无疑的，但已经不是一般意义上的世俗的爱，而是发乎情、止乎礼的崇高爱情。林徽因喜欢徐志摩欣赏徐志摩也是无疑的，但至于是否爱徐志摩，有着不同的版本。梁从诫在回忆母亲的文章中，对此明确做出了否定的回答："当徐志摩以西方式的诗人的热情突然对母亲表示倾心的时候，母亲无论在精神上、思想上，还是生活体验上都处在与他完全不能对等的地位上，因此也就不可能产生相应的感情。母亲后来说过，那时，像她那么一个在旧伦理教育熏陶下长大的姑娘，竟会像有人传说的那样去同一个比自己大八九岁的已婚男子谈恋爱，简直是不可思议的事。母亲知道徐在追求自己，而且也很喜欢和敬佩这位诗人，尊重他所表露的爱情，但是正像她自己后来分析的：'徐志摩当时爱的并不是真正的我，而是他用诗人的浪漫情绪想象出来的林徽因，可我其实并不是他心目中所想的那样一个人。'"（梁从诫《倏忽人间四月天——回忆我的母亲林徽因》)

与金岳霖的友情

在林徽因的爱慕者中，金岳霖的地位最为特殊，他们之间的友情也最为人称道。

金岳霖一九一四年赴美，先入耶鲁大学教育系，不久转入宾夕法尼亚大学学习哲学，一九一七年到哥伦比亚大学专攻哲学，一九二〇年获得博士学位。一九二五年回国，次年任清华大学哲学系教授，负责清华哲学系的组建工作。金岳霖是通过徐志摩的介绍认识林徽因的，从此开始了他们终生的友谊。

三十年代，梁家住在北京北总布胡同 3 号时，由于林徽因的关系，他们家成了有名的社会沙龙，常常高朋满座。林徽因扮演的是"闲谈主持人"的角色，她以动人的谈吐和才气吸引了众多的社会人士，经常到访的朋友有胡适、沈从文、张奚若、邓叔存、钱端升、徐志摩、李济等，可谓名流云集。一天，徐志摩带来了他的朋友金岳霖，金是清华大学哲学系教授。人们都

称他"老金"。"无疑地,徐志摩对梁家最大和最持久的贡献是引见金岳霖——他最亲爱的朋友之一。金岳霖是清华大学哲学系教授。……他是高大瘦削、爱打网球的知识分子,很矜持但又能说会道。"(费慰梅《梁思成与林徽因》)关于金岳霖,冯友兰曾经这样写道:"金先生的风度很像魏晋大玄学家嵇康。嵇康的特点是'越名教而任自然',天真烂漫、率性而行,思想清楚、逻辑性强,欣赏艺术、审美感高。我认为,这几句话可以概括嵇康的风度。这几句话对于金先生的风度也完全可以适用。"(冯友兰《怀念金岳霖先生》)虽然金岳霖是一个满腹学问的大教授,留学过欧美,见过许多中外女子,但他却很快被美丽年轻的女主人迷住了,金也深受梁家的欢迎,成了梁家常客,作为单身汉,不久就搬到了梁家的隔壁。"徐志摩的朋友、大家都叫他'老金'的哲学家金岳霖,实际上是梁家后来加入的一个成员,就住在隔壁一座小房子里。梁氏夫妇的起居室有一扇小门,经由'老金'的小院子通向他的房子。通过这扇门,他常常被找来参加梁氏夫妇的聚会。到星期六的下午老金在家里和朋友们在一起的时候,流向就倒过来了。在这种时候,梁氏夫妇就穿过他的小院子,进入他的内室,和客人混在一起,这些人也都是他们的密友。"(费慰梅《梁思成与林徽因》)

显然就在这个时期,林徽因也爱上了这位理性又能说会道的哲学教授。这使她非常苦恼,但又不知如何处理,最后只好向丈夫求助。关于这件事,梁思成后来有一段回忆说得非常清楚："我们住在北总布胡同时，老金就住在我们家的后院，但另有旁门出入。可能是在一九三一年，我从宝坻调查回来，徽因见到我时哭丧着脸说，她苦恼极了，因为她同时爱上了两个人，不知怎么办才好。她和我谈话时一点不像妻子和丈夫，却像个小妹妹在请哥哥拿主意。听到这事，我半天说不出话来，一种无法形容的痛楚紧紧地抓住了我，我感到血液凝固了，连呼吸都困难。但是我也感谢徽因对我的信任和坦白。她没有把我当成一个傻丈夫。怎么办？我想了一夜，我问自己，林徽因到底和我生活幸福，还是和老金在一起幸福？我把自己、老金、徽因三个人反复放在天平上衡量，我觉得自己尽管在文学、艺术各方面都有一定的修养，但我缺少老金那哲学家的头脑，我认为自己不如老金。于是第二天我把想了一夜的结论告诉徽因，我说，她是自由的，如果她选择了老金，我祝愿他们永远幸福。我们都哭了。

过几天徽因告诉我说，她把我的话告诉了老金。老金的回答是：'看来思成是真正爱你的，我不能去伤害一个真正爱你的人，我应该退出。'从那次谈话以后，我再没有和徽因谈过这件事，因为我们相信老金是个说到做到的人，徽因也是个诚实的人。后来的事实证明了这一点。所以我们三个人始终是好朋友。我自己在工作上遇到难题，也常常去请教老金，甚至我和徽因吵架也常常要老金来'仲裁'，因为他总是那么理性，把我们因为情绪激动而搞糊涂了的问题分析得清清楚楚。"（林洙《困惑的大匠——梁思成》）

这是林徽因去世多年后，梁思成亲口对他的第二任夫人林洙说的，自然是可信的。也算是对世人澄清了事实。

从金岳霖对这件事的处理来看，他真正体现了绅士风度，从此金岳霖与梁家建立了一种特殊的关系。他的爱是高尚无私的，他爱林徽因，他愿意为梁家牺牲自己，并把自己完全融入了梁家。这是一种常人很难做到的爱。"他是把自己从属于梁家的。当然徽因是吸引他的主要力量。她那众人都感知的吸引力，向他提供了在他那深奥的精神领域内所缺乏的人性的旋涡。在她这方面，他的广泛的人生经历和他天生的智慧使他成为她的创造性的完美的接受者和可心的鼓舞者。他当然是爱她的，但是无私地和坦诚地爱她。他没有把她从家庭拉走的想法。思成和孩子们也都爱他、信任他，他实际上已经融入了这个家庭。"（费慰梅《梁思成与林徽因》）

1935年，林徽因与金岳霖、费慰梅、费正清、梁再冰等在天坛

从此，金岳霖就与梁家联系在了一起，基本上成了梁家一员。他已经离不开梁家了，只要有机会，他总是和梁家住在一起。金岳霖曾给费慰梅写信说，"我离开了梁家就跟丢了魂一样"。这句话也表露了金的心迹。

"七七"事变后，梁家和金岳霖离开北京，一九三八年三月辗转到达大后方昆明。梁思成仍在营造学社，金岳霖在西南联大执教。这一段时间是林徽因一生中物质生活最贫乏的时期，常常接受远在美国的朋友费慰梅的接济。此时的林徽因病弱多病、营养不良、生活拮据，早已与北总布胡同时期判若两人，但在金岳霖眼里，林徽因仍像一尊完美的女神。金岳霖给费慰梅的信中说到林徽因时这样形容她，"仍然是那么迷人、活泼、富于表情和光彩照人——我简直想不出更多的话来形容她。惟一的区别是她不再有很多机会滔滔不绝地讲话和笑，因为在国家目前的情况下实在没有多少可以讲述和欢笑的。"（转引自费慰梅《梁思成与林徽因》）

一九三九年，梁家在昆明东北约二十里的龙泉镇龙头村为自己建了一套三间土墙青瓦的房子，屋后还有一个小花园。这是两位建筑师一生为自己设计的唯一一套住房。这套房子所欠的建筑费还是用费慰梅寄来的美元偿还的。老金很喜欢这套房子，就在旁边为自己加了个耳房，迁来与梁家同住，工作之余，就和梁家宝宝、小弟玩乐，或教他们英文。两个孩子早把他当成了家庭一员。

一九四○年冬，为躲避日军对昆明的轰炸，梁家随历史语言研究所迁往四川宜宾的李庄，金岳霖才与梁家分开。有一年休假，金岳霖也是在李庄梁家度过的。一九四六年七月三十一日，抗战胜利复员时，梁家和老金一道从重庆坐飞机回北京。回到北京后，他们又住到了一起。

一九五五年，林徽因因病去世。在追悼会上，金岳霖和邓以蛰联手写了一副挽联：

> 一身诗意千寻瀑
> 万古人间四月天

这副挽联多少透露出金岳霖的内心情感，在金岳霖心中，林徽因永远像人间四月天，灿烂而美好。金岳霖对林徽因的爱并没有因为林徽因的去世而结束。有一件小事可以为证。据说林徽因去世多年后，一天，金岳霖忽然邀请一帮朋友吃饭，席间他突然说，今天是徽因的生日，朋友们听了无不唏嘘感叹。

金岳霖终生未婚，他对梁家的感情是极其深厚的。他晚年曾撰文谈到他与梁家几十年的交往："梁思成、林徽因是我最亲密的朋友。从一九三二年到一九三七年夏，我们住在北总布胡同。他们住前院，大院，我住后院，小院。前后院都单门独户。……除早饭在我自己家吃外，我的中饭晚饭大都搬到前院和梁家一起吃。这样的生活维持到'七七'事变为止。抗战以后，一有机会，我就住在他们家。他们在四川时，我去他们家不止一次。有一次我的休息年是在他们李庄的家过的。抗战胜利后，他们住在新林院时，我仍然同住，后来他们搬到胜因院，我才分开。我现在的家庭仍然是梁金同居。只不过我虽仍无后，而从诚已失先这一情况而已。我同梁从诚现在住在一起，也就是北总胡同的继续。"（金岳霖《梁思成和林徽因是我最亲密的朋友》）

这种终生不渝的友情也算是世间罕见了。

随着时间的流逝，金岳霖对林徽因的爱，早已升华为一种高贵的情感。谈到林徽因，金岳霖年届九十时仍保持着一种高贵的缄默，他对采访他的陈钟英、陈宇说："我所有的话，都应该同她自己说，我不能说。""我没有机会同她自己说的话，我不愿意说，也不愿意有这种话！"（陈宇《情系四月千寻瀑，谊存天上人世间——金岳霖忆林徽因》）

金岳霖之所以在晚年仍不愿公开谈论他对林徽因的爱，也许因为他觉得这种爱只有他和当事人才懂吧。

主要参考书目：

《薪火四代》（百花文艺出版社，梁从诫编选）

《梁思成与林徽因》（中国文联出版公司，费慰梅著，曲莹璞、关超等译）

《记忆中的林徽因》（陕西师范大学出版社，杨永生编）

《林徽因传》（百花文艺出版社，张清平著）

安住慈悲喜舍中：

台静农的三栖人生

这样的人和字，确是很深情的，不随随便便出去开书展是对的。他的字里有太多的心事，把心事满挂在展览厅里毕竟有点唐突。

——董桥

在现代文学史上，台静农这个名字常常和鲁迅联系在一起，很多人是从鲁迅的书信和文章中认识台静农的。

台静农一生走过三个阶段：最初是以小说走上文坛的，作为二十世纪二十年代乡土小说的代表作家，受到鲁迅高度评价；三十年代中期逐渐淡出文坛，埋首书斋，从事古典文学研究，成为知名的学者教授；晚年以书法自娱，无心插柳，却成为名动一时的书法大家。作家、教授、书法家构成了他丰富多彩的三栖人生。

鲁迅赏识的小说家

台静农，一九〇二年十一月二十三日，生于安徽霍邱叶集。父亲台佛芩是清末秀才，受过新式教育，曾在泾县、汉口、芜湖等地做过检察官、法院院长等职，思想维新，所以台静农小时候就上了叶集的明强小学，与他一起上学的还有韦素园、张目寒、李霁野、韦丛芜等人。这些小学同学后来大多成了新文学史上有影响的人物。

小学毕业后，台静农到武汉一所中学就读。因不满学校的保守制度，中学未毕业就到北京大学中文系做了旁听生。一九二四年转入北京大学国

20世纪二三十年代，台静农（右一）与未名社骨干，左起韦丛芜、李霁野、韦素园

学研究所勤工助学，主要从事民俗研究。曾回皖北老家搜集"淮南民歌"一百一十三首，次年发表在《歌谣周刊》上。

这一时期对台静农最有影响的一件事便是参加未名社。未名社成立于一九二五年，主要成员有鲁迅、台静农、韦素园、韦丛芜、李霁野、曹靖华等人，以翻译出版外国文学为宗旨，侧重翻译介绍俄罗斯文学名著及苏维埃文学理论与创作。一九二八年创办《未名丛刊》。未名社除了翻译苏俄作品外，"还印行了《未名新集》，其中有丛芜的《君山》，静农的《地之子》和《建塔者》，我的《朝花夕拾》，在那时候，也都还算是相当可看的作品"。（鲁迅《且介亭杂文·忆韦素园君》）应该说，鲁迅对未名社取得的成绩是相当肯定的，并认为它是"一个实地劳作，不尚叫嚣的小团体"。

在鲁迅影响下，未名社的倾向性是十分明显的。也许就因为这一点，一九二八年四月，由于山东省主席张宗昌的告发，北洋军阀政府以"共产党机关"罪名对未名社进行查封。未名社的成员在创作上深受鲁迅"未名丛书"和"乌合丛书"的影响，而在经济上，主要靠李霁野办门市部来支撑，当时韦素园和韦丛芜都有肺病，连他们的生活、营养都要李霁野负担。一九三一年，未名社终因经济拮据而解体。

未名社的人大多以翻译为主，只有台静农从事小说创作。二十世纪二十年代初期到三十年代初期，台静农创作了大量的短篇小说，同时兼写诗歌散文。小说主要发表在《莽原》和《未名》杂志上，后集为短篇小说集《地之子》和《建塔者》，分别于一九二八年和一九三〇年由未名社出版。这些小说大多反映乡村生活和小人物命运，揭露社会黑暗，得到鲁迅高度评价，台静农一跃成为二十年代乡土文学的代表作家之一。

这一时期，台静农先后三次被捕。

一九二八年四月，未名社被查封，台静农第一次被捕。关于被捕的原因，他的小学同学和好友李霁野称："因为我译的《文学与革命》惹了祸，我牵连了他，同被捕关了五十天。"（李霁野《从童颜到鹤发》）

一九三二年十二月二十二日，台静农第二次被捕。据称在他家里发现了"共党宣传品"和一枚"新式炸弹"，结果证实完全是一次"误会"。所谓的"共党宣传品"只是曹靖华寄存在他家的翻译作品《第四十一》和《烟袋》，而所谓的"新式炸弹"只不过是王冶秋夫人高履芳寄存的化学仪器。

这次被捕引起鲁迅极大关注，他给曹靖华写信说："近闻他的长子病死了，未知是否因封门，无居处，受冷成病之故，真是晦气。"

一九三四年七月二十六日，台静农第三次被捕，被送到南京关了半年。李霁野受牵连也被关了一周。

历经几次政治风波，同时迫于经济压力，三十年代中期以后，台静农和当时许多知识分子一样，逐渐埋首书斋，开始了教书生涯。

与鲁迅的关系，对台静农的一生产生着至关重要的影响，可以说台静农一生的命运都与此有着千丝万缕的联系。

关于台静农与鲁迅的相识，据台静农晚年回忆，是通过友人张目寒介绍的。"关于未名社，台老说，他跟李霁野、韦素园、韦丛芜都是通过张目寒结识鲁迅的。张当时在世界语专科学校读书，是鲁迅的学生，为人热情。"（陈漱渝《丹心白发一老翁》）在此之前，台静农在北大曾听过鲁迅的课"中国小说史略"和"苦闷的象征"。那时显然两人还没有来往。

晚年台静农曾接受陈漱渝的访问，"他承认他的创作深受鲁迅影响。他原来爱写诗，参加过'明天社'，后来读了周氏兄弟翻译的《现代小说译丛》《现代日本短篇小说集》，又读了一些莫泊桑、契诃夫的作品，才把创作重点转向小说。"（陈漱渝《丹心白发一老翁》）台静农的小说风格与鲁迅十分近似，常常从小人物的日常生活反映人物的命运,揭露社会的病态。这似乎也是一个佐证。

鲁迅对台静农的小说十分偏爱,在编选《中国新文学大系·小说二集》时,收入了台静农的《天二哥》《红灯》《新坟》《蚯蚓们》四篇小说,是收入作品最多的两位作家之一,鲁迅自己也只收了四篇。鲁迅还在序言中对台静农的小说做了热情的肯定:"要在他的作品里吸取'伟大的欢欣',诚然是不容易的,但他却贡献了文艺;而且在争写着恋爱的悲欢,都会的明暗的那时候,能将乡间的死生,泥土的气息,移在纸上的,也没有更多、更勤于这作者的了。"这种评价应当说是相当高的了,由此可以看出他对台静农的赏识非同一般。

这一时期,鲁迅与台静农的关系可以说是相当密切的。一九二九年五月和一九三二年十一月,鲁迅两次回北京看望他的母亲,这段时间与台静农交往较多。第一次是台静农与李霁野陪鲁迅到西山病院看望韦素园。后来鲁迅在给许广平的信中提到此事:"上午之纵谈于西山,是近来快事。"一九三二年回京,鲁迅作了五次公开讲演,也就是震动古都的"北平五讲",此外还开了两次座谈会,都由台静农陪伴。鲁迅在北京时,台静农经常去看望,相与甚密,几乎无所不谈,包括家庭、海婴及亡弟等。鲁迅在给许广平信中欣慰地说"……静农、霁野……待我甚好,这种老朋友的态度,在上海势利之都是看不见的。"

除了陪鲁迅参加社会活动,一九三四年至一九三五年,台静农还帮助鲁迅拓印汉石画像。台通过友人替鲁迅搜集南阳汉画像共二百三十一幅。

台静农对鲁迅的态度也是十分虔诚的,早在一九二六年,台静农就编有《关于鲁迅及其著作》一书,由未名社出版,这是现代文学史上最早一本研究鲁迅的资料集。台静农对鲁迅的崇敬之情由此可见一斑。

有人统计,鲁迅生前曾给台静农写过四十封信,这也从一个方面说明他与台静农的关系非同一般。一段时间,台静农被人们视为鲁迅最信任的朋友之一。这从鲁迅拒绝申报诺贝尔文学奖一事也可以看出来。

关于鲁迅拒绝诺贝尔文学奖的事,据台静农回忆:"瑞典学者斯文赫定当时在中国做考古研究,很佩服鲁迅,想给鲁迅提名诺贝尔奖金。斯文赫定与刘半农熟识,请刘半农找鲁迅征求意见。那天,建功订婚,在中山公园来今雨轩请客，刘半农把我拉到了一旁告诉这件事，要我写信给鲁迅。不料鲁迅立刻回信拒绝了。当时我们几个年轻朋友还有点失望，觉得鲁迅如果拿到奖金，拿回来办文学文化事业也好。"（舒芜《忆台静农先生》）

在斯文赫定鼓动下，大家也觉得如果鲁迅能得个诺贝尔奖，也是中国文坛的一件大事。一九二七年九月十七日，在大家的要求下，台静农给鲁迅写信征求意见，九月二十五日，鲁迅给他写信，要他转告刘半农，谢绝诺贝尔文学奖提名之事。鲁迅在信中说："诺贝尔赏金，梁启超自然不配，我也不配，要拿这钱，还欠努力。"可以说鲁迅是明确拒绝了，拒绝的理由也十分清楚。

关于此事，台静农晚年接受陈漱渝的访问时也提到了："那是九月中旬，魏建功先生在北京中山公园举行订婚宴，北大同人刘半农、钱玄同等都前往祝贺。席间半农把我叫出去，说在北大任教的瑞典人斯文赫定是诺贝尔奖的评委之一，他想为中国作家争取一个名额。当时有人积极为梁启超活动，半农以为不妥，他觉得鲁迅才是理想的候选人。但是，半农先生快人快马，口无遮拦，他怕碰鲁迅的钉子，便嘱我出面函商，如果鲁迅同意，则立即着手进行参加评选的准备——如将参评的作品翻译英文，准备推荐材料之类，结果鲁迅回信谢绝，下一步的工作便没有进行。"（陈漱渝《丹心白发一老翁》）

从舒芜和台静农的回忆看，两人的观点是基本一致的。这件事因鲁迅的反对而停止，但也可以看出鲁迅对台静农的信任。

一九三六年十月，鲁迅去世时，台静农正在山东大学任教。山大也举行隆重的追悼会，不知是过于伤恸，还是因为别的原因，台静农只作了个简短的发言，对鲁迅的逝世表达伤恸与缅怀之情。这几乎是台静农最后一次在公开场合怀念鲁迅。

非常有意思的是，作为生前与鲁迅过从甚密的朋友和学生，在鲁迅逝世后的几十年中，台静农却再未写过任何回忆性的纪念文章，这一点令人十分费解和困惑，几乎成为现代文学史上一个谜。与台静农有过交往的友人林辰曾希望他能写一点回忆录，台静农答道："承嘱为豫师写回忆录，虽有此意，然苦于生事，所忆复不全，故终未能动笔也。"

这话听起来似有道理，却十分值得玩味。连他的好友舒芜对此也感到不解和困虑，因为在台静农晚年出版的《龙坡杂文》中，写到了不少故人旧事，但关于鲁迅的人与事，居然只字未提，仅仅一句"苦于生事，所忆复不全"恐难以令人信服，用他的老友舒芜的话来说，"恐怕这也是一种'人生实难'吧。以静农先生与鲁迅先生关系之密切，这不能不说是个遗憾。"（舒芜《谈〈龙坡杂文〉》）

白沙岁月

二十世纪三十年代以后，台静农逐渐走下文坛，开始教授生涯。他第一次执教的大学是中法大学。据他自己回忆："我首次教书应刘半农先生之约，任中法大学服尔德学院中文系'历代文选'讲师……"（台静农《忆常维钧与北大歌谣研究会》）后来又先后到辅仁大学、齐鲁大学、山东大学、厦门大学等校任教，每个地方待的时间都不长。

一九三七年，"七七"卢沟桥事变爆发，日军占领了北京，这对台静农等爱国知识分子产生很大震动。"'七七'事变台伯从青岛返北京，我犹记得，日军入城那天台伯正在我家。我终生难忘的一幕是，站在胡同口，垂泪望着插了日本太阳旗的坦克车隆隆地驶进了地安门大街。我回家向他们述说了情况。父亲和台伯一改昔日的谈风，凄然相对。而也就在这国难当头之时，台伯离开了北京。"（常辊石《燕都旧梦入清樽》）

不久，台静农设法离开了日寇占领下的北京，辗转到了大后方的成都。此后抗战时期台静农大部分时间都是在四川度过的。初期入川时，他和好友李何林应聘在国立编译馆工作。那时生活与北京已经天壤之别，台静农女儿回忆说："父亲当时在编译馆工作，收入根本不敷家用。姐姐入国立中学就读，其实也就是国难期间的收容所。我和妹妹辍学在家，每天步行二十里去镇上打油背米，下午至山中挖菌、寻野菜。偶尔我还下水田去拾田螺、捉黄鳝。次年弟弟出生，母亲更为辛苦。……我还记得那间泥墙泥地的小'堂屋'中，挂着父亲以红纸写的对联：芝草终荣汉，桃花解避秦。门口挂的是白纸写的'半山草堂'。父亲经常不在家，一两周才返家一次，总是提着几

两白酒。有时想写字时就以红土浆为墨。"（台益坚《爝火——追悼先父台静农》）

后来编译馆迁走了，国立女子师范学院开办，台静农就留在了女子学院。一九四四年三月到一九四六年三月，台静农一直在白沙女子师范学院任教。这段时间是台静农一生中最艰苦的一段岁月。

国立女子师范学院设在四川江津县白沙镇长江边上一座小山上，离白沙镇约五六里。山名白苍山，山下有条小溪叫驴溪。学校依山而建，共有几十幢土墙瓦顶的房子。学生的食堂是一个大芦席棚，非常简陋，从里面能看到外面的天空。学校共有六百多个女学生。虽是草创的学校，当时却网罗了一批全国知名的教授学者。如院长谢循初，英文系主任李霁野、历史系主任张维华、国语专修科魏建功等，此外还有胡小石、罗季林、黄淬伯等一批名教授。台静农最初任国文专修科主任，后来兼国文系主任一职。

当时学生生活十分艰苦："我们住的是土墙矮房，点的是桐油灯，吃的有时是霉米饭。但是，胡老师讲的楚辞、唐诗，魏老师讲的文字学、音韵学，台老师讲的鲁迅《小说史略》，吴老师讲的宋词却似山珍海味一般滋润着我们。老师们各有风采。胡老师学识渊博，讲课生动，魏老师上课严谨，而最令我难忘的是台老师那朴实宽厚的态度，那爽朗坦诚的笑声，同学们都喜欢台老师，因为他和蔼可亲。那时，台老师就写了一幅字给我，还给我刻了两枚图章。"（濮之珍《台静农师》）

台静农家就在半山坡上一个土屋里，他在女子学院开的课主要是中国文学史。当时是中文系和外文系的共同必修课，经常两个年级合班上课，一共也只有十多个人。无事的时候，台静农就临古帖打发时光。

当时的教授生活是非常艰苦的，烧饭的柴都得自己上山砍。"那时各家做饭都用木柴，买来的木柴都要自己再劈成小片……我们家的一把刀，刀背厚重，刀锋犀利，劈起来省力好用，静农先生和柴德赓先生都常来借用。有一晚，静农先生到我的宿舍谈到夜深，借了劈柴刀去，临行时，我看他一手提灯笼一手提刀，想着他这个样子走在深夜山上，觉得很有趣。他也把手里的刀扬一扬，笑道：'路上还可以做一票生意哩！'"（舒芜《忆台静农先生》）这段文字是对台静农那段生活的真实记录。

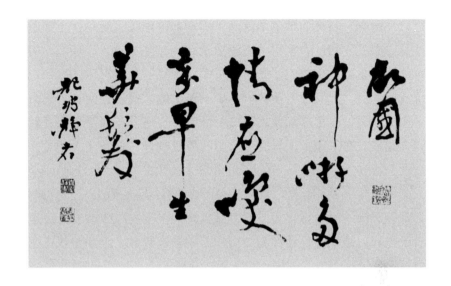

教学之余的唯一乐趣大约就是深夜到朋友家互访。四川多雨，山路又滑，大家都穿那种当地生产的桐油钉鞋，既结实耐穿又防滑。台静农常常夜晚穿着钉鞋，打着纸糊的小灯笼到朋友家访问。当时没有电灯照明，连煤油灯都点不起，家家点桐油灯。"那时教师的生活很清苦，静农先生家庭人口较多，经济负担很重，但是他在亲自上街买米，亲自劈柴之余，仍然自得其乐，每天午饭总要喝点酒，爱吃炒得很硬的炒饭，常常一碗炒饭，两碟咸菜，就那么下酒。客人来了，他没有客套，也没有架子，一面继续喝着酒，一面谈天。"（舒芜《忆台静农先生》）

即使在战争环境下，台静农治学也十分严谨，写好的文章再三打磨，不轻易发表。有几篇写了很久的文章《两汉乐舞考》和《南宋人体牺牲祭》，都整理好了，却迟迟不愿意拿出去发表，舒芜问他为什么不拿出去发表，他坚持说要放一放再看。直到一九四五年女师学院要出《学术集刊》时，向他索稿，他才把《南宋人体牺牲祭》拿去发表，而《两汉乐舞考》则一直等到后来到台湾，才拿出来发表。

台静农为人十分宽厚随和，对学生十分爱护，但在原则问题上却刚正不阿。

抗战胜利后，许多迁到大后方的高校都纷纷回迁，当时统称"复员"。国立女子师范学院是抗战时期在白沙创办的，本来不存在复员问题。可当时冠以"国立"名义的师范学院除了国立师范学院，就是女子师范学院，既然是"国立"的，大家都希望跟随政府一起复员，改善环境。而且当时教育部的一位要员也曾表示女子师范学院抗战胜利后可以随政府迁走。所以抗战胜利后，大家都希望政府兑现承诺，把学校迁到南京。正当大家满怀希望的时候，教育部却突然改口，最后决定把女子师范学院迁到重庆附近的九龙坡。那里原是上海交通大学的战时校址，现在交大复员回上海，却让女子师范学院迁进去，这一决定粉碎了师生的希望，也让师生感觉受骗了，大家都被激怒了。于是，学生罢课，教授罢教，一致要求教育部收回成命。女师院风潮一时闹得很大，但罢课风波不仅没有改变政府的决定，反而刺激了当局，结果院长谢循初被撤职，学校被解散。教师重新换发聘书，学生不愿登记到重庆的一律开除学籍。看到木已成舟，大部分学生只好妥协，少数未登记的学生面临被开除的危险。

为了学生的前途，台静农多方设法，找地方名人出来斡旋，少数原先未登记的学生最终也被承认学籍。学生的学籍都解决了，但台静农却坚决拒绝接受学校的聘请，主动辞职，以示抗议。当时一起执教的好友舒芜也一同拒聘。临行前，台静农还为学生题了一首诗："观人观其败，观玉观其碎。玉碎必有声，人败必有气。"（舒芜《忆台静农先生》）

一九四六年五月，台静农给林辰写信道："弟为抗议教部处理失当，已自动引退。现拟暂住白沙，再定行止，倘为东下，则去成都。至于目前生活，则变卖衣物（反正要卖去的）尚可支持些时，友人亦有接济也。"同年七月在给林辰（诗农）信中又再次提到此事："今日教育派系之争，在在皆是，女院此次风潮，弟只有看不下去而引退，回想昔年女师大之事，对之惟有惭愧。"

一九四六年十月，台静农接受台湾大学中文系的聘请跨海赴台。台静农乘坐的是招商局的"海宇轮"，这是一只由美军登陆舰改造而成的两万吨级的大型货轮。同行的还有他在辅仁中学时的一个学生方师铎。台静农原以为和以前一样，只是暂时离开，没有想到这次他却彻底离开了大陆，从此再没有回来，留下了永远的乡愁。

名士派书法家

一九四六年，台静农到台湾后，住在台北市龙坡里九邻一幢台大宿舍，原以为只是在这里歇歇脚就换地方，因此为书房取名"歇脚庵"，他没想到这一歇竟是四十多年，后来见乔迁无望，干脆请张大千写了"龙坡丈室"小匾挂在门口。这不能不说是对现实的讽刺。

关于台静农为人，老友舒芜是这样写的："初见静农先生的印象就特别好，深灰色的布长衫，方形黑宽边眼镜，向后梳的头发，洪亮的皖北口音，朴质，平易，宽厚，温和，可敬而可亲，或者首先该说可亲，而可敬即寓于可亲之中，没有某些新文学家的'新气'，没有某些教授学者的'神气'，我知道他曾三入牢狱，可是也看不出某些革命志士的'英气'。"（舒芜《忆台静农先生》）李霁野说："静农为人宽厚，待人诚恳，有正义感，嫉恶如仇，很得朋友们欢喜。"

台静农在台大前后做了二十年的国文系主任，主要讲中国文学史、楚辞和中国小说专题三门。台静农并不是那种侃侃而谈的教授，他注重启发式教育。"台老师无论上哪一门课，都是向来不讲闲话，大多的时间，用来抄写黑板。他的板书，和他平日的书法一样，苍劲中略带秀娟，煞是好看，老实说，台老师是不懂得说话技巧的人，所以他的课，通常是他静静地在黑板上抄写他的讲义，学生静静地在讲台下记笔记。"（吴宏一《侧写台先生》）作为一位大学教授，台静农的口才非常一般，不善言辞。"老师在讲台上的

张大千书「龙坡丈室」

口头禅'那么、那么',几乎三句两句的出现……"（张敬《伤逝》）对此，他的朋友舒芜也有同感："静农先生不能算是长于口才，不善高谈阔论，但是他的清言娓娓，时时开些玩笑，我觉得颇有《世说新语》的味道。"（舒芜《忆台静农先生》）

台静农不长于演讲，并没有影响他与学生的关系，他对学生特别友好，也很得学生喜爱。台静农在台大讲小说史时，指出《太平广记》是必读书，要求每人都找来读读。有次一个学生故意淘气，说他没有书，并一个劲儿地诉苦，希望老师能借给他。学生只是开玩笑，没想到台静农慨然允诺，下次上课时真的把一套十册的《太平广记》私人藏书带来借给他，令一班同学羡慕不已。

台静农喜欢烟酒，在圈子里是出了名的，大家都知道他这个爱好，拜访时也便多以名烟好酒作礼物，他也来者不拒。台家十分简朴，但好烟好酒从不缺少，学生来了，也常拿好烟好酒招待学生，与学生同乐。所以大家开玩笑说，要做台老师的学生，首先要学会烟酒。因此他的女弟子林文月送了他一个"烟酒贵族"的头衔。"有一回，我见到他身上穿了一件烧破一个洞的旧毛衣，却以名贵的烟酒招待来访的学生，便脱口而出，送他'烟酒贵族'的封号。台先生似乎并不讨厌，有时也和人说笑：'两袖清风，林文月却封我做烟酒贵族哩！'"（林文月《台先生和他的书房》）

台静农的豁达，留下许多佳话。他的弟子方师铎曾谈到他两件趣事。当年从大陆赴台时，台静农身无分文，与方师铎同行，方曾经是台静农当年教过的一个学生，对他十分尊重，得知他到台时已经不名一文，当即把身上带的几百元钱分了一半给他。台静农也不客气，拿起钱就放到口袋里，谢也不谢。下船时，台静农还对自己学生说，"我们找个小馆子，我现在有钱了，我可以请客。"另一件事更为有趣。台静农到台湾后，因为要养七口人，常常入不敷出，经常在家门口一个小店赊烟抽，由于久赊不还，店老板拒绝继续赊欠，弄得台静农有时十分尴尬。台静农对门一个历史系的教授朋友知道后悄悄地替他付了账，他明明知道是朋友替他还的账却也不上门道谢。这就是台静农的名士派。

台静农为人十分豁达，就连死亡也看得很淡。一九九〇年得知自己患了食道癌，台静农不仅一点也不沮丧，反而微笑着对子女们说"没想到我

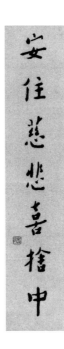

中了头奖"！

其实名士风度只是台静农的表象，在名士派外表下，他的内心是非常寂寞的。于是他把大部分业余时间都用在写字上，以排遣寂寞，打发时光。

虽然早已离开了大陆，但在台湾当局眼里，他始终是个异类。即使到了二十世纪七十年代，台静农仍然是台湾当局重点"关照"的对象，经常有一男一女两个特务在台静农家门前不远的小巷里做品茗状，暗中监视着台家一举一动。有时还可以看到一辆可疑的吉普车停在不远处窥视。在这种类似软禁的环境下，台静农内心的苦闷是可想而知的。

他在《书艺集》序中说："战后来台北，教学读书之余，每感郁结，意不能静，惟弄毫墨以自排遣，但不愿人知。"他的妹妹也道出了个中缘由："大哥在教学之余，以写字排遣心情。他还偏好画梅、刻印章……苦中作乐，以致他右手掌握笔管处凹下去一块，皮肤略呈暗黑剥落。"（台珣《无穷天地无穷感——忆兄长台静农》）面对现实，他只能对自己心爱的女弟子林文月慨叹："人生实难"，四个字包含了许多无言的酸楚。

政治上的黑暗，以及对家乡故土的思念都融入到他的书法中。"无根的

异乡人，都忘不了自家的泥土……中国人有句老话'落叶归根'，今世的落叶，只有随风飘到哪里便是哪里了。"（台静农《浮草序》）有时他借书法直抒胸臆，在给远在大陆的妹妹写的一幅字中，借苏轼《夜归临皋》"长恨此身非我有，何时忘却营营"抒发自己内心感受，而晚年给朋友写的一首诗"西风白发三千丈，故国青山一万重"，更是反映了他内心无边的寂寥和对大陆家乡的无限思念。

台静农来台后的各种不如意都深埋在心底，而"不愿人知"，但对他的弟子林文月算是个例外。一九七五年台静农把在白沙时代抄的一幅写有四十五首诗的诗卷送给林文月，上书跋文："余未尝学诗，中年偶以五七言写吾胸中烦冤，又不推敲格律，更不示人，今抄付文月女弟子存之，亦无量劫中一泡影尔。"诗卷后面留有二印，一个是"澹台静农"，另一个印上刻着"身处艰难气如虹"。外表的洒脱与内心的苦闷形成极大反差。因此有人评论说"他的书法也是他人格性情的表现""是他与时代挣扎的结果"。这番评价总体上是精当的。

台静农书艺在台湾之所以能成为大家，并非一日之功，他对书法的喜爱其实可以追溯到他的童年时期。

一九八五年，台静农出版《书艺集》，在自序中说："余之嗜书艺，盖得自庭训，先君工书，喜收藏，耳濡目染，浸假而爱好成性。"

台静农的书法，最初受到父亲的影响，后在白沙时期有了很大进步。他自述："抗战军兴，避地入蜀，居江津白沙镇，独无聊赖，偶拟王觉斯体势，吾师沈尹默见之，以为王书'烂熟伤雅'。于胡小石先生处见倪鸿宝书影本，又见张大千兄赠以倪书双钩本及真迹，喜其格调生新，为之心折。"（台静农《书艺集》序）关于台静农书法源流，有人曾这样说："台先生的书法是大家公认最高的。先生初以二王为基础，以篆隶作根本，于《石门颂》最见功力，而行草由取法米元章、黄山谷，而转参倪元璐。由于先期功夫之深，楷隶根柢之固，取晋唐宋元之长，融倪元璐之敧正相生，乃能苍润遒劲、姿态横生、转折豪芒、顿挫有致、笔势翔动、创意盎然、气味逸雅。……台先生也能画，所画梅兰，笔墨生动、极尽雅致，当由读书万卷，故笔墨之间，自然流露书卷气。"（王静芝《台静农先生与我》）

对台静农书法艺术影响最大的，一个是倪元璐，另一个便是他的老师沈尹默。一般人认为他受倪元璐影响更大。"静农先生大概对晚明文学艺术有深好，那时已开始写倪元璐一路的字，后来来台湾后成为一代书法宗师。"（舒芜《忆台静农先生》）著名画家兼好友张大千更是给予高度评价："三百年来，能得倪书神髓者，静农一人而已。"

台静农爱好书法，多为自娱，或与朋友玩赏，很少公开展览。八十岁后，在学生师友一再要求下，做了一次展览，结果引起巨大轰动，一时洛阳纸贵。日本书法界也为他出了一本书法集，从此声名大噪，慕名求索者不绝于途。

台静农写字，纯粹是为消遣，多半送给过从甚密的师友学生，从不牟利。八十岁后，前来索书的人越来越多，在大家一再建议下，才勉强收点润格，换点烟酒。随着台静农在书艺界名气越来越大，许多人以拥有他的书法为荣，一些附庸风雅的人通过各种关系送来最好的宣纸以求一字，但台静农对这些人嗤之以鼻，常常信手就将送来的宣纸扔到书架上，束之高阁。有时想到要给某个好友写字，手边又没有纸，就信手从扔掉的纸卷里抽一张写给友人。台静农对自己学生几乎有求必应："大学友生请者无不应，时或有自喜者，亦分赠诸少年，相与欣悦，以之为乐。"（台静农《书艺集》序）台静农给人写字，也完全是一副名士派做法，不拘泥俗套，全凭兴之所至："据我所知，台先生时常如此即兴馈赠字画，令人受宠若惊。他送给学生及幼辈字画，时则有上款、下款与印章齐全，时或缺其一二，有时甚至无款无章，或者利用裁余的纸条写一些前人集句对联，也都是趣味无穷，教人最爱不忍释。"（林文月《台先生写字》）

台静农的字可以说是他的人生与艺术的统一，他把自己内心的全部情感都融入他的书艺中。他的书法已经成了他人格的化身，真正字如其人。正如著名作家董桥所言："台静农的字是台静农，高雅周到，放浪而不失分寸，许多地方固执得可爱，却永远去不掉那几分寂寞的神态。这样的人和字，确是很深情的，不随随便便出去开书展是对的。他的字里有太多的心事，把心事满挂在展览厅里毕竟有点唐突。""台先生的字我看了觉得亲切，觉得他不是在为别人写，是为自己写。他的字幅经常有脱字漏字，但并没有破坏完美的艺境，可见他的书艺已经轮回投进他自己的人格世界里。""沈尹默的字有亭台楼阁的气息；鲁迅的字完全适合摊在文人纪念馆里；郭沫若的字是宫廷长廊上南书房行走的得意步伐。而台先生的字则只能跟有缘的人对坐窗前谈心。"（董桥《字缘》）

半生块垒难消遣：

沈从文寂寞的教授生涯

学生即或欢迎我，学校大人物是把新的什么都看不起的。我到什么地方总有受恩的样子，所以很容易生气，多疑，见任何人我都想骂他咬他。我自己也只想打自己，痛殴自己。

——沈从文致王际真

在一般人眼里，沈从文始终是作为一个小说家而存在的。一个因夏志清而蜚声海内外的著名小说家。沈从文与湘西、《边城》，已经融为一体。可是在相当长的时间内，尤其是二十世纪三十年代后，沈从文的正式职业却是大学教师。他一边写作，一边渴望成为一名大学教授，融入知识分子圈子。他先后在五所大学执教，中国公学、武汉大学、青岛大学、西南联大、北京大学，从一名普通讲师一直升到教授。然而，解放前夕，就在他成为一名大学教授，一个真正的知识分子时，却突然从大学校园里消失了，成为一名文物专家，给后人留下许多谜团。他是个半途出家的教授，最终又半途离开了校园。对于大学校园来说，他只是个过客。

沈从文走进的第一所高等学府是胡适主持的中国公学。关于沈从文如何去的中国公学，有几种说法，比较可信的一种说法，是得力于徐志摩的大力推荐。

其实，最早发现沈从文的当属郁达夫，第一个评论沈从文的是林宰平，郁达夫、林宰平、陈源、徐志摩对沈从文走上文坛都提供了一些帮助。但对沈从文帮助最大、影响最深的当数徐志摩。徐志摩的提携对沈从文进入主流社会起了非常重要的作用。正是在徐志摩的大力推荐下，沈从文成为《晨报》副刊和《现代评论》的作者，并进入了新月圈子。除了写作上的提携，徐志摩在工作上对沈从文的关照也很大。当时即使像沈从文这样的名作家仅靠稿费也是无法维持生活的，所以徐志摩一直有意替沈在大学里谋个教职，当时的大学教师的薪水远远高于作家的稿费收入。虽然三十年代初期，沈从文已经是文坛上一位名作家，但在那个学历森严的社会，以沈从文这样的小学学历在那个时代却是难登大雅之堂的。当胡适入主中国公学后，机会便来了。徐志摩向好友胡适推荐了沈从文。可以说，如果没有徐志摩力荐，沈从文要进入中国公学是完全不可能的。也许因为这层关系，一九三一年十一月二十日，徐志摩在山东因飞机失事去世时，沈从文只身从青岛大学赶到济南福缘庵徐的停灵处，帮助处理善后事宜，这也算是对徐生前关照自己的一种回报吧。

从有关史料看，沈从文到中国公学的时间大约为一九三一年前后。因为徐志摩的关系，沈到中国公学后很受胡适器重和赏识。据沈从文当年好友施蛰存回忆："他在中国公学任教，为《新月》和《现代评论》写小说，都是胡适的关系。随后，胡适又把从文介绍给了杨振声。当时教育部成立一个教材编审委员会，杨振声负责编审各级学校语文教材，就延聘从文在那里工作。"（《滇云浦雨话从文》）施、沈二人相识多年，一九二九年十月，施蛰存在上海松江举行婚礼时，沈从文和冯雪峰、丁玲、胡也频、戴望舒等人都参加了施的婚礼，二人后来在昆明时过从甚密，施蛰存的话当是可信的。

胡适之所以聘任沈从文，一方面自然是看在徐志摩的面子上，另一方面，胡适也希望借此对中国公学的教学内容进行一番改造，注入新鲜血液。沈从文被中国公学聘为讲师，主要课程是主讲大学一年级的"新文学研究"和"小说习作"，相当于现在的公共语文，倒也算知人善任，用人所长了。在当时门禁森严的高等学府，以沈的资历来说，这应该是比较高的待遇了，算是破格录用。如果没有徐志摩的力荐和胡适的胸襟，也许沈从文一辈子都进入不了大学的门墙。从这一点来说，胡适对沈有再造之恩。自称为"乡下人"的小说家沈从文一下子进入了高等学府，从此至少在形式上进入了知识分子的圈子，开始了与胡适等自由主义知识分子的往来。

虽然此前沈从文已经发表了大量的作品，但当作家与当大学教授完全是两回事，根本不可同日而语。所以对胡适的关照，沈从文既感激又惶恐。在给胡适的信中便流露了这样的心态："昨为从文谋教书事，思之数日，果于学校方面不至弄笑话，从文可试一学期。从文之所以不敢做此事，亦只为空虚无物，恐学生失望，先生亦难为情了。从文意，在功课方面恐将来或只能给学生以趣味，不能给学生以多少知识，故范围较窄，钱也不妨少点，且任何时候学校方面感到从文无用时，不要从文也不甚要紧。可教的大致为改卷子与新兴文学各方面之考察，及个人对各作家之感想，关于各教学方法，若能得先生为示一二，亦实为幸事。事情在学校方面无问题以后，从文想即过吴淞租屋，因此间住了家母病人，极不宜，且贵，眼前两月即感到束手也。"

胡适是一九二八年四月三十日，到中国公学接替何鲁担任校长的。胡适到校后进行了一系列改革，改四院十七系为二院七系，加强了实力。据曾任中国公学副校长的杨亮功回忆："胡先生在学校积极提倡学生写作，他认为这样可以引起学生读书兴趣。"由于这种办学方针，教授中作家较多，学校办有《吴淞》月刊，学生还办有《野马》杂志，创作气氛十分浓厚。胡适认为理想的大学教育方式是："大学之中国文学系当兼顾到三方面：历史的；欣赏与批评的；创作的。"而沈就占了其中两个方面。因此，胡适聘请沈从文就不难理解了。据杨亮功回忆："公学有一位教授（实为讲师）沈从文未在任何学校毕业，亦无教学经验，且讷于言。胡先生请他到公学担任教授。他第一次上课站在课堂上，半天说不出一句话来，但是后来他成为一位很受欢迎的教授。"（《胡适之先生与中国公学》）杨亮功的回忆显然有误，在中国公学，沈从文的正式身份只是主讲现代文学选修课的讲师。

从沈从文致胡适信可以看出，他对自己到大学上课并没有多少自信，甚至可以说是十分自卑。虽然做了充分准备，也许因为心理因素，第一次登上大学讲台沈从文就遭遇了一次滑铁卢。这位文坛上赫赫有名的新锐作家，虽然在创作时十分自信，但当他走上讲台，面对台下黑压压的大学生时，居然紧张得连话都说不出来，就这样一直呆呆地站了十分钟之久。到底是作家，后来他急中生智，转身在黑板上写了一句话："我第一次上课，见你们人多，怕了。"这堂课，他准备了一个多小时的内容，结果慌乱中只花了十几分钟就讲完了。对沈从文来说这无疑是一次痛苦的经历，甚至对他后来的教授生涯也产生了一定的负面影响。

这次失败的教学经历自然传得尽人皆知，有人把这件事反映到校长胡适那儿。胡适的回答却十分有意思："上课讲不出话来，学生不轰他，这就是成功。"这话很符合胡适宽厚的性格，从中也可以看出他对这位小说家的偏爱。作为大学教师，沈从文当初显然并不合格，就连张允和晚年都说："可我们并不觉得他是可尊敬的老师，不过是会写写白话文小说的青年人而已。"（张允和《从第一封信到第一封信》）

作为一名大学教师，沈从文显然还缺少必要的心理准备和知识准备。这也与他的性格有关。他自始至终都是一个性格内向的人，十分害羞，这样的性格并不妨碍他写作，但作为教师，显然并不十分合适。一年后，他在给胡适的信中这样写道："一年来在中公不至为人赶走，无非先生原因。现在觉得教书又开始无自信了，所以决计在数日内仍迁上海，暑期也不敢教下去了。……"好在胡适的宽容与鼓励，使他挺住了，并坚持了下来。时间一久，沈从文逐渐恢复了自信，也适应了大学讲台，并成了一个受学生欢迎的教师。这在胡适一九三四年二月十四日的日记中也得到了证实："北大国文系偏重考古，我在南方见侃如夫妇皆不看重学生试作文艺，始觉此风气之偏。从文在中公最受学生爱戴，久而不衰。"

沈从文在中国公学得到胡适的帮助不仅仅在教学上，胡适给他的另一份大礼是在爱情上的全力支持。毫不夸张地说，如果没有胡适，也许根本就没有沈从文和张兆和的爱情，文学史上也就少了一段佳话。沈从文在中国公学那次令他终生难忘的尴尬经历，却使他发现了一个令他动心的女人。当时他紧张得说不出话来的时候，却在台下人群中捕捉到一双善良的目光，那就是张兆和的目光。当时张兆和只有十八岁，刚从预科升入大学一年级，是公认的校花。因皮肤有些黑，沈从文私底下称她"黑凤"。于是穷追不舍，几年中给张写了无数情书，但都如泥牛入海，没有引起任何反应，绝望之余沈从文一度甚至表示要自杀。沈张之恋闹得沸沸扬扬，尽人皆知，为了防止事态进一步恶化，张兆和不得不带着沈写给她的情书找到胡适，请求胡适的帮助。然而这位开明的校长，不仅没有摆出道学家的面孔，反而认为这个师生恋很有意思，鼓励他们交往下去，甚至还在张兆和面前把沈从

文大大地吹捧了一番。这在张的日记中可以得到证实。沈当时给张的同学和朋友王华莲信中这样写道："因为爱她，我这半年来把生活全毁了，一件事不能作。我只打算走到远处去，一面是她可以安静读书，一面是我免得苦恼。我还想当真去打一仗死了，省得把纠葛永远不清。"一九三○年七月八日，张兆和的日记中也有类似的记录："他还说了些恐吓的话，他对莲说，如果得到使他失败的消息，他只有两条路可走，一条是刻苦自己，使自己向上，这是一条积极的路，但多半是不走这条的，另一条有两条分支，一是自杀……"

张兆和的拒绝使沈从文痛苦不已，绝望中，他对胡适说，如果没有结果，他只好远走他乡，胡适让他不要急于走，他来想想办法。所以张来时，胡适已经知道了两人之间的事。当着张的面，胡适"夸沈是天才，中国小说家中最有希望的"，"他又为沈吹了一气，说是社会上有了这样的天才，人人应该帮助他，使他有发展的机会！他说：他崇拜张倒是真崇拜到极点"。可是张兆和对此并不买账，张说："我顽固地不爱他！"胡适却回答："我知道沈从文顽固地爱你！"虽然胡适一直帮沈从文说话，但张兆和坚持不为所动，说这样的人太多，她无法一一应付，否则无法读书。以张的个性，当时就要退回沈的全部书信，是胡适劝阻了她，让她先存放着，和沈交往交往再说。还说如果家庭方面有问题，他可以出面解决。可以说，沈张二人后来之所以能发展下去，胡适功不可没。这可以说是沈从文到中国公学的意外收获。

一九三〇年五月，因批评当局，引发了与当局的矛盾，胡适辞去中国公学校长一职，同年九月，沈从文也辞去了教职。不久，应武汉大学文学院院长陈源之聘，到武汉大学任教。当时武大校长王世杰也是现代评论派的人，胡适的朋友，所以在胡适和陈源的推荐下，沈从文顺利地到了武大。陈源在致胡适信中说："我极希望我们能聘从文，因为我们这里的中国文学的人，差不多个个都是考据家，个个连语体文都不看的。"还说准备聘沈为讲师（相当于别的学校的副教授）。当时讲师的月薪是二百元，助教为一百二十元。

虽然是第二次登上大学讲台，沈从文对教学仍然不够自信，但为了生计又不得不接受教职。经过一番犹豫，最终沈从文还是到了珞珈山。他在给胡适信中说，"我在此一个礼（拜）三小时，教在中公一类的课，我说不教，但已经定了，不教不行，所以只好教。"在珞珈山时，他最好的朋友便是陈源和凌叔华。他业余的消遣便是到凌叔华家看画，或者到古旧书店买字帖玩。珞珈山的教学风气当时还是十分守旧的，沈从文在珞珈山的生活显然并不快乐，时刻想走，所以一九三一年一月寒假一到便离开武汉，到上海与张兆和会合。

一月十七日，胡也频被捕，二月七日被杀。在胡也频被捕期间，沈从文曾积极参与营救工作，但一切均告无效。营救失败后，他所能做的唯一事情便是帮助丁玲母子。三月送丁玲母子回湖南老家，由于来去路上花去了大量时间，误了回武大教书的时间，便主动辞职了。一说是因迟回学校被武大解职的。这样，沈从文在武大一共只教了一个学期，并没有留下太多的文字。

在珞珈山的那段生活对沈从文来说显然是一段不愉快的记忆。他在写给胡适的一封信中透露了个中消息："在此承通伯先生待得极好，在校无事做，常到叔华家看画，自己则日往旧书店买字帖玩。惟心情极坏，许多不长进处依然保留，故很觉自苦。若学校许可教半年解约，则明春来上海或不再返，因一切心上纠纷，常常使理智失去清明，带了病态的任性，总觉得一切皆不合式。"同时，他与张兆和的恋爱还没有结果，他觉得："因为在上海我爱了一个女人，一个穿布衣、黑脸、平常的女人，但没有办好，我觉得生存没有味道。一面也还是自己根本就成为一种病态的心，所以即或不有这件事，我也仍然十分难过。现在还是很不快乐，找不出生趣，今年来，把文章放下了。到任何地方总似乎不合式，总挤不进别人那种从容里面去，因此每个日子只增加一种悲痛。"（致王际真信）他把这种状态归罪于他的教育："我近来常常想，我已经快三十了，人到三十虽是由身体成熟向人生事业开始迈步的日子，但我总觉得我所受的教育—— 一段长长的稀奇古怪的生活——把我教训得没有天才的'聪明'，却有天才的'古怪'，把我性格养成虽不'伟大'，却是十分'孤独'。善变而多感，易兴奋也易于忘遗……"

　　沈从文走后，他这门新文学研究的课便由另一位新文学作家苏雪林接任。苏雪林是因为散文集《绿天》和自传体小说《棘心》出名的，当时在武汉大学任讲师（相当于副教授）。作为新兴学科，新文学研究当时基本上是块处女地，所以陈源特地把沈从文用过的几篇讲义拿给苏雪林做参考。苏雪林回忆说："沈的讲义仅数页，以人为主，我觉得并不精彩，他尚能教，我或者也可以，便答应了。"从上述情况来看，时人是看不起新文学课的，沈从文当年在珞珈山也并不得志。在那个以考据小学为学风的环境中，沈从文这样的人自然是不可能受到重用的，这一点后来从苏雪林的亲身经历的一件小事也能反映出来。苏雪林因为上课时读错了几个字，被人告到学校，几乎落聘，后来还是校长王世杰主持公正，苏雪林才被留了下来。据苏雪林回忆，当年沈从文在武大正式身份并不是讲师而是助教，这一点从沈从文信中也得到了证实："从上海到这里来，是十分无聊的，大雨是大教授，我低两级，是助教。因这卑微名分，到这官办学校，一切不合式也是自然的事。""因为我在中国，书又读不好，别人要我教书，也只是我的熟人的面子同学生的要求。学生即或欢迎我，学校大人物是把新的什么都看不起的。我到什么地方总有受恩的样子，所以很容易生气，多疑，见任何人我都想骂他咬他。我自己也只想打自己，痛殴自己。"（致王际真信）

　　一九三〇年六月，杨振声出任青岛大学校长。杨效法蔡元培提倡学术自由，兼容并包，希望把青大办成全国一流大学，广纳贤才，于是聘请闻一多任文学院长兼中文系主任，梁实秋任外文系主任，同时聘请的还有游国恩、洪森、李达、童第周、老舍、孙大雨、陈梦家等一大批教授。其中不少是新月同人。同年九月，应杨振声之约，沈从文也到青岛大学任教。杨振声是胡适的学生，非常尊敬老师胡适，从各种资料看，沈到青大，显然是胡适和徐志摩向杨大力推荐的结果。杨振声不仅是教育家，也是现代文学早期著名作家，著有小说《玉君》等。北大毕业后留学美国哥伦比亚大学，回国后曾任清华中文系主任，为人博雅，性格温和，与胡适有师生之谊，所以他接受沈从文也就十分自然了。

沈从文在青大时，住在福山路3号，小楼坐落在八关山东麓，离海滨浴场仅一箭之遥。他给自己的居室取名"窄而霉斋"。此时的沈正是而立之年，在国文系担任讲师，月薪一百元，主讲"小说史"和"散文写作"。这已是沈从文第三次登上大学讲台，显然他已经适应了大学工作，开始有了几分自信。听说著名小说家沈从文来校上课，学生十分踊跃。面对黑压压的人群，沈从文已经能应付裕如，课讲得自然生动。除了上课，还指导学生写作，帮学生修改文章。在青大两年时间，因为气候好，心情舒畅，基本上做到了教学写作两不误。他自己说："可能是气候的关系。在青岛时觉得身体特别好，每天只睡三四个小时，写作情绪特别旺盛。我的一些重要作品就是在青岛写成或在青岛构思的。"如反映大学知识分子生活的《八骏图》和《记胡也频》等都写于这一时期。

在青岛时，沈从文与张兆和的爱情也有了结果。一九三二年夏，沈利用暑假时间去苏州看望张兆和，特地绕道上海，请巴金替他挑选一批中外文学名著作为送给张兆和的礼物。到苏州时，张兆和只收下了《父与子》和《猎人笔记》两本书。沈到张府拜访，张父与沈相谈甚欢，对沈为人十分赏识。张父是个开明的人，声称只要女儿同意，他并不反对这门亲事，事实上等于默许了两人的婚事，这让沈看到了成功的希望。临回校前，沈写信对张兆和说："如爸爸同意，就早点儿让我知道，让我这个乡下人喝杯甜酒吧。"

一九三二年年底，经过三年九个月的马拉松之恋，终于有了结果。张父同意了两人婚事，张允和和张兆和一起到邮局按事先约好的给沈从文发报，张允和发的电报只一个字"允"，张兆和的电报更有意思："乡下人，喝杯甜酒吧。"俏皮而浪漫。沈从文收到电报后欣喜若狂。

一九三三年年初，沈张二人终于订婚，不久同去青岛，张兆和到青大图书馆从事英文编目工作。同年九月九日，二人在北平中央公园水榭结婚，没有仪式，也没有主婚人。新房里只有梁思成夫妇送的一床锦缎百子图罩单。

一九三三年夏，杨振声辞去青大校长一职，不久沈从文也辞职去了北平，寄居在北平杨家，跟杨一起编写教育部委托的中小学教科书。

七七事变后，不久北平沦陷，许多知识分子都流亡西南各省。一九三八年，沈从文也辗转来到昆明，最初在西南联大师范学院执教，被西南联大聘为教授，第二年转入北大任教授。

西南联大成立时，杨振声任叙永分校主任。初到昆明时，沈一段时间与杨振声家住在一起，据张充和回忆："七七事变后，我们都集聚在昆明，北门街的一个临时大家庭是值得纪念的。杨振声同他的女儿杨蔚、老三杨起、沈家二哥、三姐、九小姐岳萌、小龙、小虎，刘康甫父女。"当时沈除了教书写作，仍继续编写教科书。地点在青云街六号。杨振声领衔，沈为总编辑，朱自清负责选散文。就是在这个时期，沈从文对文物发生了很大的兴趣。据张充和回忆，"沈二哥最初由于广泛地看文物和字画，以后渐渐转向专门路子。在云南专收耿马漆盒，在苏州北平专收瓷器，他收集青花，远在外国人注意之前。……每次见面后，不谈则已，无论谈什么题目，总归根到文物考古方面去。"（张充和《三姐夫沈二哥》）

不久，沈从文在云南大学附近租了一间屋子。"从文只身一个，未带家眷，住在一座临街房屋的楼上一间。那种楼房很低矮，光线也很差，本地人做堆贮杂物用，不住人。从文就在这一间楼房里安放了一张桌子、一张床、一只椅子，都是买来的旧木器。另外又买了几个稻草墩，供客人坐。"（施蛰存《滇云浦雨话从文》）当时沈从文还经常与施蛰存一起到福照街购买古玩。这段时间的业余爱好，为他五十年代从事文物工作做了铺垫。

因为昆明常遭敌机轰炸，不久，沈从文一家迁到昆明附近呈贡县的龙街，距城十余里的乡下。每周三天住城里，上课、编教科书、教导学生，三天住乡下，主要是写作。和当时许多住在昆明乡下的教授一样，先要坐火车到呈贡，然后再换一匹马骑十余里地到乡下租住屋。由于战时经济紧张，当时张兆和除做家务外，还在一所中学教书，沈还得帮着做些家务活，连

九岁的龙朱和六岁的虎雏都得做力所能及的家务。即使这样吃饭还常常成问题，有时夫妻俩只好尽孩子先吃。这可能是沈一生中生活最困难的时期。当年沈从文穿的是一件从房东手里买来的旧皮袍改制的皮大衣，经常到学校对面米线铺子吃一碗一角三分的米线充饥。

在西南联大时，沈从文主要教三门课：各体文写作、创作实习和中国小说史。沈从文是属于那种半途出家的教授，并不擅长像一般大学教授那样一招一式的讲解，他摸索出一套自己独有的教学方法。沈从文教学方法很有特色，通过言传身教，教授学生实际经验与写作技巧。教写作课时，他不搞命题作文，而是让学生自由发挥，根据自己兴趣爱好来写作，以此提高学生观察事物的能力。他还与学生一起动手写，他的许多小说都是为了教学实验写出来的，所以他的一些小说集干脆叫"习作集"和"从文习作"。虽然沈在外多年，但一口浓重的湘西口音却很难改变，学生听得不太清楚，多少影响了讲课效果。不过总体上，他的教学还是受到了学生尤其爱好写作的学生的欢迎。

沈从文当时教二年级的课。各体文习作是中文系二年级必修课，其余为选修课。据汪曾祺回忆："沈先生把他的课叫作'习作''实习'，很能说明问题。如果要讲，那'讲'要在'写'之后。就学生的作业，讲他的得失。""沈

先生是不主张命题作文的，学生想写什么就写什么。但有时在课堂上也出两个题目。沈先生出的题目都非常具体。我记得他曾给我的上一班同学出过一个题目：'我们的小庭院有什么？'有几个同学就这个题目写了相当不错的作文，都发表了。他给比我低一班的同学曾出过一个题目：'记一间屋子里的空气'！……他认为：先得学习会车零件，然后才能学组装。"（《沈从文先生在西南联大》）关于沈从文在西南联大上课的情景，汪曾祺曾回忆说："沈先生的讲课，可以说是毫无系统。前已说过，他大都是看了学生的作业，就这些作业讲一些问题。他是经过一番思考的，但并不去翻阅很多参考书。沈先生读很多书，但从不引经据典，他总是凭自己的直觉说话……他的湘西口音很重，声音又低，有些学生听了一堂课，往往觉得不知道听了一些什么。沈先生的讲课是非常谦抑，非常自制的。他不用手势，没有任何舞台道白式的腔调，没有一点哗众取宠的江湖气。""沈先生教写作，写的比说的多，他常常在学生的作业后面写很多的读后感，有时比原作还长。……沈先生教创作还有一种方法，我以为是行之有效的，学生写了一个作品，他除了写很长的读后感之外，还会介绍你看一些与你这个作品写法相近似的中外名家的作品看。……学生看看别人是怎样写的，自己是怎样写的，对比借鉴，是会有长进的。"

为了教学生写作，沈从文自己还做示范，"他称他的小说是'习作'，并不完全是谦虚。有些小说是为了教创作课给学生示范而写的，因此试验了各种方法。"有时为了教学生写对话，小说通篇都是对话，如《若墨医生》，有的一句对话也没有。他甚至还把一篇小说一条一条地裁开，用不同方法组织，看看哪一种形式更为合适。当时为躲避日本飞机空袭，沈全家移住呈贡桃园新村，每星期上课，进城两天，文林街二十号联大教职员宿舍他有一间屋子。他利用自己文坛的关系，把学生优秀作文推荐出去发表，其中汪曾祺的最多，汪的《灯下》就是沈修改推荐发表的。为学生寄稿子时，沈特地把稿子的纸边裁去，只留下纸心，这样可以省邮资。沈从文对学生的关心是真诚的。据他当年的学生回忆说："沈从文的路子是寂寞的！他是默默地固执地走着他的寂寞的路子。至于接近年轻人，鼓励年轻人，……只要你愿意学习写作，无时无刻不可以和沈先生接近。我当时在国内发表的文章，十之八九，都经过沈先生润色过的，全篇发回来重写也是常有的事。"（林蒲《沈从文先生散记》）沈虽然对教学十分认真，但对生活却极其马虎，汪曾祺说："沈先生在生活上是极不讲究的。他进城没有正经吃过饭，大都是在文林街二十号对面一家小米线铺吃一碗米线。有时加一个西红柿，打一个鸡蛋。"

在西南联大时，汪曾祺是沈最得意的弟子。据许渊冲回忆，汪"在联大生活自由散漫，甚至吊儿郎当，高兴时就上课，不高兴就睡觉，晚上泡茶馆或上图书馆，把黑夜当白天"。一年级时，他与同宿舍的一位历史系同学上下铺住了一年，由于作息时间不同，几乎没有见过面，成为天方夜谭。据说因为懒散，毕业时中文系想留汪当助教，遭到朱自清一口拒绝："汪曾祺连我的课都不上，我怎么能要他当助教呢？"这也反映了朱自清认真的一面。但汪与沈却气味相投，据许渊冲回忆，沈对汪的才气十分赏识，甚至对人说汪曾祺的文章写得比他自己还要好。一次，汪的"课堂习作"沈从文居然给了一百二十分，可谓赏识有加。

一九三九年，沈从文到西南联大任副教授，但编制在师范学院的国文学系。一九四三年七月升教授，校常务会议决定"改聘沈从文先生为本大学师范学院国文学系教授，月薪叁佰陆拾元"。看起来很不错了，但据余斌在《西南联大·昆明记忆》记载，同期晚沈从文两个月晋升的商学院教授周覃被因为是英国爱丁堡大学商学士，虽比沈小八岁，一九四二年才任讲师，

1946年5月3日，西南联大中国文学系全体师生合影，二排右一为沈从文，二排左二为朱自清，左三为冯友兰

月薪却高达四百三十元。这也反映了当时学历对一个人的重要性。

从有关回忆看，当年沈在联大的课还是很受学生欢迎的："那时，选读他《各体文习作》的同学很多，三间大的教室，总是座无虚席，不少同学不得不搬了椅子坐在门窗外听讲，因为，不止中文系的同学来上这门课，有空来旁听的其他系的同学也不少。"（刘北汜《执拗的拓荒者》新文学史料，一九八八年四期）在那样一个讲究学历资历和旧学的年代，沈从文虽然很受学生欢迎，但在主流圈子里仍然评价不高，那些喝过洋墨水的人如刘文典、闻一多、吴宓等都是学贯中西，沈这样只能教新文学和写作课，就像现在教大学公共课一样，自然受到一些老先生的轻视。

对沈从文最有成见的当属刘文典。刘文典教授对沈的轻慢差不多成为西南联大的一个经典。最著名的有两个段子。一九三九年和一九四○年两年是昆明警报最频繁的年头，五华山上一挂起红球，大家就知道敌机来袭，警报一响大家都跑警报。一次，刘文典看到沈也在跑警报，便指着沈不屑地说："我跑是为了保存国粹，学生跑是为了保留下一代希望，可是该死的，你干吗跑啊！"（许渊冲《追忆逝水年华》）后来沈由副教授升教授时，人皆举手，独刘文典不举手，还称："沈从文是我的学生，他都要作教授，我岂不是要作太上教授了吗？"（许渊冲《学林散叶》）沈评上教授后，刘文典仍然没有改变对沈的歧视，一次在课堂上公开说："陈寅恪才是真正的教授，他该拿四百块钱，我该拿四十块钱，沈从文只该拿四块钱。"（许渊冲《追忆逝水年华》）这件事其实反映了当时教育界对新文学和作家的轻视，它代表了相当一部分人的观点，只不过刘文典公开说出来罢了。这位驰骋文坛的著名小说家在大学校园里一直处在被轻慢的地位，在这种氛围下，沈从文的心境是可想而知的。他后来离开大学校园可能与早年心理挫伤也不无关系。

沈从文在抗战快结束时，给胡适写信反映他在联大生活："我还是在联大教书，住在离昆明三十里乡下。兆和为家事累了十年（尤其是近五六年，真要一个做主妇的精力和耐心）！……在国内到目前为止，我还无法靠合法版税支持最低生活……"

一九四六年夏，沈从文一家离开昆明，随北大复员。回到北平后住在中老胡同的北大宿舍。住在这里的还有废名、朱光潜、冯至等人。沈继续在北大执教，同时还担任了天津《益世报》文学周刊和《大公报》文艺副刊等四个刊物的编辑工作。

一九四八年，北平已经处在解放军的包围之中，一大批教授和文化名流接到国民党政府通知，要他们南下，沈从文也列在其中，但沈从文经过认真思考还是留了下来。然而，他没有想到，一场文艺思想领域的政治风暴正悄悄地落到他的头上。他的作品被人称之为"典型的地主阶级文艺"而加以批判。特别是一九四八年郭沫若在香港出版的《抗战文艺丛刊》上发表了一篇《斥反动文艺》的文章，列举了他各种"反动"言行，文中特别提到："特别是沈从文，他一直有意识的作为反动派而活动着。"以郭当年地位之尊，这样的话对沈从文来说无疑是致命的一击。与此同时，北大民主广场上贴出了很多大字报和标语，不少是公开骂沈从文的。《斥反动文艺》也贴上了墙，沈从文被说成桃色作家。更有甚者，一九四九年三月，北大校园里，一部分进步学生发起了对沈的攻击，并张贴了一幅大标语："打倒新月派、现代评论派、第三条路线的沈从文！"对沈的创作几乎全面否定，这是沈无论如何也难以接受的。

沈从文一直特别敏感，脆弱，"爸爸心中的频频爆炸，才刚开始，逐渐陷进一种孤立下沉无可攀援的绝望境界。"（沈虎雏《团聚》）沈从文对此十分恐惧，常常自言自语地说："清算的时候来了！""生命脆弱得很。善良的

生命真脆弱……"同年七月召开第一次文代会时，他没有想到自己居然被排除在大门之外，在巨大压力面前，他绝望了，甚至选择了自杀。病愈出院后，他被安排到颐和园附近的中央革命大学学习，为期十个月。事实上，从这时起，他基本上就等于走下了大学讲台。

一九五三年，在国家文物局局长郑振铎的关照下，沈从文离开北大正式调往历史博物馆，从此彻底告别了大学校园。

但得夕阳无限好，何须惆怅近黄昏：

人格最完美的朱自清

他大事认真，小事也认真，自己的私事认真，别人或公众的事他更认真。他有客必见，有信必回，他开会上课绝不迟到早退。凡是公家的东西，他绝不许别人乱用，即使是一张信笺，一个信封。

——李广田

朱自清，原籍浙江，一八九八年十一月二十二日生于江苏东海县。名自华，号秋实，寓意春华秋实的意思。六岁时，随父母定居扬州。一九一二年，朱自清十五岁时，做官的祖父菊坡公去世，从此家道衰落。

一九一六年暑假，朱自清考入北大预科。同年十二月，与武钟谦结婚。一九一七年二月三日，婚后不久，即到北京上学。这一年暑假回扬州时，因感觉家庭经济困顿，希望跳级考入北大本科，遂改名自清，字佩弦。后如愿考入北京大学哲学系。

一九一九年一月一日，《新潮》杂志创刊，朱自清成为会员之一。《新潮》杂志由傅斯年等人创办，在当时的影响仅次于《新青年》。孙伏园回忆说："佩弦有一个和平中正的性格，他从来不用猛烈刺激的言辞，也从来没有感情冲动的语调。虽然那时我们都在二十左右的年龄。他的这种性格近乎少年老成，但有他在，对于事业的成功有实际的裨益，对于纷歧的意见有调解的作用，甚至他一生的学问事业也奠基在这种性格。"一九二〇年五月，朱自清从北大哲学系提前一年毕业，暑假后到杭州第一师范学校任教。同来的还有中文系毕业的俞平伯。这是朱俞二人相识订交的开始。俞平伯后来回忆说："我开始作诗，朱先生也开始做，他认为我的资格比他老，拿他做的新诗给我看。……但我们的关系却一天一天的深了。"俞平伯在一师只教了半年就离开了，朱自清一直教到第二年暑假。同年十一月，文学研究会在北京成立，朱自清成为会员。一九二一年暑假，朱自清就聘扬州江苏第八中学教务主任。因与校长意见不合，很快就辞职了。

不久由北大同学刘延陵介绍，就聘上海中国公学，教授国文。叶圣陶当时也在中国公学执教，共同的志趣爱好使二人很快成了朋友。朱自清在中国公学待的时间并不长，因学生风潮，朱自清又离开中国公学重回杭州一师教书。一九二二年一月十五日，《诗》月刊创刊，创办者主要有刘延陵、叶圣陶、俞平伯、朱自清等人，杂志由中华书局印行。一九二三年八月，朱自清与好友俞平伯同游南京，夜泊秦淮河，领略秦淮风韵。这次泛舟河上，给两人留下湛深的印象。用朱自清的话说，"平伯是初泛，我是重来了。"离开南京时，二人相约作同题散文纪念这次夜游秦淮河。同年秋天，朱自清到温州十中教书。十月十一日，完成著名的游记散文《桨声灯影里的秦淮河》。发表后被时人称为"白话美文的模范"，至今仍被视为描写秦淮河的名作。朱自清对待写作一丝不苟，教书也十分严谨。在温州时，他的学生陈天伦回忆："朱先生来教国文，矮矮的，胖胖的，浓眉平额，白皙的四方脸。经常提一个黑色皮包，装满了书。不迟到，不早退。管教严，分数紧，课外另有作业，不能误期，不能敷衍。最初我们对他都无好感，至少觉得他比旁的先生特别噜嗦多事，刻板严厉。"但他教书的方法"真是亲切而严格，别致而善诱"。

一九二四年八月，俞平伯、叶圣陶、朱自清等人诗文集《我们的七月》出版，朱自清担任该书的主编。嗣后，朱自清离开温州，应夏丏尊之约到白马湖春晖中学任教，与一帮热爱文学的同人度过了一段快乐时光。不久由于发生学生风潮，夏丏尊、朱光潜、丰子恺等人都先后离开，朱自清也开始考虑离开的事。一九二五年，朱自清先后给俞平伯、叶圣陶写信，告诉他打算离开教育界，想到商务印书馆谋一职，但未成功。这一年暑假，清华学校加办大学部，成立国文系，在好友俞平伯大力推荐下，朱自清被聘为清华教授。八月，朱自清来到北京清华大学任教授，住在清华古月堂。这是朱自清服务清华的开始，从此正式走上大学讲台。

一九二五年暑假后，朱自清就任清华大学国文系教授。"由于教学的需要，朱先生走上了研究'国学'的道路。他从研究古近体诗和词入手，以

拟作为方法，诗就正于黄晦闻先生，词则与俞平伯先生相切磋。朱先生以'国学为职业，以文学为娱乐'。国学研究与文学创作有矛盾，但也不是绝对没有联系。清华学校于二七年改为国立清华大学，国文系主任杨振声先生与朱先生商量办系方向，两位先生都注重新旧文学的贯通与中外文学的联合，这是清华国文系与当时其他大学的最不同的特点，就是主张研究新旧文学和中外文学。这个主张当时是崭新的，也是对的，朱先生一生贯彻始终。平时我们见朱先生读书作文，总是中外古今同时并进。"（季镇淮《回忆朱佩弦自清先生》）

　　一九二八年八月十七日，国民政府决定改清华学校为国立清华大学，罗家伦为校长，杨振声为中文系主任，朱自清成为重要的骨干。杨振声后来回忆说："系中一切计划朱先生和我商量规定者多。那时清华国文系与其他大学最不同的一点，是我们注重新旧文学的贯通与中外文学的融合。"十月，朱自清第一本散文集《背影》出版。这本散文集的出版，奠定了朱自清在文坛上的地位，他的散文成就从此得到世人公认。

　　一九三〇年暑假后，杨振声出任青岛大学校长，朱自清代理清华国文系主任，并在燕京大学兼课。一九三一年八月，按照清华的规定，朱自清公费游学海外，历时一年，于次年八月回国。回到清华即被任命为中国文

1925年，朱自清（左二）与俞平伯（左四）等友人在清华园合影

学系主任，这是朱自清正式主持清华中文系的开始。由于武钟谦病逝，这一年八月，他与陈竹隐女士在上海结婚。

此时，闻一多也自青岛大学来北平，任清华中文系教授，这是二人同事论学的开始。

朱自清在清华教学，主要担任"诗""歌谣""中国新文学研究"三门课。

据吴组缃回忆："直到我离开学校，我记得一共选了朱先生三门课。一门是'诗选'，用《古诗源》作教本，实在没有什么可讲解的，但很花我们时间，我们得一首首背诵，上了课不时要默写。此外还得拟作，'拟曹子建名都篇''拟西洲曲'，还和同班合作'拟柏梁体'。朱先生改得可仔细，一字未惬，他也不肯放过。有一句好的，他也要打双圈。常常使我们拿到本子，觉得对他不起，因为我们老是不免有点鬼混。另外两门，一是'歌谣'，一是'新文学研究'。给我印象较深的是'新文学研究'。发的讲义有大纲，有参考书目，厚厚的一大叠。我们每星期得交一次读书报告，这种报告上若有什么可取的意见，发还的时候他就告诉你说：'你这段话，我摘抄了下来，请你允许我。'他讲得也真卖劲。我现在想到朱先生讲书，就看见他一手拿着讲稿，一手拿着叠起的白手帕，一面讲，一面看讲稿，一面用手帕擦鼻子上的汗珠。他的神色总是不很镇定，面上总是泛着红。他讲的大多援引别人的意见，或是详细地叙述一个新作家的思想与风格。他极少说他自己的意见；偶而说及，也是嗫嗫嚅嚅的，显得要再三斟酌词句，惟恐说溜了一个字，但说不上几句，他就好像觉得已经越出了范围，极不妥当，赶快打住。于是连连用他那叠起的白手帕抹汗珠。……他所讲的，若发现有错误，下次上课必严重地提出更正，说：'对不起，请原谅我。……请你们翻出笔记本改一改。'……他总是那么庄敬不苟，又爱脸红，对我们学生也过于客气。比如说，他称呼我，总是'吴先生'，总是'您'，听着实在有点使人发窘和不安。"

朱自清教书做人有自己的原则。一九三三年至一九三四年，朱自清接受邀请到北平师范大学国文系兼课，担任"新文学概要"，讲授"五四"以来现代文学的发展史及作家作品，课程却特地安排在每周六。这样的安排，他是出于特别的考虑。"在我跟随朱先生多年以后，知道他的为人，才了解他为什么把课排在星期六。朱先生这个脾气是：清华专职，师大兼职，兼课就不要排在一周的主要时间里。""朱先生对待这类问题是十分严肃的。打铃他就进教室，再打铃他就下课。"（张清常《怀念佩弦老师》）

一九三七年七七事变爆发，八月五日，日军占领清华园，朱自清收拾行李准备南下，九月二十三日只身冒险离开北平，经天津、青岛、徐州、郑州、武汉，在途中遇到南下的闻一多。十月四日，朱自清到达清华、北大、南开三校组成的长沙临时大学，担任三校临时大学中文系主任。一九三八年二月，临大准备迁昆明。闻一多自南岳往长沙，参加学生组织的湘黔滇徒步旅行团，步行入滇。朱自清与冯友兰等十多个同事，坐汽车从长沙到桂林，三月四日抵达昆明，四月四日到达蒙自。临大文学院暂设于此。

五月四日，临大正式改名为西南联大。这一天朱自清应学生邀请演讲。暑假后，联大文学院从蒙自迁回昆明。十一月八日联大正式上课。朱自清主讲文学批评。一九三九年一月十二日，朱在日记中说："自南迁以来，皆未能集注精力于研究工作。此乃极严重之现象。每日习于上午去学校办公，下午访友或买物，晚则参加宴会，日日如此，如何是好！"焦虑之情跃然纸上。

在西南联大时，虽然条件异常艰苦，朱自清对教学仍然一丝不苟。据冯锺芸回忆："佩弦先生常住单身教师宿舍，朱师母和孩子们远在成都。他多年来吃发了霉的陈仓老米，胃病常犯，病了也得不到调养……我上了他

朱自清、陈竹隐夫妇

开设的'中国文学批评'等两门选修课。记得听课的人有七八个，坐在一个小教室里。抗战期间，条件很差。佩弦先生的课，需要引用的资料很多，这些全都由他自己写在黑板上。两堂课里，黑板总是擦了又写，写了又擦，弄得他两手白粉，甚至累得两颊泛红。不论板书、讲课，从来是有板有眼，一丝不苟。他书法秀拔，分析透辟。他对学生要求严格，经常随时提问。虽不曾批评过哪一个，从他的脸色、眼神可以看得出对学生的回答是不是满意，因此，学生有些怕，在整个学习过程中，大家都兢兢业业，阅读有关资料，思考问题，不敢稍有懈怠。他上课，有时一开始忽然冒出一句：'上次我讲的三点，还漏了一点，现在补上，第四点……'从这里可以想见佩弦先生每讲完一堂课，并未放松思考。他那认真负责、一丝不苟的精神感染着班上的同学。"

一九四一年十月，清华大学文科研究所在昆明东北郊龙泉镇之司家营成立，冯友兰为所长，闻一多为清华中文系主任兼文科研究所主任。闻一多家就住在研究所里。十一月三日，朱也迁至研究所。朱自清、浦江清等人住楼上，闻一多家就住在对面。闻一多代替朱自清担任清华系主任的原因，据何善周回忆："朱先生的生活一向是规律严肃的。这期间朱先生因为多病，清华中文系主任由闻先生代理。朱先生比较安闲些。他每逢星期二下午步

行进城（约二十里）去西南联大授课，星期五下午步行回来。在所里他每天早晨照例七点左右起床。起床以后便走到大门外去做柔软运动，几分钟后回来整理床铺，被子铺得平平的，上面盖好了单子，然后拿着鸡毛帚打扫床铺周围的墙壁，床头的箱子和床前的窗户。这些都打扫完了，再到图书室打扫他的书桌和书架。全部都打扫完了，才洗脸漱口，然后就坐下来读书或写作。一日之中，除了三餐饭和午饭后的小睡外，很少看见他离开座位。晚上还要坐到十二点钟以后才就寝。就寝以前照例用冷水擦身，就在冬天也不例外。"

战时西南联大教授的生活异常艰苦，物价一再上涨，工资打七折拿，一个人的工资要分寄几处，常常入不敷出。冬天，朱自清常常穿一件赶马人用的毡披风从乡下进城来上课，样子十分古怪，街上人好奇地看着他，他仍然昂首阔步，并不在意。何善周回忆："三十一年冬天，气候格外寒冷，旧皮袍不好穿着出门，既没有大衣，又没有力量缝制棉袍，他便趁龙头村的'街子'天，买了一件赶马人披的毡披风。这种披风有两种，细毛柔软而且式样好的比较贵些。朱先生买不起，他买了那种便宜的，出门的时候披在身上，睡觉的时候还可以把它当作褥子铺着。"李广田也有类似的回忆："一九四一年我到了昆明，在大街上遇到的第一个熟人就是朱先生，假如不是他老远地脱帽打招呼，我简直不敢认他，因为他穿了一件奇奇怪怪的大衣，后来才知道那是赶马的人所披的毛毡,样子像蓑衣,也像斗篷,颜色却像水牛皮。"

"在昆明联大的时候,他的生活很苦。他的夫人和孩子们都不能在身边,因为经济的拮据,只能让他们住在成都。听说,食米的恶劣,使他开始有了胃病。他是一位有名的衣履不周的教授之一。冬天,没有大衣,把马伕用的毡子裹在身上,就作为大衣;而在夜里,这一条毡子便又作为棉被用。"(郑振铎)

为了生计,当时许多大学教授都搞起了兼职,希望额外赚钱补贴家用,朱自清也不例外。据郭良夫回忆:"朱先生和闻一多先生都是有名的教授;在昆明,这两位名教授生活清苦,都兼任过中学国文教员。两位大学教授教中学跟教大学一样严肃、认真、负责。"闻一多还给人刻章挣外快。据季镇淮回忆,在昆明教中学时,朱自清"定期要学生作文,改大堆卷子,绝无例外,一如一个中学国文老师所做的一切"。

"他教了三十多年的书,在南方各地教,在北平教,在中学里教,在大学里教。他从来不肯麻麻糊糊地教过去,每上一堂课,在他是一件大事。尽管教得很熟的教材,但他在上课之前,还须仔细的预备着。一边走上课堂,一边还是十分的紧张。"(郑振铎《哭佩弦》)

朱自清做事有自己的原则,不怕得罪人,在同事之间一向为别人考虑。一个典型的例子是他辞去图书馆馆长前,特地把一个不称职的馆员辞退掉,以免给后任带来麻烦。"等到朱先生结束代理馆长职务办移交时,朱先生先把某某辞退。说:我不能把确实无法胜任在图书馆工作的人留给继任的图书馆长,让我充好人而继任馆长当恶人。"(张清常《怀念佩弦老师》)

他的认真劲还体现在授课上。据弟子王瑶回忆,他当年上朱自清先生的"文辞研究"课,由于是关于中国文学批评的专门课程,内容比较枯燥,没有什么人上这门课,当时只有王瑶一个学生,尽管这样,朱自清仍然坚持开课。"班上只有作者一人听课,但他仍然如平常一样地讲授,不止从不缺课,而且照样地做报告和考试。"朱自清一向十分自律,当时他在昆明五华中学兼教一班国文,一次联大临时开会不能分身,他一早专门赶到五华中学请假,此事给许多人留下很深印象。

季镇淮回忆说:"我注意闻先生每日伏在桌子上用功时间最长,朱先生生活最有规律,每日早起要用鸡毛帚打扫几处,书桌最干净,不堆书。闻、朱两位先生隔一张书桌对面坐，他们看书或写作之间，亦偶然休息谈话。在这里，我看见朱先生的日常生活，既勤于研读写作，又讲究生活细节的严整和规律，处处表现行动措施有条理，任何小事都不随便，每样用具都有一定安排，整齐不乱。"

抗战胜利后，各大学校开始陆续复员。一九四六年十月，朱自清和全家从昆明联大回到北平清华大学。这段时间，朱自清主讲"中国文学史""文学史专题研究"和"历代诗选"等课。朱自清家住在清华园北院十六号，清华大学中国文学系的办公室和研究室在图书馆的底层。

在朋友眼中，朱自清一直是很结实的，郑振铎写道："在朋友们中，佩弦的身体算是很结实的。矮矮的个子，方而微圆的脸，不怎么肥胖，但决不瘦。一眼望过去，便是结结实实的一位学者。说话的声音，徐缓而有力。不说废话，从不开玩笑；纯然是忠厚而笃实的君子。写信也往往是寥寥的几句，意尽而止。但遇到讨论什么问题的时候，却滔滔不绝。"（《哭佩弦》）可就是这样一个结实的汉子，由于长期缺少营养，积劳成疾，也患上了严重的胃病。由于当时条件，也不可能得到很好的治疗。复员回北京后，这一情况并没有多少改观，甚至加重了。

闻一多被国民党政府枪杀后，为了纪念这位民主斗士，清华大学决定出版闻一多先生的遗著。一九四六年十一月，清华大学校长梅贻琦聘请朱自清等七人组成"整理闻一多先生遗著委员会"，指定朱自清为召集人。中文系同人在朱指导下，都参加了闻一多作品的校订、缮写等整理工作。

虽然二人性格不同，但朱自清对闻一多还是十分敬佩的，所以尽管抱病在身，他还是一心扑在《闻集》的整理出版上，为此付出了巨大心血，没有朱自清的劳动，也许《闻集》根本不可能出版。据王瑶回忆，"在《闻集》的搜集和整理上，他实在花费了不少的精力；如果不是他主持，《闻集》是不会问世的。""死前一日，他把闻先生的手稿都分类编目，一共是二百五十四册又二包，都存在清华中文系，目录在校刊上公开发表。"

也许意识到来日无多，朱自清把唐人诗句"夕阳无限好，只是近黄昏"，改写成"但得夕阳无限好，何须惆怅近黄昏"，写好放在写字桌的玻璃板下边，作为自己的座右铭。

朱自清为人正派是人所共知的，甚至有时到了不近人情的地步，对此

闻一多先生。1947年朱自清先生在《闻一多全集》序言中以『诗人、学者、民主斗士』总括其一生

王力有亲身的体会："按照清华大学的惯例，专任讲师任职两年得升为教授，这是章程上规定了的。但是我任职两年期满，聘书发下来（当时学校每年发一次聘书），我还是专任讲师。我到办公室里质问朱先生为什么不升我为教授，他笑而不答。我回来反躬自责。我在学校所教的是'普通语言学'和'中国音韵学'，而我不务正业，以课余的时间去翻译《莫里哀全集》，难怪朱先生不让我升教授。于是我发愤研究汉语语法，写出了一篇题为《中国文法学初探》的论文。朱先生点头赞赏，就在第四年，我升任教授了。"（王力《怀念朱自清先生》）

李广田说他："朱先生有至情，可并不一天到晚缠绵悱恻；他爱真理，也并不逢人说教；他严肃认真，却绝不板起面孔，叫人不敢亲近，只感到枯燥无味。他是极有风趣的，他的风趣之可爱可贵，正因为他的有至情，爱真理，严肃而认真。"（李广田《最完整的人格》）

"凡是认识朱先生的，同朱先生同过事的，都承认朱先生是最'认真'的人。他大事认真，小事也认真，自己的私事认真，别人或公众的事他更认真。他有客必见，有信必回，他开会上课绝不迟到早退。凡是公家的东西，他绝不许别人乱用，即使是一张信笺，一个信封。学校里在他大门前存了

几车沙土，大概是为修墙或铺路用的，他的小女儿要取一点儿去玩玩，他说不许。他说不许，因为那是公家的。"（李广田《最完整的人格》）

"他的性情笃厚、品格高洁处，相处愈久发现愈多，正如他的文章，也需要细读，多读，久读，才能发现那些常言常语中的至情至理，才能发现那些矜慎中的创造性，稳健中的进步性，才能发现那些精炼中的生动，平淡中的绚烂。"（余冠英《忆朱佩弦先生》）

王力曾把朱自清与闻一多做了比较："朱自清先生的性格和闻一多先生不一样。闻先生是刚，朱先生是柔。朱先生可谓温温君子。"

一九四八年六月间，国民党政府的法币天天贬值，一包烟要几万块钱。教授薪水虽然月月在涨，物价涨得快，但法币贬值更快，一时民怨载道。在这种情况下，国民党政府想出一个办法，发一种配购证，可以用较低的价格买到"美援的面粉"。与此同时，美国驻华大使司徒雷登对中国人民发表了侮辱性讲话。北京一些教授知识分子为揭穿国民党政府阴谋，抗议美国政府的侮辱，发表了一个公开声明："为反对美国之扶日政策，为抗议上海美国总领事卡德和美国大使司徒雷登对中国人之污蔑侮辱，为表示中国人民之尊严和气节，我们断然拒绝美国具有收买灵魂之一切施舍之物资，无论购买的或给予的。下列同人同意拒绝购买美援平价面粉，一致退还配购证，特此声明。"

一九四八年六月十八日，为抗议美国政府扶日政策和对中国人民的侮辱，朱自清愤而在《抗议美国扶日政策并拒绝领取美援面粉宣言》上签了名。朱自清在日记中写道："六月十八日，此事每月须损失六百万法币，影响家中甚大。但余仍决定签名，因余等既反美扶日，自应直接由己身做起。"

这时朱自清的胃病已经到了相当严重的地步，只能吃很少的东西，一吃就吐。家里还有大大小小七个孩子，负担极重，但他对自己的决定毫不后悔。逝世前一天，他还嘱咐夫人："有一件事得记住，我是在拒绝美援面粉的文件上签过名的！"

一九四八年八月六日，因胃病加剧，朱自清住进北大附院，十二日十一时四十分去世。去世时，朱自清的体重只有三十五公斤。死前桌子上还留有半篇文章《论白话》，只写了一千七百字，这是他留给世人的最后遗产。

长恨人心不如水：

是是非非苏雪林

凡论一人，总须持平。……鲁迅自有他的长处。……旧文字的恶腔调，我们应该深戒。

——胡适致苏雪林

一九九九年四月二十一日，在台湾成功大学附属医院，一位白发苍苍的小脚老人走完了她一百零三岁的漫长人生旅程，她就是苏雪林。她是现代文学史上迄今享年最久的作家，集作家、学者、教授和画家于一身，一生执教五十年，笔耕八十载，著述六十五部，创作二千余万字。二十世纪三十年代，以《绿天》《棘心》蜚声文坛，阿英称之为"女性作家中最优秀的散文作者"，与冰心、凌叔华、冯沅君和丁玲一起并称为二十世纪三十年代五大女作家。然而就是这样一位国宝级女作家，由于其政治倾向性、个人性格以及其他社会原因，一生命途多舛，充满了矛盾与是非。

念"讹音"的教授

在现代文学史上，苏雪林是以作家名世的，但她的一生都是以教书为业，从一九三〇年执教安徽大学起，到一九七三年从台湾成功大学退休，前后长达四十余年，差不多也算现代作家中执教最长的了。苏雪林最早到大学执教的经历可以追溯到一九二六年在东吴大学的兼职。

此时婚后不久又失去母亲的苏雪林正在上海夫家赋闲，她觉得自己爱情理想亲情一个都未能实现，生活十分苦闷，就在这时接到恩师陈钟凡的信。陈是她北平女高师国文系主任，对她一向十分赏识，并一直保持着通信来往。得知她归国的消息，特地让她到苏州见面，介绍她担任苏州基督教长老会办的景海女子师范国文系主任，并到东吴大学兼课。讲好景海月薪一百元，东吴月薪五十元。这对苏雪林来说无疑是意外之喜。不仅藉此可以逃出上海夫家，而且也可以经济上独立。担任女子师范课程她自信有把握，可到大学讲课却有些犹豫，毕竟自己也只有大学学历。陈钟凡鼓励她说：你不用担心，我看过你写的文章，按你的实力完全可以胜任，你就去讲讲诗词选，我会让人关照你的。这一说，坚定了苏雪林的信心。

一九二六年刚过春节，苏雪林就到了苏州。考虑到丈夫张宝龄上海苏州两地往来不便，不久把张宝龄也介绍到东大任教。这是苏雪林第一次到大学任教，当时只是兼职。一年后两人因感情破裂，张宝龄便离开苏州回沪。第二年夏天苏雪林也辞去苏州工作回到上海，不久在沪江大学找到了一份国文教师的工作。此时的苏雪林希望多尽一份妻子的责任，挽回两人冷淡的关系，然而事与愿违，两人关系却越来越僵，所以当她接到安徽大学新任校长杨亮功先生的邀请信，请她担任安徽大学教授时，她立刻接受了邀请。时为一九三○年六月。

她同意接受安徽大学邀请，一方面是想藉此离开上海这个伤心之地；另一方面，担任东吴和沪江教授期间，她写过几篇论文，她觉得"我的天性本近于学术研究，从此更有志为学了"。还有一个重要因素是安大邀请的几位教授像陆侃如、冯沅君、饶孟侃、刘英士、朱湘等人，不是同学便是熟人，而且安大所在地安庆是她多年前读师范的地方，所不同的是，此前她还是莘莘学子，这次她已经是一位正式的大学教授了，所以接到聘书后便欣然前往，多少有点衣锦还乡的感觉。安大聘请的名义是教授，月薪二百元，在当时可算是非常优厚的。苏雪林教的课是世界文化史,同时兼女生指导员。世界文化史没有现成资料，她只好从图书馆中借几册世界文化史自行研究。好在在法国学习艺术史时，买了几部艺术史，其中有西亚、埃及、希腊、印度等古代文化，又有画，图文并茂，学生听了也很有兴趣，这种西方文化

研究对她后来从事屈赋比较研究产生过很大启发。

安大虽是省立大学，但因为新建，学风不严，风潮不断，许多教师半途就辞职了，陆侃如夫妇教了半年也走了。由于管理松弛，学风很坏，男生到女生宿舍唱歌喝酒谈恋爱，经常闹到半夜，简直肆无忌惮。苏雪林是一个做事特别认真的人，既做女生指导员，她觉得就有责任制止这种现象，于是经常前去干涉，责令那些男生九点钟之前必须离开女生宿舍，否则记过处分。为此与那些男生经常发生争执，被骂成老封建，但她一点也不退让。她的干涉得罪了那些谈恋爱的男生，久而久之引起了报复心理。一天她从外面回宿舍时，经过一片小树林，突然从黑暗里飞出一块石头砸中了她的前额，苏雪林没想到会遭到暗算，顿时血流如注，连忙用手帕捂着，一连用了两条手帕，也没能止住血，最后到医院缝了几针才止住。她额上的一块疤便是在安大当指导员的永久纪念。这件事促使她产生了早日离开安大的决心。恰好不久她就接到了国立武汉大学的聘书。

说起来她到武汉大学任教还有一个小插曲。一九三一年夏天，国立武汉大学在武昌珞珈山成立，校长王世杰带人到上海招生，邀集人批阅国文和三民主义试卷，由于人手不够，袁昌英向王世杰推荐好友苏雪林参加。苏雪林阅卷速度奇快，半天就阅了近百份，使共同阅卷的周鲠生十分吃惊，好友袁昌英更是逢人便宣传，一时广为人知，也引起王世杰的注意。所以武汉大学成立后，王世杰便向她发出邀请，听说同去的还有袁昌英、凌叔华等几位好友，简直喜出望外，苏雪林当即辞职前往珞珈山。苏雪林、袁昌英和凌叔华三位好友以其文才后来被人称为"珞珈三杰"，名动一时。

刚到武汉大学，苏雪林就碰到一件令她十分尴尬的事，当初请她来讲好是做教授的，但发给她的正式聘书却是特约讲师。此前她在安大时就是教授，现在连降了两级，反倒成了特约讲师，怎么也想不通，那种被人轻视的感觉很不是滋味。她对好友袁昌英发泄了自己的不满。袁昌英一听，知道她误会了，连忙解释说："武大为尊重名器，所有教师都称副教授，一个正教授也没有。你这特约讲师，等于别校的副教授，将来升格为副教授，就等于别校的教授。"听说像陈源、杨端六这样的人也只聘了副教授，像她的资历能聘一个特约讲师就已经很照顾她了，所以顿时心里好受了许多。苏雪林初到武汉大学时教的是中文系基本国文一班，别系国文一班，中文系中国文学史一班，每周有十三个钟点的功课。中国文学史讲义是自编的，要参考许多资料，她毕竟不像那些老教授有老本可以吃，一切需从头开始。一天，文学院院长陈源说打算请她在中文系开一门楚辞课。楚辞在中文系是门大学问，一听她就慌了。陈源鼓励她说："我看你行，你在现代评论上发的那篇《屈原与河神祭典关系》就很有新意，未必比陆侃如、游国恩他们差。"见院长这么说，她只好硬着头皮答应下来，为此一头扎进屈赋研究里。后来她没有辜负陈源的期望，终于另辟蹊径成为著名的屈赋研究大家。

苏雪林后来成为屈赋名家，还与一件事对她的刺激不无关系。提到这件事不能不提到时为武汉大学教授的刘永济。刘永济本是东北大学教授，研究屈赋的名家，九一八事变后，东北大学解散，苏雪林力荐他到武汉大学执教，后来他曾担任文学院院长。但他做的两件事却令苏雪林一生耿耿于怀。一次苏雪林偶然得到了解决屈赋的线索，写了《月兔源流考》等几篇自认为很有新意的文章，但刘永济却以文章不够严谨为由，拒绝在武大季刊上发表。更令她不能容忍的是，刘永济聘请程千帆担任中文系主任，没有与她商量就把她教的中国文学史前半段分派给了程，只让她教后半段。中国文学史前半部内容丰富，很受学生欢迎，后半部等于是块骨头。这对苏雪林来说无异于口中夺食。刘永济这样做显然是从工作出发，未必有什么个人恩怨，但苏雪林却一辈子也未能释怀，从此也激发了她研究的决心。

1933年，武汉大学第二届毕业纪念册上王世杰校长的照片

　　武大并不缺少伯乐。有一件事几十年后仍然令苏雪林感激不已。武大的学术空气一向比较保守，讲究小学功夫，述而不作，以黄侃最具代表性。虽然苏雪林已经在商务印书馆等出版社出版了《唐诗概论》《辽金元文学史》等六本书，但在那些老教授眼里，她走的是一条野路子，难登大雅之堂，其研究观点也常常遭到一些人的诘难。还有一个缺点也常常成为一些人攻击她的口实，那就是上课时常读错别字。由于小时受父亲和塾师不规范教育的影响，在课堂上常常以讹传讹读错别字，结果被一个受过处分的学生告到系主任那里，并被人恶意传播，成了她的一大污点。年终考核续聘时，几个资深教授都投了她的反对票，院长陈源有心帮忙却爱莫能助。关键时刻校长王世杰站起来说，虽然苏雪林是自修成功的，但从她所发表的几篇屈赋研究文章看，她还是很有见解的，她读的古书并不少，也不是没有学问之人。这样的人不能因为读了几个错别字就辞退。念几个错别字在自修的人是难免的，慢慢她会改正，也不致误人子弟，我主张续聘。一锤定音。后来的事实证明，王世杰没有看错人。

　　从有关资料看，虽然苏雪林是一个好作家，却不太长于教学，她的口才远不如她的笔。有一件事可以为证，一九三四年她在接手沈从文教现代文学课时，许多学生慕她大名而来，没有想到她的课上得十分枯燥。她对现代文学课本无兴趣，上课时连名都懒得点，许多人干脆溜之大吉，一个学生实在看不下去，便在黑板上写了一行字："如果不点名，下次也就没有人来上课了。"多少也算是对她的抗议。

在乐山度过的八年战时教学生活，是苏雪林一生中最艰苦的岁月。一九三八年四月苏雪林随校入川。限于当时条件，学校设在文庙，教师宿舍只能自找，苏雪林先租借在城西一处叫"让庐"的中式出租楼房，后因不堪房租迁居山上三间民房里，直到胜利复员。那时物价天天飞涨，教授工资却不涨，饶是这样，她一个人的工资最多时要养活亲戚七口人，"眼看着要饿死"（袁昌英语）。为了生计，课余便在门前开荒种地养鸡，补贴家用。她所有的积蓄在"八一三"沪战时全部捐给了国家，相当于黄金五十两，在当时可算是一笔巨款。可她无怨无悔，直到抗战胜利复员。当时物资匮乏，好友袁昌英回武汉前，送她一小袋锈铁钉，她当成了宝贝，一直带回了武汉。

婚姻——"一个美丽的谎言"

苏雪林的婚姻是那个时代最为典型的包办婚姻，从一开始就是个悲剧。做过前清知县的祖父在上海做寓公时，做主把她许配给江西做五金生意的商人张家次子。张家对苏雪林的才名和出身非常满意，为了和她相配，许诺将儿子送到美国留洋。一九一七年，从安庆第一女师毕业后，张家提出完婚要求，苏雪林本不满意这桩婚姻，以上大学为由拒婚，与祖母发生严重冲突，导致淋巴结核复发，结果大病一场，这件事才拖了下来。到法国留学后，才在母亲的建议下，开始与远在美国麻省的未婚夫张宝龄开始了断断续续的通信。

张宝龄写得一手好字，英文也很漂亮，但他的信简直就像公文，苏雪林埋怨说："他的个性好像甚冷僻，对任何事都无兴趣……同他通信索然无味。"通信的结果令她十分失望，大约一个学文学艺术，一个学工科的缘故，两人性格爱好都不同，几乎没有任何共同语言。尽管这样，苏雪林还是希望他拿到学位后，到法国读博士，共同欣赏法国艺术和欧洲风光，在欧洲建立小家庭。她把消息在朋友中公开了，大家都为她高兴，结果张宝龄不

仅不领情，反而一口拒绝了，这件事大大地伤害了她的自尊心，使她在朋友面前丢尽了面子。一气之下，她给他写了一封毁婚信，在发出前的最后一刻才撕毁。尽管这样，她还是写信向父亲表示了毁约的想法，结果遭到父母的痛斥与坚决反对。万念俱灰，一九二四年八月十五日，苏雪林受洗成为一名新教教徒，甚至想出家修道远离尘世。就在这时，接到大姐的信，母亲已经病入膏肓，希望在临终前见她最后一面。从童年开始，母亲一直是她的守护神，为了母亲，苏雪林毅然中断在法国的学习，于一九二五年春天启程回国。

一九二五年中秋节，为了母亲最后的心愿，苏雪林与张宝龄在老家岭下村完全按当地习俗举行了隆重而热闹的婚礼。这一年苏雪林已经二十九岁了，富有戏剧性的是，这次结婚居然是两个人第一次见面，尴尬和不自然是可想而知的。

女儿的婚姻并没有延长母亲的生命，一个月后母亲还是去世了。苏张二人从结婚到苏雪林离开大陆前，一共二十四年，其间二人聚少离多，加在一起也不过寥寥三四年时间，无论怎么说都不能算是一个正常的婚姻。婚后最幸福的一段时光，要算是他们在苏州度过的一年多时间。当时苏雪林应邀担任苏州景海女子师范中文系主任，同时在东吴大学兼课。不久张宝龄也应聘到东吴大学担任工程学教授。他们与一对美国夫妇合住在天赐庄一栋小洋楼里。楼下有一个很大的园子，里面长满了杂草。两人利用业余时间开荒种菜莳花，养金鱼，斗蟋蟀，吟诗作画，其乐融融。学造船出身的张宝龄还在苏州葑门十二号为他们设计了一个船形的新居，这段时间是他们婚后最美好的时光。正是这段甜蜜生活催生了现代文学史上一部散文名著《绿天》。书中许多篇什基本上是他们这段生活的真实写照。然而好景不长，他们的爱情之舟并未能顺利地远航。两人之间积存已久的矛盾终于爆发，导致了两人感情的裂痕。究其原因主要有两个：一方面，两人性格志趣不同，张虽然接受了西方教育，但骨子里却希望妻子三从四德以他为中心，做一个贤妻良母，这显然是苏雪林做不到的；另一方面，婚后苏雪林经常资助大姐和寡嫂，这也使丈夫很不快，有一次甚至借故把她的书扔了一地。这些矛盾终于导致了两人感情的破裂。《绿天》只写了一半，爱情就破灭了，所以苏雪林后来自嘲地称之为"美丽的谎言"。

尽管苏雪林对丈夫十分不满，但对婚姻却十分忠贞。其实，无论婚前还是婚后，苏雪林都不乏追求者和意中人，这从她自己的文章《家》和《绿天》中都可以看出。但她都经受住了诱惑。最惊心动魄的一次要算是发生在法国里昂的热恋。那时她刚到法国，人生地疏，经朋友介绍认识了一个学艺术的中国留学生。碰巧对方读过她的作品，对她仰慕已久，两人几乎一见如故。时间一久，两人关系日益亲密，经常像恋人一样一起外出散步写生看艺术展，几乎到了谈婚论嫁的地步，但在最后一刻，她还是理智地选择了与对方分手，亲手扼杀了自己的初恋。

苏张二人感情破裂后，双方都有离婚的想法，但为了家庭名声，最后还是选择了维持。破镜难圆，所以当苏雪林到武汉大学执教时，干脆将大姐接到一起，组织了奇特的"姐妹家庭"，一直到她大姐去世。这在现代文学史上也绝无仅有。名存实亡的夫妻之间只偶尔书信来往，后来连信也断了。有一件事最能说明这对夫妻之间关系的冷漠。一九四三年武汉大学拟聘请张宝龄担任机械系教授，而苏雪林居然不知道他的下落，后来通过公公才打听到他在云南。一九四三年九月十日，张宝龄从云南来到乐山，夫妻才重新团聚，但也只是在这个姐妹家庭中另加一张床而已。也许因为时事艰难，张宝龄比以前似乎懂了许多人情世故，彼此也少了争吵。此时的张宝龄为人和气，十分健谈，与同事关系非常融洽。苏雪林尽可能照顾他的生活，但两人再也不可能鸳梦重温。有一件事非常说明问题，抗战胜利后，许多家庭都在享受着复员的快乐，张宝龄却坚决辞去武大的工作回到了上海，从此这对夫妻就再也没有在一起生活过。一九四九年，苏雪林去了香港，张宝龄留在了内地，天各一方，这对冤家也就永远分开了。张宝龄逝于一九六一年二月十二日，一年之后苏雪林才辗转得到消息，至此这个婚姻悲剧总算画上了一个句号。

与鲁迅的恩恩怨怨

　　苏雪林一生沉沉浮浮，一九四九年离开大陆后就淡出了大陆文坛，并从现代文学史书上销声匿迹，以她在现代文学史上的成就可以说是身世寂寞。这固然有两岸隔绝的政治因素，但究其主要原因不能不提到她早年与鲁迅的恩恩怨怨，尤其在鲁迅去世后她发表的那封致蔡元培公开信最为人诟病。

　　从公开记录看，苏雪林与鲁迅的第一次见面是在一九二八年七月七日。那次北新书局老板李小峰在悦宾楼设午宴招待在北新的作者，受到邀请的有鲁迅、林语堂、郁达夫、王映霞等名家。北新是当时唯一出版新文艺的书局，此前苏雪林已经在北新出版过《李义山恋爱事迹考》《李商隐诗》两本书，这次因为《绿天》的成功发行，苏雪林是作为文艺新星受到特别邀请的。苏雪林到北新时客人大多到了，因为《绿天》的巨大反响，所以大家对她都十分热情，就连散文大师林语堂都对她赞美有加。最后主人把她带到鲁迅面前时，她热情地伸出手，没想到鲁迅既没有同她握手，也没有寒暄，只是象征性地朝她点了点头，这使满腔热情踌躇满志的苏雪林感到非常尴尬，现场热烈的气氛一下子冷了下来，大家也感到有些意外。鲁迅的态度深深地刺痛了敏感自尊的苏雪林，也在她心里留下了永远的阴影。

　　苏雪林很难理解鲁迅对她的态度，后来经人点拨才明白，因为她经常

在现代评论上发表文章，又与胡适、陈源过从甚密，自然被鲁迅划入了现代评论派。其实这多少有些苏雪林的主观推测，以鲁迅的性格，对初次见面的晚辈作者点头致意，也未必不正常。但苏雪林从此认定鲁迅是个心胸狭窄傲慢无礼的人，一直不能释怀，后来她处处以鲁迅为敌，多少与这件事有一定的关系。

还有一点令苏雪林反感的，是鲁迅对胡适和她朋友的攻击。一九二八年北平女师大学潮，鲁迅对杨荫榆和章士钊进行声讨，陈源在《现代评论》上替杨、章二人说话，结果也遭到鲁迅痛击，由此引发一场笔战。苏雪林是女师大（前身是北平女高师）学生，又是杨荫榆的学生，情感上自然地就站在了陈、杨一边，把鲁迅当成了学生运动的煽动者，后来章士钊的私宅被激动的学生烧了，她也认为是鲁迅煽动的结果。苏雪林最不能容忍的，是鲁迅对胡适的批判。她一向把胡适视为自己恩师，而鲁迅却时时出来对胡适冷嘲热讽，令她大为不满。这些点点滴滴加在一起，激起了她骨子里的反叛意识，她本来就是一个不通世故、率性而为，甚至有些偏执的人，遇事缺少理性，十分情绪化，所以一九三六年十月十九日鲁迅在上海病逝，全国文艺界举行声势浩大的祭丧活动时，她往日积攒下来的不满情绪似乎找到了一个突破口，她决意要表现得不同流俗，不惧权威，于是发表了那篇引起轩然大波的《致蔡孑民先生论鲁迅书》的公开信，信中列举了鲁迅三大罪状。同样的信她也寄给了马相伯，马和蔡当时都是鲁迅治丧委员会委员。据她晚年回忆说马接信后给她回了一封信，表示不去参加。

从有关资料看，马相伯后来确实没有列入鲁迅治丧委员的名单，不知是她的信起了作用，还是因为别的原因，现已无从查考。蔡元培当时并没有收到这封信。因为不知道蔡元培的地址，苏雪林这封信是托人转交的，但转交人觉得信的内容十分欠妥，没有转交，建议她慎重考虑。苏雪林对此很不满，这时恰好武汉《奔涛》半月刊来约稿，她就把这封信拿了出来。对方如获至宝，很快付梓，《致蔡孑民先生论鲁迅书》一发表，立刻激起了公愤，苏雪林也成了众矢之的。她自己说，"骂我的漫画、诗歌、杂俎，无所不有"，"凡有报纸者，对我必有骂声"，甚至还有恐吓信。但她并不后悔，她自己说，"发表了《致蔡孑民先生论鲁迅书》并《与胡适先生论当前文化动态书》两文，文艺界便视我为异端，为化外之民"。

公开信发表时距离鲁迅去世大约一个月，无论从哪一方面看，这件事都很欠妥，这也是苏雪林为人幼稚的地方，也是她情绪化的表现。就连她的恩师胡适后来在给她的信中，对她这种做法也提出了批评和质疑："我以为不必攻击其私人行为"，又说，"凡论一人，总须持平。……鲁迅自有他的长处"。并指出其文章中有"旧文字的恶腔调，我们应该深戒"。在这封信中，胡适还充分肯定了鲁迅在新文学史上的贡献，显示了胡适的大家风范。但在这件事上，苏雪林并没有听从胡适的话，后来还是写了一系列批判鲁迅的文章，这些文章后来在台湾结集出版，书名《我论鲁迅》，倒也体现了苏雪林偏执和任性的性格，可谓文如其人。

如果说苏雪林全盘否定鲁迅，也不完全符合史实。发表于一九三四年的《〈阿Q正传〉及鲁迅创作的艺术》一文中，她指出："我们应当知道鲁迅是中国最早的乡土文艺家。而且是最成功的乡土文艺家。"她对鲁迅《呐喊》与《彷徨》也评价甚高，认为"两本，仅仅的两本，但已经使他在将来中国文学史占到永久的地位了"。在《冰心女士的小诗》一文中，她也认为"五四"运动发生的两年间，新文学成就最大的"第一是鲁迅的小说集《呐喊》，第二是冰心女士的小诗"。这些对鲁迅的评价不仅是现代文学研究中较早的，而且也是比较公允的，由此也可见历史人物苏雪林的复杂性。

谦谦君子德，磬折欲何求：

绅士陈西滢

他在英国留学多年，深受绅士教育的陶冶，喜怒哀乐不形于色，加之口才如此謇涩，不善表达，而说起俏皮话来，锋芒之锐利，却令人受不住，人家仅看到他"冷"的一面，却看不到他"热"的一面，所以对他的恶感就多于好感了。

——苏雪林

在相当长的时间内，陈西滢是以负面的形象出现在现代文学史上的，戴着一顶"反动文人"的帽子，人们对他知之甚少。作为一名大学教授，一位现代知名作家，陈西滢是相当寂寞的，真实的陈西滢几乎很少为后人所知，留给人太多的疑问与悬念。

从书斋到社会

陈西滢，名陈源，字通伯，笔名西滢。生于一八九六年三月二十四日，江苏无锡人，父亲陈育是个读书人，早年在家乡开小学馆，后到上海帮人开办书局。从小在陈家长大的表叔吴稚晖看好陈西滢的潜质，在他的鼓励帮助下，陈西滢于上海南洋公学附小毕业后，一九一二年远赴英国留学。在英国修完中学课程后，先进入爱丁堡大学攻读文学，一九二二年在伦敦大学取得政治经济学博士学位。值得一提的是，陈西滢获得博士学位的事，他从未张扬，以致许多人都不知道，甚至包括他的好友和同事苏雪林，这也从另一个方面反映了陈的为人风格。陈西滢在英国留学时结识蔡元培，蔡当即向他发出了邀请。同年，陈西滢应蔡元培之邀回国任北京大学英文系

教授，时年二十六岁。

由于历史原因，有关陈西滢当年从事大学教学的记载并不多见，时为北大英文系教授的温源宁对陈西滢有一段非常生动的描述："体形消瘦，中等身材，面色苍黄，显然，陈先生天生不是户外工作的材料，只适合做室内工作。一离开椅子，他就不是他自己了。一坐上椅子，他就百事可为，可以说话，可以阅读，可以讲课，我甚至想说，还可以打一架。他这种久坐不起的习惯，竟然把他的躯体培育成了一个大大的问号。当他坐在那里的时候，这种情况还不惹眼，但是，一站起来，他的头就显得太重，而难以被脊柱所支持，于是便形成了明显的弯曲。"

一九二四年春，泰戈尔应北京讲学社之邀，经上海到北京访问，堪称当年中国文化界的一大盛事。而北京大学负责接待泰戈尔的正是陈西滢和他的好友徐志摩。泰戈尔来华的一个副产品，是成就了陈西滢与凌叔华的一世姻缘，也成为文坛的一段佳话。

一九二五年，出于对文化与出版的热爱和对社会的关注，一些北大留英学者教授，王世杰、周鲠生、杨端六、皮石宗、杨振声和陈西滢等人发起创办了一份综合性刊物《现代评论》，主要讨论教育、文化、财经、法律以及时事等方面的问题。刊物的主要撰稿人有王世杰、陈西滢、周鲠生、杨端六、皮宗石、丁西林、袁昌英、徐志摩、张奚若、杨振声、李四光、胡适、沈从文等人。陈西滢任编辑部主任。同年五月,陈西滢从张奚若手里接过"闲话"专栏。不久,即成为《现代评论》的主笔和最有影响的作家,《现代评论》也因为"西滢闲话"而风靡一时。

一九二七年十月,陈西滢携夫人凌叔华远赴日本,开始海外撰述员的研修生活,直到次年九月回国。

一九二八年,国民党政府决定彻底改组武昌中山大学,组建国立武汉大学,加强对教育的控制。同年九月,成立武汉大学文学院。闻一多任首任院长。同年十月,陈西滢应好友王世杰之邀,到武汉大学中文系任教,凌叔华也一同前往。

一九二九年五月,王世杰正式担任武汉大学校长,在他掌校期间聘请了一大批知名学者教授。沈从文、苏雪林都是他上任后作为人才引进到武汉大学的。

一九三〇年六月,闻一多辞去文学院院长职务前往青岛大学任教,陈西滢顺理成章地接替了文学院院长的职务。

因抗战爆发,一九三八年三月,武汉大学被迫迁往四川乐山,文学院和法学院就设在文庙中。陈西滢一家也随学校迁至四川乐山,这是他们一家生活最艰难的时期。一九三七年,陈西滢的父亲在日军侵占南京时被炸身亡,作为孝子,陈西滢只好把母亲和家人也带到身边。此时,他要靠微薄的薪水养活一家五口,生活之艰难可想而知。

在武汉大学这段时间,陈西滢生活得并不十分快乐,不仅有家庭矛盾,而且学校的人际关系也十分复杂,长期接受英国文化熏陶的书生陈西滢并不适应。好友王世杰离开武大后,由王星拱接任,陈西滢的日子自然不太好过,于是,一九三九年十月,陈西滢辞去了文学院院长职务。

关于陈西滢辞职的情况,一九四一年二月,凌叔华在给胡适(时任驻美大使)的信中是这样解释的:"……这两年他为王星拱(现在武大校长)排挤得十分苦恼。王抚五为人一言难尽,他在我们朋友中的外号叫王伦水(水浒上),嫉才妒德,不一而足,且听信小人,不择手段行事。因此武大几根台柱如端六、鲠生、南陔、通伯都辞了职了。"

陈西滢在武汉大学时,除了院长工作,还先后开设过"短篇小说""英国文化""翻译""长篇小说""世界名著"等课程。虽然学生们觉得他是一位

"通儒"，但遗憾的是陈西滢的口才实在不敢恭维，因而多少影响了上课效果，从这个意义上讲，知识渊博的陈西滢对学生来说，并不能算一个好老师。

去职之后，陈西滢在四川度过了一段赋闲时光。这段时间他又重新拿起笔，不过已经不是写那些"闲话"，而是充满爱国精神的篇章。对此，凌叔华在回忆中说："……倒是抗战时，他在重庆为《中央日报》猛写骂日本的文章，这些社论很受人注意，陈先生善于用犀利的字句批评时事，所以他很过瘾，但可把我害惨了。……害得我在北平一年时间，日本北平特务、宪兵等，不时进来探问我来北平的真实目的，还要我写信给陈先生叫他来北平……"

为了帮助陈西滢摆脱困境，凌叔华甚至给远在美国的胡适写信，希望为陈谋一个职位。不知是否与胡适有关，一九四二年二月十三日，陈西滢终于获得了一个机会，赴英国主持中英文化协会工作。多年之后故地重游，心情已经很不一样了，对他来说更多的是感慨。

一九四五年，一个偶然的机会，陈西滢得知比利时大学想请一位教师讲中国艺术，便代凌叔华接受了聘书。这年九月，凌叔华和女儿远赴英国，一家人在异国团圆了。

一九四六年一月，凌叔华和女儿陈小滢来到英国伦敦的新居。这年底，联合国教育、科学及文化组织在巴黎成立，陈西滢被南京国民政府委派担任该组织首席常驻代表。

一九四九年新中国成立，一九六四年一月，中国政府和法国政府建立外交关系，台湾"国民党政府大使"降旗撤回台湾，但台湾当局仍要求陈西滢以联合国中国代表的名义，独自在巴黎乔治五世大街十一号留守。一九六六年三月十二日，法国政府要求台湾当局交出"使馆"，并要陈西滢迁出，陈西滢神经大受刺激，血压升至250，当场昏倒。之后，他辞去国民党驻外职务，回伦敦家中休养。

一九七〇年三月二十九日，陈西滢因病逝世。火化那天，据说这个早年交游甚广、桃李天下的文化名人，其最后一程，只有熊文英夫妇相送，连凌叔华都因故未能参加。这不能不说是一个十分凄凉的结局。伦敦《泰晤士报》为此发表悼文说："他的逝世，使我们英国，丧失了与现代中国历史一段最重要的时期仅存的联系。"

与鲁迅的论战

谈到陈西滢，不能不提到他与鲁迅之间的那场著名的论争，很多人也正是通过这场论战认识陈西滢的。

《现代评论》虽然是一份留学欧美学者的同人刊物，但杂志的核心人物其实还是陈西滢，也以他的文章为多。

谈到陈西滢的出名，苏雪林有一段话可资参考："《西滢闲话》何以使陈氏成名，则因每篇文章都有坚实的学问做底子，评论各种事理都有真知灼见。尤其时事文章，对于当前政治社会的各种问题，分析清楚，观察深刻，每能贡献很好的解决方法。至于文笔则又修饰得晶莹透剔，更无半点尘滓绕其笔端。诗人徐志摩曾在某篇文章里评介当时作家，提到陈源时曾说：他正在仔细琢磨他的笔触（这二字大概来自绘画的词汇），功候到了，那支笔落在纸上，轻重随心，纵横如意，他才笑吟吟地享受他的成功，才是你们对他刮目相看的日子（大意如此）。又说陈的文章很像十九世纪法国文坛巨匠法朗士，学法朗士可谓'有根了'云云。梁实秋也说西滢笔下如行云流水，

有意态从容的趣味。"（苏雪林）

陈西滢的好友徐志摩也赞赏说："西滢的文章是学法国大文豪法郎士（A. France，1844—1924）的。法郎士的散文是像水晶似的透明，荷叶上露珠似的皎洁，西滢的文笔也打磨得晶莹透剔，绝无点尘；法郎士以善作'爱伦尼'（irony）出名，西滢也以善说俏皮话闻名于世。"

鲁迅与现代评论派的争论主要因"女师大事件"而起，而矛盾主要发生在他与陈西滢之间，这也是陈西滢始料未及的。

一九二四年底，北京女师大发生学生运动，校长杨荫榆无理开除三名学生引发一场风潮。一九二五年五月二十七日，鲁迅与沈尹默、钱玄同、沈兼士、周作人、马裕藻、李泰芬等七名教员在《京报》发表《对于北京女子师范大学风潮宣言》，声援学生。陈源在现代评论上以"闲话"名义，发表《粉刷毛厕》等文章，为校长杨荫榆开脱，"闲话正要付印的时候，我们在报纸上看见女师大七教员的宣言。以前我们常常听说女师大的风潮，有在北京教育界占最大势力的某籍某系的人在暗中鼓动，可是我们总不敢相信。……这是很可惜的，我们自然还是不相信我们平素所很尊敬的人会暗中挑剔风潮……"（陈西滢《粉刷毛厕》）文章指责鲁迅暗中挑动风潮，由此引发一场激烈论战。随着论战深入，论战变成了人身攻击。

关于这场论战，周作人曾这样说："……不久女高师风潮起来，《现代评论》援助校长杨荫榆，《语丝》则站在学生一方面，便开始了激战，鲁迅则更是猛烈。"（周作人《凌叔华的几封信》）

从有关资料看，这场论战与陈西滢和凌叔华的恋爱有很大关系，从某种意义上说，陈西滢当初指责鲁迅抄袭完全是冲冠一怒为红颜的一时冲动。

事情的起因是这样的：

一九二五年十月，徐志摩接编晨报副刊，这一期上发表了凌叔华的小说《中秋晚》，同时还配了一幅英国画家毕亚兹莱的半裸女性黑白画像。本来徐志摩想从凌叔华的画册上把画像撕下来作插图，但凌叔华舍不得画册，答应替他描摹一张，报上发表的画像其实是凌叔华从画册上描摹的，但发表时徐一时疏忽忘了说明，只含糊地写着"副刊篇首广告的图案也都是凌女士的"。

谁知事隔仅一周，有人就在《京报》副刊上发表文章，指责署名凌叔

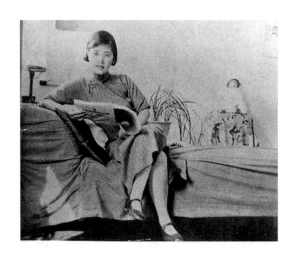

华的这幅黑白画是典型的剽窃，一时闹得满城风雨。不久，凌叔华的《花之寺》在《现代评论》上发表，随后又有人在《京报》副刊发文，指责其有抄袭契诃夫小说之嫌。风头正健、正处在热恋中的凌叔华两次蒙受不白之冤，感觉很是受伤。徐志摩意识到此风波完全因他不慎而起，很快就给《京报》副刊的孙伏园写信，澄清事情真相，但一时京城已闹得沸沸扬扬。一九二六年一月二十六日，徐志摩在致周作人信中再次谈到此事："……就是凌女士那张图案，我早就在京副上声明那完全是我疏忽之咎，与她毫不相干，事实如此，人家又是神经不比蠢男子冥顽，屡次来向我问罪，这真叫我狼狈万分。"

看到心爱的人蒙受不白之冤，正在热恋中的陈西滢不免头脑发热，恰好此时又误听张凤举的话，以为这些文章都是鲁迅所作或受鲁迅指使，于是在极不冷静的情况下，采取了简单的报复手段，公开发表文章反诬鲁迅的《中国小说史略》系抄袭日本学者盐谷温的《支那文学概论讲话》。

一九二六年一月三十日，陈源在《晨报》副刊上，发表《闲话的闲话之闲话引出来的几封信》，公开指责鲁迅："他常常挖苦别人家抄袭……可是他自己的《中国小说史略》却就是根据日本人盐谷温的《支那文学概论讲话》里面的《小说》一部分，其实拿人家的著述做你自己的蓝本，本可以原谅，只要你书中有那样的声明，可是鲁迅先生就没有那样的声明……"随后又在《剽窃与抄袭》一文中指责"思想界的权威"鲁迅"整大本的剽窃"。

这种无端的人身攻击，自然引起了鲁迅的猛烈回击。一九二六年二月八日，鲁迅在《语丝》周刊第 65 期上发表《不是信》，针锋相对地反驳说："盐谷氏的书，确是我的参考书之一，我的《小说史略》二十八篇的第二篇，是根据它的，还有论《红楼梦》的几点和一张《贾氏系图》，也是根据它的，但不过是大意，次序和意见就很不同。其他二十六篇，我都有我独立的准备，证据是和他的所说还时常相反。"

"绅士的跳踉丑态，实在特别好看，因为历来隐藏着蕴藏着，所以一来就比下等人更浓厚。因这一回的放泄，我才悟到陈源教授大概是以为揭发叔华女士的剽窃小说图画的文章，也是我做的，所以早就将'大盗'两字挂在'冷箭'上，射向'思想界的权威者'。殊不知这也不是我做的，我并不看这些小说。……可怜教授的心目中所看见的并不是我的影，叫跳竟都白费了。"（鲁迅《不是信》）

随着论战的深入，双方卷入的人也越来越多。李四光、徐志摩等人也被卷了进来，论战性质也发生了变化。

鲁迅先后发表《我的"籍"和"系"》《并非闲话》《我还不能"带住"》等文，陈西滢发表有《粉刷毛厕》《参战》《剽窃与抄袭》《"管闲事"》《新文学运动以来的十部著作（上）》等。

这场论战的结果是大家始料未及的，最后经徐志摩、胡适出面向周作人、鲁迅调解，事情才告一段落。

回望这段历史，既有政治的因素，也有误解的成分。因为陈西滢与杨荫榆都是无锡人，所以陈西滢在《现代评论》上发表文章很容易被人误认为是替杨说话，其实陈西滢与杨荫榆并不熟识，"他说我同杨荫榆女士有亲戚朋友的关系，并且吃了她许多的酒饭。其实呢，我同杨女士非但不是亲戚，简直就完全不认识，直到前年在女师大代课的时候，才在开会的时候见过她五六面……"（陈西滢《一九二六年一月二十八日致徐志摩信》）即使这件事过去很久，提到这件事，陈西滢仍然不能释怀。当人们向他提到这件事，他总是双眼一闭，保持沉默。晚年陈西滢对女儿陈小滢谈到此事时说，他其实根本不认识杨荫榆，只是觉得学生不应该整天出去游行，他也看不过去学生们总是嘲笑杨是个老姑娘，所以要写文章替她说话。虽然事隔许多年了，提到这件事陈仍然十分激动，而且一激动就说无锡话。

鲁迅去世后，一九三六年十二月十四日，胡适在致苏雪林信中谈及此事时，比较公允地说：陈源"误信一个小人张凤举之言，说鲁迅之小说史是抄袭盐谷温的，就使鲁迅终身不忘此仇恨！"又说："凡论一人，总须持平。……鲁迅自有他的长处。如他的早年文学作品，如他的小说史研究，皆是上等工作。……说鲁迅抄盐谷温，真是万分的冤枉。盐谷一案，我们应该为鲁迅洗刷明白。"胡适这封信算是为这起公案做了一个定论。(《胡适致苏雪林信稿》)

婚姻：一个美丽的错误

陈西滢与凌叔华的婚姻从一开始也许就是一个美丽的错误。

关于二人相识的原因，有两个版本，一种比较流行的说法是缘于泰戈尔来华访问。凌叔华自己也是这样说的："不久，诗哲泰戈尔到了北京，因为燕京大学鲍思贵教授是一个诗人，也是一个很想提携后进的人，一次宴会上，她就介绍她的二三个女学生认识泰戈尔。泰戈尔原来被招待住在史家胡同的西方公寓，徐志摩、陈西滢是北大派去招待诗人的人。那时正是初春，陈师曾、齐白石等组织的北京画会正式成立，但找不到地点开会，陈师曾提议到我家的大书房开会，用吃茶替代吃饭。我因陪泰戈尔一齐到中国的兰达·波士是印度画家，且是艺专校长，泰戈尔极力把他介绍给我们，所以趁机也请了波士来赴画会。我不知道这个消息如何传到了北大，于是徐志摩、陈西滢等教授便跟了泰戈尔来赴画会。好在那天招待会听了母亲的提议，只是吃茶，不吃饭。……由这一次北京画家集会之后，陈西滢、徐志摩、丁西林等常来我家，来时常带一二新友来，高谈阔论，近暮也不走。有时母亲吩咐厨房开出便饭来，客人吃过，倒不好意思不走了。"(凌叔华《回忆郁达夫一些小事情》)

另一种说法，据陈西滢晚年对女儿说的，是因为当时凌叔华给他投稿，主动约见他的。"父亲与母亲的结识，说起来母亲主动的成分似乎多一些。那时候母亲还是燕京大学的学生，她的几篇小说都在《晨报》副刊上发表，

而父亲正是《晨报》的编辑。母亲给父亲写信,请他去干面胡同的家里喝茶。父亲后来跟我回忆,他带着一种好奇心赴了约,想看一看这个写小说的女孩子生活在什么样的环境。"(陈小滢《回忆我的母亲凌叔华》)

虽然版本不同,但有一点是相同的,就是二人认识的地点是在凌叔华的家中。

凌叔华,原名瑞棠,笔名叔华、瑞唐、素心等。广东番禺人。一九〇〇年出生。父亲凌福,光绪二十一年进士,并点翰林,此后官运亨通,官至直隶布政使。先后娶过四房夫人,育有十五个儿女,凌叔华是三夫人李若兰所生,排行第十。凌叔华从小就酷爱画画,表现出很高的绘画天赋,深得喜爱书画的父亲的喜爱。父亲从小就着意培养,不仅让她跟名师学画,还带她拜大名鼎鼎的辜鸿铭为师学英语。十五岁那年,凌叔华考入北洋女子师范学堂预科。"五四"运动爆发时,凌叔华正在天津河北省立第一女子师范读书,与邓颖超同窗。一九二一年,以优异成绩考入燕京大学动物系,曾与冰心同学。在大学时,经常参加北京的画家集会。一九二三年三月,周作人到燕京执教,凌叔华给他写信要求帮助转系,周作人很欣赏凌叔华的写作才能,于是,在周作人帮助下,凌叔华从动物系转到外文系。

一九二四年春,泰戈尔应北京讲学社之邀,经上海到北京访问。认识陈西滢后,凌叔华有时也到西单石虎胡同 7 号参加新月社的活动。通过泰戈尔来华相识后，两人很快悄悄地发展起恋爱关系，不仅瞒过了凌叔华的父亲，甚至连他们共同的朋友徐志摩都给瞒过去了。

二人相恋后，据说凌叔华与陈西滢约法三章，通常只以编辑部约稿或参加文艺活动名义相联系。

一九二五年一月十日，凌叔华的小说处女作《酒后》在《现代评论》第一卷第五期上发表，这是她的成名作；三月二十一日，短篇小说《绣枕》又在《现代评论》第一卷第十五期发表，引起更加广泛的注意。此后，凌叔华文学创作渐入佳境。凌叔华除在《现代评论》上发表小说外，还在《新月》月刊、《晨报》副刊等其他报刊上发表作品，成为名动一时的青年女作家。可以说，她是在陈西滢主编的《现代评论》上开始了她的文学生涯的。她这段时间的创作与陈西滢的影响和鼓励是分不开的。

沈从文称她的小说："以明慧的笔，去在自己所见及的一个世界里，发现一切，温柔地也是诚恳地写到那各种人物姿态，叔华的作品，在女作家中另走出了一条新路。"鲁迅在《中国新文学大系·小说二集》序言中对她的小说也给予了充分肯定："凌叔华的小说……大抵是很谨慎的，适可而止地描写了旧家庭中的婉顺的女性。即使间有出轨之作，那是偶受着文酒之风的吹拂，终于又回复了她的故道了。这是好的——使我们看见冯沅君、黎锦明、川岛、汪静之所描写的绝不相同的人物，也就是世态的一角，高门巨族的精灵。"

一九二六年六月她从燕京大学外文系毕业，以优异成绩获得该校金钥匙奖，当凌叔华从燕大毕业时，原本木讷不善交际的陈西滢却出人意料地送了一束玫瑰花，大大出乎凌叔华和徐志摩等人的意料之外，给了凌叔华一个意外的惊喜。

一九二六年四月，凌叔华和陈西滢通过在凌家具有一定影响力的表哥冯耿光说媒，取得了凌叔华父母的同意，一九二六年七月，二人在北京欧美同学会结婚。

婚后生活并不像两人想象的那样幸福、和谐。这与二人性格可能也有一定的关系。二人性格上存在很大差异。陈西滢寡言、挑剔、善辩、喜讽刺，而凌叔华则外向、热情、友善、娴雅、温柔。一九二六年九月，徐志摩在致胡适的信中也透露了二人婚后生活并不十分幸福的一些信息："叔华通伯已回京，叔华病了已好，但瘦极。通伯仍是一副'灰郁郁'的样子，很多

朋友觉得好奇，这对夫妻究竟快活不，他们在表情上（外人见得到的至少）太近古人了！"

二人婚后还有一件奇怪的事。他们从不在同一个书房写作,而且互相"保密"。凌叔华作品未发表前从不拿给陈西滢"批评"，生怕这位尖刻的批评家泼她的冷水。陈西滢同样也只等文章发表了，才肯拿给凌叔华看。这也成为他们夫妻间一个很有趣的现象。

一九二七年十月，陈西滢和凌叔华远赴日本边旅行边研修，直到次年九月回国。

一九二八年十月，陈西滢到武汉大学中文系任教，凌叔华也跟随前往。武汉天气冬冷夏热，条件恶劣，又失去了北京的社交圈子，这些使凌叔华难以忍受。好在还有好友袁昌英和苏雪林两位女作家可以经常来往，当时三人在文坛上都有一定影响，时称"珞珈三杰"。

在珞珈山，凌叔华与朱利安·贝尔的婚外情，可以说第一次使两人之间的感情有了裂痕。

一九三七年，陈西滢老父亲在南京被日军炸死，陈西滢只好把母亲和家人带到身边，承担起照顾的责任，从此矛盾不断。陈小滢回忆说："他把

奶奶和大姑姑从无锡老家带到武汉。母亲和她们合不来，也会和父亲吵架。从家庭出身、生活习惯到语言都有矛盾。"

一九三八年，武汉大学西迁乐山后，条件更加艰苦。一九三九年凌叔华借口给去世的母亲奔丧，一个人带着女儿回到日据下的北平，此后凌叔华与陈西滢基本上聚少离多。

一九四三年，陈西滢赴英担任公职，后到法国任职。凌叔华则带女儿住在伦敦，"他们两人的交流本来就不多，这样一来就更少了。"到英国后，凌叔华并不开心，与陈西滢也一天天疏远，后来干脆离家到世界各地教学，他们共同的家已经名存实亡。"讲学是她晚年的另一个生活内容。一九五六年，新加坡南洋大学邀请教授中国近代文学，她去了四年。一九六〇年又到马来西亚去教书。一九六八年，她又到加拿大任教，讲授中国近代文学。这也许是她逃避与父亲共同生活的一种方式。"（陈小滢）

对她与陈西滢的这段婚姻，凌叔华显然是不满的。"一个女人绝对不要结婚。"这句话从小到大，她对女儿陈小滢讲了无数遍，也反映出她内心深处的悔意。在女儿陈小滢看来，他们之间的矛盾，主要是凌叔华是个"识时务"讲利害的人，而她父亲则讲是非，但有点迂。"从结果看，他们仍然维系着一个家庭一直到老，但我知道他们过得并不愉快。""虽然他们两人这么多年来，还算是生活在同一屋檐下，但隔了这么多年看我的父母，我觉得他们俩是不幸的。"（陈小滢《回忆我的母亲凌叔华》）

据陈小滢说，她母亲有一个房间保存了许多珍贵字画及涉及她个人隐私的一些信件，家里任何人都不准进入。但母亲去世后，这些涉及隐私的资料都不见了，她认为"母亲一生都把自己包裹得紧紧的"，也许陈西滢从来没有真正进入过她的内心世界。

陈西滢这个人

在一般人印象中，陈西滢是一个心胸狭隘、刻薄，喜欢讽刺挖苦别人的人。其实真实的陈西滢是一个十分忠厚宽容的人，所谓文如其人套在他身上并不合适。

谈到父亲的为人，陈小滢深感父亲完全被人误读了："《闲话》的文章很犀利又辛辣，给人感觉好像父亲是一个尖酸刻薄的人，其实在现实生活中，父亲是一个很宽厚的人，也不太爱说话，说起中文甚至有点结巴，总是说'这个这个'，完全不像他文章里所表现出来的那种风格。"（陈小滢）

陈的密友徐志摩说他："我的朋友……说话是绝对不敏捷的。他那茫然的神情与偶尔激出的几句话，在当时极易招笑，但在事后往往透出极深刻的意义，在听着的人心上不易磨灭。别看他说话外貌乱石似的粗糙，那核心里往往藏着直觉的纯朴……我们的谈话是极不平等的，十分里有九分半的时光是我占据的，他只贡献简短的评语，有时修正，有时赞许，有时引申我的意思；但他是一个理想的'听者'，他能尽量的容受，不论对面来的是细流或是大水。"（徐志摩《自剖求医》）

同在武大执教，与陈西滢、凌叔华交往密切的苏雪林曾专门撰文谈到陈西滢的性格与为人："所谓'爱伦尼'就是 Irony，有嘲谑、讽刺诸义，相当于我国的俏皮话。说俏皮话要口才灵便，陈氏以爱说俏皮话而出名，口才其实很坏。就是他说话时很是困难。说他说话困难，并不是说他有口吃的毛病，他倒不和司马相如、杨子云患有同样的症候，但他说话总是期期艾艾，好半天才能挣出一句。……奇怪的是陈源教授说话既如此不畅顺，偏偏爱作俏皮话。……我曾说过陈氏并未患口吃，而说话也讷讷若不能出口。

不过他只是开端难，真正说下去时，艰涩的也就变成流畅了。并非滔滔而下，却是很清楚也很迟缓，一句一句地说出，每句话都透着很深的思想；若说俏皮话则更机智而锋利。我想他写文章也是开端难，因此怕动笔；同时阅读欧美名著太多，眼界太高，写作态度变得过分矜重，所以文章就少写了。""爱伦尼虽有嘲讽意味，但谑而不虐，受之者只觉其风趣隽永，而不感到难堪。陈氏的爱伦尼则有时犀利太过，叫人受不住而致使人怀憾莫释。……爱伦尼进一步便是'泼冷水'，这又是陈氏的特长。"（苏雪林《陈源教授逸事》）

陈西滢平常是个不太爱说话的人，但与很熟识的朋友，说话往往就比较放得开，有时一激动就没了禁忌，忘了中国是一个爱面子的国家，这样难免让人面子上下不来。他的同事、朋友，著名作家袁昌英便经常成为他讽刺的对象。"陈氏对我们女同事为礼貌起见，俏皮话和泼冷水尚有保留；对留英同学，一向玩惯了的袁昌英（兰子）教授便毫不客气，致兰子常受其窘。记得某年夏季，兰子穿了一身白衣履，陈将她上下一打量，说道：'奇怪，武大医学院尚未成立，白衣天使倒先飞来了。'"（苏雪林）

对陈西滢这个毛病，苏雪林有着远比一般人的理解："陈源教授是因喜说俏皮话挖苦人，有时不免谑而近虐的，得罪好多朋友，人家都以为他是一个尖酸刻薄的人，或口德不好，其实他的天性倒是忠厚笃实一路。他在英国留学多年，深受绅士教育的陶冶，喜怒哀乐不形于色，加之口才如此塞涩，不善表达，而说起俏皮话来，锋芒之锐利，却令人受不住，人家仅看到他'冷'的一面，却看不到他'热'的一面，所以对他的恶感就多于好感了。"（苏雪林《陈源教授逸事》）

对陈西滢这种性格，凌叔华自然有着更深的感受："陈先生是不太夸奖别人的，但却善于批评（一笑）。你若想要他说句好听的，比打他一顿还糟糕，所以我写东西都不让他看，免得他泼冷水，写不下去；其实，这就是他的个性，平常不爱开口讲话，以前与他出门做客，真是窘得很，不熟的人还以为他很骄傲呢！"

其实尖酸讽刺只是他的外表，在内心深处，陈西滢还是一个相当忠厚、宽容、老实和传统的人。这一点可以从他对与凌叔华的婚姻危机的处理上看出来。

徐志摩与陈西滢可以说是同一时间地点认识凌叔华的，以徐志摩的经验、才气、性格、外表等条件，他与凌叔华之间互相吸引，产生好感，其实是再正常不过的事。与徐志摩相比，无论从哪一方面讲，陈西滢都明显缺少优势。

徐志摩当时正处在与林徽因的失恋期，像个祥林嫂到处唠叨。在随泰戈尔访日期间，甚至向这位来华的外国大诗人也一吐心曲。泰戈尔开导说，他不妨考虑一下凌叔华，诗圣从接触中深感凌叔华是一个非常可爱的人，性情恬静，才气横溢，又出身世家，与林徽因相比，某些方面，甚至有过之而无不及。诗圣的话自然打动了徐志摩。

不仅徐志摩喜欢凌叔华，徐志摩的父亲也看中了凌叔华。徐的父亲徐申如在北京见过凌叔华，对大家闺秀凌叔华也留下了很好的印象，甚至公开表示，希望儿子娶这位才女为妻。

也许是诗人的缘故，徐志摩把他对凌的好感都倾诉在书信中。访日归来的半年里，徐给凌写信就有七八十封之多。对此，凌叔华女儿陈小滢是这样说的："母亲认识徐志摩时，徐志摩正陷于与林徽因失恋的痛苦中。也许是把母亲当成他的倾诉对象，他们之间在半年里就有七八十封通信……"

除了写信，徐还经常邀请凌到自己寓所谈心。由于陈西滢与凌叔华的恋爱是秘密进行的，徐志摩并不知道凌叔华已经名花有主。等他发现好友陈西滢已经捷足先登，只好忍痛退出。徐的退出还有另一个原因，因为就在这时另一个摩登女郎陆小曼闯入了他的生活，如果不是陆小曼的介入，事情完全可能是另一种结局。

徐志摩不仅喜欢凌叔华的性格为人，同时也很欣赏凌的文学和绘画才华，对其小说大加赞赏，称她为"中国的曼殊菲尔"。一段时间，徐志摩与凌叔华的交往是相当密切的。

一九二四年秋，徐志摩曾写信邀请凌叔华与他一起游庐山。一九二五年十月，徐志摩接编《晨报》副刊后，即请凌叔华选一幅刊头画。一九二六年底，新婚后的凌叔华为徐志摩绘制了那张有名的贺年片《海滩上种花》。后徐志摩以同名为题在北师大附中作演讲，演讲词录为文章《海滩上种花》，收入《落叶》集。一九二八年一月，《花之寺》由上海新月书店出版。徐志摩将未用在序里的评语作为小说集的广告词登在《新月》杂志上。一九二八年五月，北伐军逼近北京。徐志摩特致信陆小曼，说要去处在惊慌中家中没有男人的凌家陪住几日。六月，徐志摩赴美欧，途经东京，时在东京的陈、凌夫妇去车站接送。一九三〇年，徐志摩出版小说集《轮盘》时，在书前

的自序末尾写道："这册小书我敬献给我的好友通伯和叔华。"（傅光明《凌叔华：古韵精魂》）

凌叔华最终选择嫁给徐志摩的朋友陈西滢而没有嫁给他，主要因为徐是一个已经离过婚的人，嫁给他有点当姨太太的感觉，同时也担心自己成了花花公子徐志摩的一个爱情幻影。这事已经有前车之鉴，所以明知徐志摩各方面条件都比陈西滢强，但最终凌还是选择了陈西滢。

但徐、凌的密切交往还是引起了一些议论。对于外界的议论，二人自然一概否认。

徐志摩坚持说："女友里叔华是我的一个同志。"

凌叔华在写给胡适的信中也为自己辩护说："志摩常与我写信，半疯半傻的说笑话自娱，从未有不可示人之语。我既愿领略文学情况，当然不忍且不屑学俗女子之筑壁自围。所以我回信，谣言便生了。其实我们被人冤的真可气，我至始至今都想志摩是一个文友，他至今也只当我是一个容受并了解他的苦闷的一个朋友。……我要声明我与志摩永久是文学上的朋友，写此信纯粹本于爱护同道至诚而已。"

甚至，徐志摩作古已经半个世纪后，凌叔华在一九八三年五月七日写给陈从周的信里仍然坚称："说真话，我对志摩向来没有动过感情，我的原因很简单，我已计划同陈西滢结婚，小曼又是我的知己朋友。""志摩对我一直情同手足，他的事向来不瞒人，尤其对我，他的私事也如兄妹一般坦白相告。我是生长在大家庭的人，对于这种情感，也司空见惯了。"

虽然二人都竭力否认他们之间的交往有超出一般的好友关系，但从后来发生的"八宝箱"事件还是可以解读出一些别样的信息。

一九三一年十一月十九日，徐志摩飞机失事身亡，引发"八宝箱"之谜。

事情起因于一九二五年三月。徐志摩因与陆小曼的恋爱闹得沸沸扬扬，为避锋芒，徐志摩决定去欧洲旅行。临行前，他将一只小手提箱（后被人称为"八宝箱"）交凌叔华保管，并开玩笑地说，若是不能回来，要凌给他写一传记，里面就是传记的材料。四个月后，徐回国，凌叔华几次催他取回，因箱中有"陆小曼不宜看"的东西，徐一直未取，没想到这只"八宝箱"在他去世后竟引发一场风波。

一九三二年一月，连远在上海的胡适都在日记里感慨："为了志摩的半

册日记，北京闹的满城风雨，闹的我在南方也不能安宁。"

因"八宝箱"里有徐志摩两本英文日记，其中涉及与林徽因的恋爱。另有两本陆小曼的初恋日记，因陆的日记"牵涉的是非不少（骂徽因最多）"，一开始凌叔华只打算交给陆小曼。林徽因担心涉及到自己的隐私曝光，坚持让凌叔华把日记交给她保管。一开始凌叔华交出的只是徐日记的前半部分，只记到认识林徽因之前，涉及林徽因的后半册日记并未交林。林发现后，非常生气，于是请位高权重、关系密切的胡适出面，这样一来，迫于压力，凌叔华只得将后半册日记交给胡适。胡适收到后，自然不会放过这个一窥秘密的机会，他在日记中写道："今日日记到了我的手中，我匆匆读了，才知道此中果有文章。"到底是什么文章，胡适并没有说，但已经给人足够的遐想。

这件事使凌叔华感觉很受伤，交还"八宝箱"的同时，凌在给胡适的附信中说："希望以后此事能如一朵乌云飞过清溪，彼此不留影子才好。"

但据凌叔华的女儿陈小滢回忆："在胡适劝说下，凌叔华最终把'八宝箱'通过胡适交给林徽因。但其中涉及林徽因恋爱时的部分日记不知所终。"（陈小滢《回忆我的母亲凌叔华》）

另有一种说法，当年凌叔华交给林徽因的那部分私密日记，林一直保留着，但在她去世前被销毁了。于是徐林之间的事也便成了永远的谜。

从徐志摩把这样私密的资料交凌叔华保管，可见二人交情非同一般。在徐志摩去世后，凌叔华还专门在报上发表了一篇怀念文章《志摩真的不回来了吗？》，从中也可看出她对徐的真实感情。

徐志摩下葬后，徐父曾专门请求凌叔华为徐志摩撰写墓碑。凌叔华答应了。但不知何故，后来墓碑上的"徐志摩之墓"却并非出自凌叔华之手。是凌写了没有用，还是凌根本没写，已经无从考证。但从徐父请凌代写墓碑来说，也说明徐父知道徐凌二人关系之深，至少知道儿子即使地下有知，也是喜欢凌来为他写墓碑的吧。从这个细节看，真是知子莫如父。

"八宝箱"事件的真正无辜受害者应该是陈西滢。但对此事，陈西滢表现得非常绅士，面对一个是自己英年早逝的好友，一个是自己的妻子，他所能做的只是保持沉默。

就徐凌二人关系看，他们之间自然不是一句"兄妹之情"所能概括的，如果说是爱情也只是停留在精神层面上的，发乎情，止于礼而已，也许用柏拉图之恋来形容比较合适。

相比之下，凌叔华与朱利安的婚外恋对陈西滢的影响更大，伤害更深。

朱利安·贝尔（Julian Bell），是一九三五年秋被陈西滢聘请到武汉大学来教英国文学的。朱利安·贝尔是个诗人，出身英国名门，母亲是瓦妮莎·贝尔，著名画家，姨妈则是英国著名女作家弗吉尼亚·伍尔芙。来中国前，伍尔芙对他的评价就是"除了共产主义外毫无信仰，是个不守道德规范的人"。关于他的长相，陈小滢说："我对朱利安的印象非常深刻，因为他是我见到的第一个外国人，黄头发、蓝眼睛……"

朱利安年轻、朝气，充满诗人气质，在武大这个地方能作为朋友交往的很少，有英国教育背景的陈家自然是他向往的地方。陈小滢后来回忆说："我一直以为贝尔是父母最好的朋友，因为在武汉时天天听他们提'贝尔、贝尔'的。"

对于朱利安是怎么与凌叔华发生婚外恋的，陈小滢是这样解释的："不知道朱利安是怎么喜欢上我母亲的，他比她整整小八岁。我想他们之间产生恋情，也有一定的原因吧。那时武大会说英文的人不太多，会说英文的母亲以院长夫人的身份对初来乍到的朱利安有诸多照顾，加之'中国才女作家'的身份，使得朱利安很容易对她产生亲近感。父亲任武大文学院院长后，严格遵循西方的职场规则，不聘用自己的妻子到学校任职，这让一心想做新时代女性的母亲很不高兴。出生于西方自由知识分子家庭的朱利安从来不掩饰对异性的兴趣与喜欢，他的赏识和恭维，对身处那个环境的母亲也许是个莫大安慰。"（陈小滢《回忆我的母亲凌叔华》）

二人的恋情很快东窗事发。这是一件非常伤陈西滢面子的事，不仅陈是名教授、文学院院长，而且朱利安还是陈聘请来的，陈等于当了一回被蛇咬的农夫。陈西滢考虑到方方面面的因素，对此事还是做了冷处理。事发后，朱利安曾答应陈西滢不再与凌叔华见面，但武汉大学一位女教授后来告诉陈西滢，朱利安与凌叔华在香港和广州又幽会过。

这段婚外恋闹得沸沸扬扬，朱利安不得不离开中国。一九三七年三月回国，六月去西班牙参加国际纵队，一个月后他驾驶救护车被炸身亡，年仅二十九岁。

这段不甚光彩的婚外恋在家里一直是个秘密。事情过去三十年后，一九六八年，陈小滢才从伦敦出版的一本朱利安·贝尔的传记中偶然知道朱利安与母亲的恋情，其中有一章就叫《朱利安在中国》。陈小滢把书带回家给父亲，想了解事情的真相，可陈西滢接到书后只是沉默。有一次陈小滢忍不住问父亲："我问他：'这是真的吗？'他说：'是。'我又问父亲为什么要和母亲结婚，发生了这么多事情之后，他们为什么仍然在一起，他沉吟了一下回答：'她是才女，她有她的才华。'就这么一句话，然后慢慢站起来，回到汽车里。"（陈小滢）

陈小滢后来从朱利安弟弟昆汀保留的通信中发现一封父亲给朱利安的信，陈西滢在信中指责他"你不是一个君子"。这大约是绅士陈西滢对此事所做的唯一反抗。

这段婚外情对凌叔华的唯一好处，就是通过朱利安的介绍认识了伍尔芙。也正是在伍尔芙的支持帮助下，凌叔华后来才写出了自传体英文小说《古韵》。

虽然陈、凌二人之间发生这么多事，但陈西滢一生还是维持着这个名义上的婚姻。这也是他的忠厚处。

陈西滢为人的忠厚处，还体现在他对人的态度上，即使是论战的对手鲁迅，他也表现得十分"费厄泼赖"（fairplay）。陈西滢在《新文学运动以来的十部著作》中对鲁迅作品有较公允的评价："新文学的作品，要算短篇小说的出产顶多，也要算它的成绩顶好了。我要举的代表作品是郁达夫先生的《沉沦》，和鲁迅先生的《呐喊》。……鲁迅先生描写他回忆中的故乡的人民风物，都是很好的作品。……到了《阿Q正传》就大不相同了。阿Q不仅是一个type，而且是一个活泼泼的人。……将来大约会同样的不朽的。我不能因为我不尊敬鲁迅先生的人格，就不说他的小说好，我也不能因为佩服他的小说，就称赞他其余的文章。……"甚至后来《闲话》在台湾出版时，他仍坚持把涉及鲁迅等人的一些文字删去。对此，梁实秋深为感慨："我提议在台湾把《闲话》重印，他欣然同意……后来他果然从大英博物院图书馆借原书，删除其中一部分……删去的一部分，其实是很精彩的一部分，只因事过境迁，对象已不存在，他认为无需再留痕迹，这是他的忠厚处……"（梁实秋）

主要参考书目：

《凌叔华：古韵精魂》（傅光明著，大象出版社）

《回忆我的母亲凌叔华》（陈小滢口述，李菁主笔）

《凌叔华》（阎纯德）

《一个都不宽恕——鲁迅和他的论敌》（陈漱渝主编，中国文联出版公司）

《秀韵天成凌叔华》（林杉著，作家出版社）

千磨万击还坚劲，任尔东西南北风：

书生意气傅斯年

孟真为人，磊落轩昂，自负才气，不可一世。执笔为文，雄辞宏辩，如骏马之奔驰，箕踞放谈，怪巧瑰琦，常目空天下士。因此，有人目他为狂，也有人说他是狷。狂也好、狷也好，正是他过人之处。

——朱家骅

一九五〇年十二月二十日，时任台湾大学校长的傅斯年，因高血压病突发，病逝于台湾，年仅五十五岁。傅斯年的突然病逝，在台湾引起很大震动，蒋介石亲临主祭，并送一副挽幛，上书"国失师表"四字，评价之高，十分鲜见。

朱家骅评价他："孟真为人，磊落轩昂，自负才气，不可一世。执笔为文，雄辞宏辩，如骏马之奔驰，箕踞放谈，怪巧瑰琦，常目空天下士。因此，有人目他为狂，也有人说他是狷。狂也好，狷也好，正是他过人之处。惟其狂，所以富于情感，笃于友谊。惟其狷，所以办事能坚持主张，确守职责，为要贯彻他的主张，完成他的职责，他常常能力排群议，独行其是。"（朱家骅《悼亡友傅孟真先生》）亦师亦友的胡适在致傅斯年夫人俞大綵的唁函中，对傅斯年的一生则作了更加具体的评价："孟真的天才，真是朋友中最杰出的。……他办的四件大事：一是广州中山大学的文学院（最早期），二是中央研究院史语所，三是北大的复员时期，四是台大，都是最大成绩。"这几句话，言简意赅地概括了傅斯年的一生，应该说是十分准确而精当的。

傅斯年，字孟真。生于一八九六年，山东聊城人。曾祖曾官至安徽布政使；祖父无意仕进，精通书画，布衣一生。父亲中过举人，曾任山东东平

龙山书院山长。傅斯年六岁入私塾，从祖父课读，从小打下了深厚的国学功底。一九一三年考入北大预科乙部，与顾颉刚等人同学。一九一六年升入北大本部国文门，受教于国学大师刘师培、黄侃及胡适等人。受《新青年》杂志影响，一九一八年十月，与罗家伦、徐彦之、康白情等二十几位同学创办"新潮社"，决定编印《新潮》月刊。《新潮》杂志得到了陈独秀、胡适和鲁迅等人的大力支持。《新潮》杂志出版后，十分成功，其影响仅仅次于《新青年》，成为当时名重一时的重要刊物，体现了傅斯年非凡的组织才能和极强的社会使命感。这从他的办刊宗旨中就可以看出来。傅在《〈新潮〉发刊旨趣书》一文中指出《新潮》的四大责任：一、唤起国人对于本国学术的自觉心；二、鼓励群众对于学术的兴趣爱好；三、指出社会生活的意义以及改造社会方略；四、研讨修学立身之方法与途径。作为主张文学革命的第二个刊物，影响巨大，第一卷一期出版后便先后加印三次，总销量达到一万三千册，以后也经常维持在一万五千册左右，这在当时是一个很大的数字。傅斯年也因创办《新潮》杂志，声名大振，在青年学生中产生了重要的影响。

在北大读书时，傅斯年就是一个意气风发的人，其书生激情在"五四"学生运动时表现得最为充分。作为当时北大才子，新潮社的负责人，傅斯年在北大学生中的威望自然是很高的，几乎无人能敌，因此不免有些恃才傲物。傅的好朋友罗家伦后来回忆说："当年孟真不免有一点恃才傲物，我也常常夜郎自大，有时彼此不免因争辩而吵架。有一次吵得三天见面不讲话，可是气稍微下去一点立刻就好了……"（罗家伦《元气淋漓的傅孟真》）

鉴于傅斯年在学生中的影响，所以"五四"爆发时，他便自然而然地成了北大学生领袖，游行示威的总领队。据罗家伦回忆："孟真在'五四'的前夕，是参加发难的大会的，为当时被推的二十个代表之一。'五四'那天，他是到赵家楼打进曹汝霖住宅的。"傅斯年在《漫谈办学》中也回忆说："上午做主席，下午扛着大旗，直扑赵家楼。"但第二天却发生了一件有趣的事，即和一位同学不知为何事打了一架，然后就放弃了学生会的工作。"不知为何第二天在开会的时候，有一个冲动到理智失了平衡的同学，同他打了一架，于是他大怒一场，赌咒不到学生会里来工作。"（罗家伦《元气淋漓的傅孟真》）从这件小事也可看出傅斯年书生性格的一个方面。

一九一九年秋天，傅斯年考取了山东官费留学资格，同年冬天留学英国。关于此时志向，傅斯年在回答美国驻北京公使黄恩施时说："我等敢代表大多数学生一言，将来服务中，决不向不适时无生趣之旧社会投入，愿独立创造新生活以图淘汰旧生活，此后当发奋为学术上之研究，谋劳动者之生活，以知识喻之众人，以劳力效之社会，务使中国大多数人得一新生活，然后成中国民族之康宁，然后可与世界诸民族同浴于同一文化之流。"

当时到欧美留学是一种时尚，其中相当一部分人是想出去混个洋学位回来好作为敲门砖，而像傅斯年这样准备学成归国报效社会的人并不多。当时像这样只重学问不问学位的人，在留学生中最具代表性的只有两人，一个是傅斯年，另一个便是大名鼎鼎的陈寅恪。傅斯年和陈寅恪一样，出国读书主要是抱着济世之心，并不是为了拿学位，所以他去过欧洲好几个国家，进过几个大学，读了七八年，却没拿过一个学位。他不是出国留学，而是"游学"，哪里有著名学者，就到哪里去听课。（邓广铭《回忆我的老师傅斯年先生》）所以他到英国时，什么有用就学什么，哪里有名师就投奔哪里，根本就没想到学历学位的事。一九二一年一月，他先入英国伦敦大学学习生理学、实验心理学、数学。一九二三年秋，转学德国柏林大学，学习相对论、比较语言学、地质学和德国哲学等。一九二六年，又到法国图书馆阅读敦

1922年夏，傅斯年（立排右二）、陈寅恪（立排左二）、章士钊（立排左四）、陈西滢（立排右四）等于德国

煌卷子。他四处游学，孜孜不倦地汲取知识的养料，以傅斯年的天资与勤奋，拿个硕士博士学位可谓易如反掌，可他不为所动，一心只想学习最新最有用的知识，回来报效国家，改造社会。

一九二六年十二月，学成回国的傅斯年，应中山大学委员朱家骅邀请，到中山大学担任文学院院长，兼国文系和历史系主任。在担任中山大学文学院院长期间，傅做了两件具有开创性的工作，一是推行改革，广罗人才，为中山大学聘请了一大批国内知名教授学者，如罗常培、杨振声、丁山、吴梅、顾颉刚、鲁迅等。二是与顾颉刚一起筹办了语言历史研究所，后改为历史语言研究所，简称史语所，出版语言历史研究所周刊。在傅的推动下，学术研究与学术出版蔚然成风，很短时间内中大面貌焕然一新。

傅斯年自己在中山大学也开设了一些课程，主要有中国文学史、尚书、诗经、陶渊明诗、心理学等。从内容上讲，还是比较广泛的。

一九二八年史语所正式成立，傅离开中大担任史语所所长，此后长期担任这一职务。同年，领导了河南安阳殷墟的发掘工作，十年时间先后发掘十五次，取得了一大批在世界上引起极大反响的研究成果，使中国信史向前推进了几百年。这一考古成果令世界刮目。这次发掘，不仅体现了傅斯年卓越的组织才能，同时也体现了傅斯年的领导才能和公关能力。考古

工作当时遇到的最大阻力是地方保护势力的阻碍，一时工作很难开展，困难重重。考虑到河南地方阻力很大，傅斯年一方面做地方的工作，另一方面大量起用河南地方考古人才，成功地化解了矛盾。这是一般书生力不能及的地方。"傅先生很有办法，他在考古组中大量起用河南人，像董作宾、郭宝钧、尹达、石璋如，还有一些都是河南人，这就缓和了考古组和地方势力间的矛盾。河南士绅不让把挖出的甲骨、器物运走，傅先生便多方设法，和南京政府交涉，和交通部交涉。有时天黑了再装汽车，当晚就运出河南境。"（邓广铭《回忆我的老师傅斯年先生》）"可以说，中国没有个傅孟真，就没有三十年代的安阳殷墟发掘；没有当初的殷墟发掘，今天的考古学就完全是另一个样子了。"（邓广铭《回忆我的老师傅斯年先生》）殷墟发掘的考古发现，可以说是民国时期一个具有世界影响的科研成就，而这一切是与傅的努力分不开的。

傅的办事能力，不仅为同人公认，他自己也十分自负。北大五十二周年校庆时，傅在演说中不无调侃地说，蒋梦麟先生学问不如蔡孑民先生，办事却比蔡先生高明。他自己的学问比不上胡适之先生，但他办事却比胡先生高明。最后他笑着批评蔡、胡两位先生说："这两位先生的办事，真不敢恭维。"（蒋梦麟《忆孟真》）

傅斯年的话刚说完,蒋梦麟便接过他的话自嘲道:"孟真,你这话对极了,所以他们两位是北大的功臣,我们两个人不过是北大的功狗。"

一九三一年九一八事变,民族危亡成了中国社会的头等大事,一向敏感并富有使命感的知识分子的心态起了很大的变化。何去何从,这个问题摆到了每个知识分子面前,傅斯年同样也面临着这个问题。傅在这场大是大非面前,再一次站到了台前。当时,傅正在北平,担任中央研究院历史语言研究所所长同时主持北京大学史学系。当时虽然有许多社会工作,傅仍在北大兼课,主要开设中国文学史(1932)、中国古代史专题研究(1933)和秦汉史(1934)。

九一八事变爆发后,北平知识分子在北平图书馆召开一个会议,傅斯年首先提出"书生何以报国"的问题。这个问题引起大家热烈讨论,最后的讨论结果是以自己所学报效祖国,编一部中国通史,从历史角度证明东三省历来是中国固有领土。此后北大史学系即以这一课题为己任。

"二十年九月十八日,东北事变,大局震荡,孟真师忧心如焚,百忙中而有《东北史纲》之作。这部书用民族学、语言学的眼光和旧籍的史地知识,来证明东北原本是我们中国的郡县,我们的文化、种族和这一块地方有着不可分离的关系。"(陈槃《怀故恩师傅孟真先生有述》)《东北史纲》第一卷即傅斯年所作,作者用大量无可辩驳的史料证明东北自古就是中国固有领土。虽然这本书因为编写匆忙,存在一些不足之处,引起一些议论,但傅斯年的一片爱国赤诚却是不容置疑的。

一九三二年五月,傅与胡适、丁文江、蒋廷黻等人创办《独立评论》周刊,其主旨:"讨论并提出中国所面对的问题,呼吁人民从速准备,以应付可能发生的战争。""在那个无可奈何的局势里,认为还可以为国家尽一点点力。"傅在《独立评论》上发表了大量爱国文章,揭露日本侵略,批判对日妥协,号召全民抗日,是同人中最活跃的一个。

"说到抗日精神来,孟真在北平环境里所表现的真是可敬可佩。当冀察事变发生,日本在闹华北特殊化的时候,许多亲日派仰人鼻息太过度了。北平市长萧振瀛招待北平教育界的一席话,俨然是为日本招降,至少是要北平教育界闭口。在大家惶惑之际,只有适之先生和孟真挺身而起,当面教训萧振瀛一顿,表示坚决反对的态度,誓死不屈的精神;于是北平整个混沌

的空气，为之一变，教育界也俨然成为左右北方时局的重心。"（罗家伦《元气淋漓的傅孟真》）

"孟真在萧振瀛的招待会上，悲愤地壮烈地反对华北特殊化。这一号召，震动了北平的教育界，发起了'一二·九'的示威运动。北京大学同人在激昂慷慨的气氛中，开了大会，共同宣誓不南迁，不屈服；只要在北平一天，仍然作二十年的打算，坚持到最后一分钟。"（陶希圣《傅孟真先生》）

国事如是，家事亦如是。从一件小事，也足可以看出傅的书生本色。一九三五年九月，傅的儿子出生在北平，傅斯年对夫人俞大綵说，如果是男孩，就取名仁轨。后来生下的是儿子，果真取名仁轨。俞大綵回忆说："傅家下一辈，应以'乐'字为排行，孟真之所以破例为儿子命名，乃仰慕唐代在朝鲜对日本打歼灭战的大将刘仁轨。他内心蕴藏着多么强烈的国家民族意识！"（俞大綵《忆孟真》）

在抗战时期，西南联大是中国当时最高学府，代表了当时最高学术水准。而最早提倡创办西南联大的，就是傅斯年。据罗家伦回忆："在抗战开始的时候，将北大、清华、南开三校合组而为西南联合大学的主张，是孟真出的，他为西南联大，颇尽维护之能事。"这话出自罗家伦之口，自然是可信的。

傅的爱国热情在那一代知识分子中是比较有代表性的，当抗战结束，日本投降时，他完全沉醉在"漫卷诗书喜欲狂"的兴奋之中。"……日本投降的消息传到重庆的晚上，孟真疯了。从他聚兴村住所里拿了一瓶酒，到街上大喝；拿了一根手杖，挑了一顶帽子，到街上乱舞。结果帽子飞掉了，棍子脱手了，他和民众和盟军大叫大闹了好一会儿，等到叫不动闹不动了，才回到原处睡觉。等到第二天下午我去看他，他还爬不起来，连说：'国家出头了，我的帽子掉了，棍子也没有了，买又买不起，晦气，晦气。'"（罗家伦《元气淋漓的傅孟真》）

傅斯年这样正直的爱国学人，对那些媚日附敌的人自然眼里容不得沙子。有几件事便可以看出他的态度。"抗日战争胜利后，国民党教育部宣布胡适先生为北大校长，当时胡先生在美未归，暂由傅先生代理。傅先生一再发表声明：凡做了伪北大教员的，复员后的北京大学一概不聘用。这样一来，伪北大就有不少人写信给傅先生，为自己辩解。周作人、容庚在报纸上发表了公开信，除为自己辩解外，还含沙射影地攻击傅先生。"（邓广铭《回忆我的老师傅斯年先生》）傅斯年此前在重庆发表声明，为保持北京大学的纯洁，坚持不录用伪北大的教职员。后来到北平后再次发表声明拒收伪北大教职员工，称："北大有绝对自由，不聘请任何伪校伪组织之人任教。……无论现在将来，北大都不容伪校组织的人插足其间。"后来又称："人才缺乏是事实，从别的方面考虑征用未尝不可，但学校是陶冶培植后一代青年的地方，必须要能首先正是非，辨忠奸。否则下一代的青年不知所取，今天负教育责任的人，岂不都成了国家的罪人？"

抗战胜利后，曾在伪北大任事的容庚到重庆活动，拜访傅斯年，希望继续在北大谋一职位。傅见到容庚后拍案大骂："你这民族败类，无耻汉奸，快滚！不用见我！"第二天，《新民报》也报道了此事，所用的标题很有意思："傅孟真拍案大骂汉奸，声震屋瓦。"一时传为新闻。后来容庚又拜访他，表示一定悔过自新，傅斯年才接见了他。

在傅的一生中，他与蒋介石的关系十分耐人寻味。应该说，总体上，傅对蒋还是比较尊重的，但对蒋的手下及他的一些具体做法并不满意，蒋虽然一直想拉拢重用他作为自己的"直臣"，但傅始终保持了一个知识分子的独立性。一九四六年三月，蒋一度想让傅担任政府委员，傅坚辞不就，即是一例。抗战胜利前，蒋曾敦促傅到美疗养就医，并担负一切费用，傅答：敌人未灭，国难方殷，不愿离开祖国。从二人关系看，蒋介石对傅斯年是很看重的，甚至有几分赏识，但作为学者，傅斯年并不因此而对蒋言听计从。他对孔、宋二人的斗争即反映了这一点。作为旁观者，胡适对此十分称道："他有学问，有办事能力，有人格，有思想，有胆量；敢说话，敢说老实话，这许多才性使他到处成为有力量的人。"（胡适《傅斯年先生的思想》）

傅这种大炮性格，在国难时期任参政员时表现得最为充分。最有名的莫过于反对孔祥熙、宋子文的斗争。抗战期间，他任参政员时，屡次攻击当时的行政院院长孔祥熙。因二人闹得不可开交，蒋介石最后不得不亲自出面宴请傅斯年想替孔祥熙说情。二人席间的对话很有意思。

"你信任我吗？"蒋介石问傅斯年。

"我绝对信任。"傅斯年答。

"你既然信任我，那么，就应该信任我所任用的人。"

"委员长我是信任的。至于说因为信任你也就该信任你所任用的人，那么砍掉我的脑袋，我也不能这样说！"（屈万里《傅孟真先生轶事琐记》）

不久，行政院院长便换了人。显然这与傅的斗争分不开。

与宋子文的斗争同样富有戏剧性。傅对宋不满足口诛，干脆笔伐，这是傅的强项。在《这样的宋子文，可以下台了》一文中，傅一针见血地提出："政治的失败不止一事，而用这样的行政院院长，前有孔祥熙，后有宋子文，真是不可救药的事。"又说："古今中外有一个公例，凡是一个朝代，一个政权，要垮台，并不由于革命的势力，而由于他自己的崩溃！""要做的事多极了，而第一件事便是请走宋子文，并且要彻底肃清孔、宋二家侵蚀国家的势力。否则政府必须垮台，而希望政府不垮台……"他认为现在的一切牺牲，是为民众利益的，不是为贪官污吏的，不是为买办阶级发财的。他说："我拥护政府，不是拥护这班人的既得利益，所以我誓死要和这些败类搏斗，才能真正帮助政府。"

文章一发表，便引起轩然大波，宋子文的不满是可想而知的，但又拿傅没有办法。文章发表的第二天，傅斯年到国民党国防部去见陈辞修（诚），在楼梯转弯处遇到了宋子文，当时傅上楼，宋下楼，场面十分尴尬，两人干脆都把脸别到一边，装作没有看见对方。

傅斯年这种好斗的性格，一方面是因为政治信仰，一方面也源于他的性格。

傅斯年是有名的大胖子，光从外表看，完全是一副绅士风度。"记得那年秋季开学时，中山大学请来了一个肥头胖耳的大块头，他有一头蓬松的乱发，一副玳瑁的罗克式的大眼镜，他经常穿着那时最流行的大翻领的 ABC 衬衫，没有打领带，外面罩上一套白哔叽西装，那副形容，说起来就是那类不修边幅的典型，但却显出了与众不同的风度，他似乎永远是那么满头大汗，跟你说不上三两句话，便要掏出一方洁白的手巾揩抹他的汗珠。"（温梓川《傅斯年》）就是这样一个绅士风度的人，骨子里却是个"斗士"。关于这方面傅斯年有许多有趣的轶事。

傅曾对朋友说："我就是不怕死。在北大读书时，在红楼门口几十个人打我一个，把我压在底下，还是传达室的工友把我拉出的，我也不怕。"（何兹全《忆傅孟真师》）

关于傅好斗的原因，罗家伦是这样解释的："孟真因为富于斗劲，所以常常好斗。人家一有不正当的批评，不正确的主张，就立刻用口和笔和人家斗起来。……孟真好动气而不善于养气，是无可讳言的事实。可是其中有一部分是由于他办事太认真和是非观念太强之所致。"（罗家伦《元气淋漓的傅孟真》）

有一次，为中医问题傅斯年反对孔庚的议案，激烈地辩论了一场，论辩论孔庚自然不是傅斯年的对手，于是气得在座位上辱骂傅，骂了许多很粗的话。傅斯年也气了，说："你侮辱我，会散之后我和你决斗。"等到会散之后，傅斯年在会场门口拦着孔庚要和他决斗，但看到孔庚年纪七十多岁，身体非常瘦弱，于是立刻把双手垂下来说："你这样老，这样瘦，不和你决斗了，让你骂了罢。"（罗家伦《元气淋漓的傅孟真》）

抗战中，傅斯年以身作则，作为学者和史语所所长，他随史语所九次搬迁，历经广东—北平—上海—南京—长沙—昆明—四川—南京—台湾，可谓历尽艰辛。除了分内事，他还一心想着国家的大事。俞大綵回忆道："在李庄几年中，孟真在家时更少，常去重庆；心所焦虑，惟在国家之危急存亡。他在国民参政会发表言论，在报纸上写文章，对政府的批评，甚至对当局个人的攻击，都是出于一片爱国赤诚，毫无一点私念。他平常好议论，但他对个人私事，向不作恶意批评。只要事关国家，他便知无不言，言无不尽，他常对我说：我非'识时务之俊杰'，更不识何谓'明哲保身'，我乃大愚也！"

1936年1月28日，傅斯年移居南京、告别北平北海静心斋史语所时所摄，左二为傅斯年，左三为陈寅恪

　　傅斯年是个性情中人，但在许多时候却过分的书生气，作为一名旧知识分子，他对国民党表现了十分的愚忠。这也是他政治信仰决定的。他认为自己是自由社会主义者。事实上，他始终未超出一个人文主义者的范围。傅斯年早年加入国民党，三十年代后退出。七七事变后，蒋介石在庐山召开谈话会，傅以社会名流参加，后加入国防参议会。一九三八年到一九四五年任参政员。一九四六年三月，蒋与陈布雷希望傅担任政府委员，傅给陈布雷写信，表示坚辞不就。事实上，他在对待国民党的态度上也是矛盾的。他仍然希望维持他作为一个学者的独立和人格上的清白。

　　一九四七年六月下旬，傅偕夫人及儿子仁轨到美疗养，第二年八月返国。回国前有个朋友给他写信说，大陆不保，此时最好留在美国不要回来了。傅认为此君并不了解他的心，在回信中表示："余绝不托庇异国……将来万一不幸……余已无可奈何，则亦不辞更适他省。又不得已则退居穷乡。最后穷乡亦不保，则蹈海而死已矣。"（陈槃《师门识录》）由此可见，此时他对国民党仍然抱有一丝幻想。

　　一九四八年八月，傅一家从美国乘船到上海。第二天，国民党政府宣布禁令，禁止私人收藏黄金、美元等外币，实行金圆券币制。当时傅家只有从美国带回的三十八美元，俞大綵认为不值得当回事，但傅认为美元虽不多，但却是原则问题，坚持把美元换成了金圆券。

很长时间里，傅斯年对国民党政府是抱着很大希望的，但后来，随着孔、陈等人的腐败，国民党节节败退，他也渐渐看清了一些事实。但他并没有认识到问题的根本所在，仍决定与国民党政府共进退。从某种意义上说，这也是他的性格决定的。在离开大陆前，有几件事对他刺激很大，其中一件便是陈布雷等人的自杀。"当首都仓皇之日，同时有陈布雷、段锡朋二氏之殁，师因之精神上大受刺激，悲观至极，顿萌自杀之念。而师卒未于此时殉国者，赖傅夫人爱护防范之力也。"（陈槃《师门识录》）这时在围绕迁台问题上，争议不断。研究所迁台湾，是傅的主张，当时争议不止，怕台湾民情有隔阂，傅决然说："选择台湾即准备蹈海，何虑之有！"（陈槃《师门识录》）

为了表示自己的决心，离开大陆前，傅身上经常带着安眠药，预备随时吞药自杀。关于这件事有几个不同的版本。陶希圣在回忆文章《傅孟真先生》一文中也有类似的记载，看来并非空穴来风。"在徐蚌战事失利之后，我到鸡鸣寺去看孟真；历史语言研究所的图书都在装箱，他的办公室内也是箱箧纵横。他告诉我说：'现在没有话说，准备一死。'他随手的小箧里面藏着大量的安眠药。"虽然对国民党政府十分失望，但他仍然心存幻想，明知不可而为之。所以后来明知国民党没有希望，由于对共产党的偏见，最终仍选择离开大陆到了台湾，也就不难理解了。

一九四九年一月，傅离开大陆浮海到台湾，出任台湾大学校长，为台大第四任校长。傅制定了"敦品、力学、爱国、爱人"的校训，广纳贤才，进行了许多大胆改革，立志把台大办成台湾学术中心，终因积劳成疾，于一九五〇年十二月二十日，因脑溢血猝死于"台湾省参议会"会场，离他执掌台大尚不足两年，对一代学人来说，这不能不说是一件令人遗憾的事。

人生有三件事：

哲人冯友兰

南方人聪慧，北方人朴重，南方人才多于北方，北方人才不出则已，出一个就不平常，像冯芝生，南方少见。

——汤用彤

在中国现代哲学史和教育史上，冯友兰是一个不能忽视的存在。一向以"狂"与"傲"著称的校勘学大家刘文典曾这样评价冯友兰："联大只有三个教授，陈寅恪先生是一个，冯友兰先生是一个，唐兰先生算半个，我算半个。"（盛巽昌、朱守芬《学林散叶》）

李慎之认为，冯友兰的学问是"可超而不可越的"，"后人完全可能，而且也应当胜过冯先生，但却不能绕过冯先生"。

著名哲学家任继愈也曾谈到一件趣事："抗日战争时期，在昆明，汤用彤先生有一次和我谈到我国南北人才的差异。汤先生说，'南方人聪慧，北方人朴重，南方人才多于北方，北方人才不出则已，出一个就不平常，像冯芝生，南方少见。'"

冯友兰在中国现代哲学史上的地位与影响由此可见一斑。

执教清华

一八九五年十二月四日，冯友兰生于河南省唐河县祁仪镇一个官宦人家。一九一五年毕业于上海中国公学大学预科部，同年考入北京大学哲学门，一九一八年毕业。一九一九年参加官费留美考试，在胡适建议下，考入哥伦比亚大学攻读哲学。一九二三年通过博士论文答辩，同年八月回国，任河南中州大学教授兼哲学系主任。一九二四年获哥大哲学博士学位。一九二五年九月，任中山大学哲学系教授兼系主任。一九二六年初任燕京大学哲学系教授。一九二八年九月任清华大学教授，次年九月任哲学系主任。一九三一年七月任清华文学院院长。综观冯友兰一生，他的教授生涯很长时间都是在清华度过的。

在清华教学时，冯友兰大部分时间都住在清华乙所。关于他的住所，他的学生回忆说："冯先生长髯飘胸，谈吐幽默，处事豁达，确有点仙风道骨的气象，也就是宗璞说的有点'仙气'。记得他在清华时住在乙所（梅贻琦校长住在甲所），一进门就挂着张载的'为天地立心，为生民立命，为往圣继绝学，为万世开太平'，横批是'继往开来'。我们这些当时的学生们，在背后议论，把乙所叫作'太乙洞天'，把冯先生叫作'太乙真人'。学生们主要是就气象而言的。"（羊涤生《承百代之流，而会乎当今之变——冯友兰先生究竟属于哪一家》）

作为一个哲学家，很多时候，冯友兰都在思考。他的女儿宗璞曾回忆说："抗战前，在清华园乙所，他的书房是禁地，孩子们不得入内，但是我们常偷偷张望。我记得他伏案书写的身影，他听不见外界的一切，他在思想。在昆明为避轰炸，我们住在乡下，进城需步行三个小时，我随在他身后走着，一路不说话。但我感觉到，他在思想。在'文革'期间，我家被迫全家人挤在一间斗室，各处堆满东西。父亲能坦然坐在一盘食物上，害我们找了半天。他不能再感觉别的事物，他在思想。……他生活的最大愉快就是思想。"（宗璞《向历史诉说》）

说到冯友兰的思考，宗璞还提到一件趣事："抗战初期，几位清华教授从长沙往昆明，途经镇南关，父亲的臂触城墙而骨折。金岳霖先生一次对我幽默地提起此事，他说：'当时司机通知大家，不要把手放在窗外，要过城门了。别人都很快照办，只有你父亲听了这话，便考虑为什么不能放在窗外，放在窗外和不放在窗外的区别是什么，其普遍意义和特别意义是什么。还没考虑完，已经骨折了。'这是形容父亲爱思考。他那时正是因为在思索，根本没有听见司机的话。"（宗璞《三松堂断忆》）

抗日战争前夕全家摄于清华乙所，后排中为太夫人吴清芝，左为夫人任载坤，右为冯友兰，前排左起为长女钟琏、长子钟辽、次女钟璞、次子钟越

　　对于一个哲学家来说，思考是他的一种存在方式。也许正因为这样的思考，才有了他那本代表作《中国哲学史》。一九三一年《中国哲学史》上卷由上海神州国光社出版，产生极大反响。

　　冯氏《中国哲学史》被列为清华大学丛书时，曾由陈寅恪、金岳霖审读，陈在审读报告中写道："窃查此书，取材谨严，持论精确。""今此书作者，取西洋哲学观念，以阐明紫阳之学，宜其成系统而多新解。"（陈寅恪《审查报告》）陈又说："今欲求一中国哲学史，能矫附会之恶习，而具了解之同情者，则冯君此作倒庶几近之；所以宜加以表扬，为之流布者，其理由实在于是。"（陈寅恪《审读报告》）

　　冯友兰的《中国哲学史》被称为近代释古学派的扛鼎之作。张岱年曾说："三十年代初，冯友兰先生所著《中国哲学史》两卷本出版了，被国内外誉为中国哲学史研究的划时代的著作。"（张岱年《怀念冯友兰先生》）

　　美国学者 D·卜德说："这两种哲学史（指《中国哲学史》和《中国哲学简史》）几十年来，一直是世界各大学学习中国哲学的通用教材。……人们普遍承认，冯友兰在帮助西方世界更好地了解中国哲学和文化方面起了很大的作用。然而，他在另一方面，即把西方哲学和文化传播到中国方面，也起了极其重要的作用，尽管这种作用并不十分引人注目。"

冯友兰在清华乙所安静的日子不久被日本侵略者的铁蹄踏碎了。随着日军逼近华北，北京的大学开始陆续迁往大后方。一九三七年十一月三日，冯友兰、朱自清、闻一多、叶公超、柳无忌等十人冒着大雨乘长途汽车从长沙抵达南岳。清华、北大和南开三校在长沙成立临时大学。在南岳时，冯友兰的《中国哲学史》成为学生的热门课。"当时冯先生的中国哲学史、钱穆先生的中国通史和闻一多先生的诗经这三门课的听众极为踊跃。"（李赋宁《南阳：古出卧龙先生，今出冯先生》）就在这一时期，冯友兰开始《新理学》的写作。

一九三七年十二月十三日南京失守，长沙临时大学被迫继续南迁。一九三八年一月二十日，临大开会决定，教职员工限三月十五日前到昆明报到。校本部女生及年老体弱的教师走海路经越南海防转昆明，男生及身体健壮的教师组成"湘黔滇旅行团"，在闻一多等十一名教师带领下，三百三十六名学生徒步前往昆明。朱自清、冯友兰、陈岱孙、汤用彤等人先行乘汽车前往。

在西南联大时，冯友兰先后担任西南联大文学院院长、清华文科研究所所长兼哲学部主任。一九四二年，冯友兰因其杰出学术成就被教育部定为部聘教授，当时只有陈寅恪等极少几人获此殊荣。

在西南联大时，冯友兰仍然主讲《中国哲学史》等课。"冯师讲授《中国哲学史》，给我一个特别深刻的印象。他每次进入课室，都在开讲前先看过了摆放在书桌上面几片大小不一的纸条，那都是同学们提出疑问的。有些比较简单而又是同学们需要共同了解的，他便很简要地解答了。有些比较繁杂的问题，他便告知那位同学在下课后再详细解答。"（余景山《我与冯友兰奖学金》）

冯友兰精于思考，却有点口吃，但这一点也没有影响他上课的效果。"先生虽有些口吃，但讲起课来要言不繁，其味无穷，引人入胜。"（蒙培元《回忆与断想》）另一个学生则回忆说："冯先生讲课时语调徐缓，有时略微有点口吃，但表述极为清晰。他在黑板上的书写不多，这大约是口头表达已很充分，加上坐着讲课，起立写黑板也比较费力，而且会耽误时间。先生讲课时，对于哲学史上的一些轶闻趣事，也略加生动叙述，使得课堂气氛极为活跃而不觉得枯燥呆板。……而当讲到哲学史上一些智慧火花的迸发时，先生

则陷入深沉的思索，使课堂呈现出无声的寂静，使学生也进入了沉思。"（李真《真诚的哲学家》）

"冯先生——四十上下年纪——穿的是褪了色的自由布大褂，蓝布裤，破而且旧的青布鞋——毫无笑容地登上了讲台——坐下—— 一对架着玳瑁边眼镜的眼睛无表情地呆望着我们约有一二分钟（按：此系冯先生的习惯，每次上课皆如此），开始说话了。……然后满口河南腔地告诉我们：这学期用的课本是他自己编的《中国哲学史》，堂上并无讲演，大家可先把指定参考书看好，如有不明白的，可以在班上讨论。……芝生先生口吃得厉害。有几次，他因为想说的话说不出来，把脸急得通红，那种'狼狈'的情形，很使我们这班无涵养无顾虑的青年人想哄笑出来。"（郑朝宗《冯友兰》）

"我跟芝生先生上了一年的课，敢十二分负责地说，从来没有听他说过一句不大合理的话，也从来没有听他说过一句很随便地说出来的话。他说话时，老是那样地审慎，那样地平心静气。他，我可以说，才算是完全的理性的动物。——我平生只看见过两个完全的理性的动物，其一是我的母亲，其二便是芝生先生了。芝生先生因为教的是中国哲学史，所以有时也批评胡适之先生。"（郑朝宗《冯友兰》）

也有学生反映冯友兰上课并不口吃。"平时，芝生师讲话略有些口吃，但是在课堂上却是从容不迫，逻辑严谨，有条不紊。不时穿插一些故事、逸闻，不但引起听课者的兴趣，活跃课堂气氛，而且深入浅出，给听课者以深刻的启迪。同学们反映：'听冯先生的课是一种美的享受。'"（刘鄂培《心怀四化　意寄三松——忆芝生师》）

在西南联大那段岁月，冯友兰蓄长髯，穿灰蓝色长袍，虽然有些口吃，但作为一个哲学教授，他的课仍然是非常受欢迎的，给许多青年学子都留下了美好的记忆。

一九四六年五月四日，联大完成历史使命宣告结束。冯氏亲撰《国立西南联合大学纪念碑碑文》："自沈阳之变，我国家之威权逐渐南移，惟以文化力量，与日本持于平津，此三校实为中坚。……联合大学支持期间，先后毕业学生二千余人，从军旅者八百余人。……"这算是对西南联大最好的纪念与总结了。

入世哲学

冯友兰去世时，其弟子涂又光作了一副挽联：

为天地立心，为生民立命，求仁得仁，安度九十五岁。
誉之不加劝，非之不加沮，知我罪我，可凭六百万言。

这副挽联很形象地概括了冯友兰的入世哲学和积极的人生态度。

冯友兰一直认为人生有三种成功，即：立功、立德、立言。综观冯氏一生，作为一个哲学家，他从来都不是一个象牙之塔中的人，实际上，他一生都是在积极入世，只是方式不同罢了。

冯友兰的入世哲学主要体现在三个方面：

第一是事功。作为一个大学教授，他所谓的事功，用他自己的话来说就是办一所好的大学。教育救国是那一代人的理想，冯友兰也不例外。大部分人只是写文章空谈而已，而冯友兰则是真正地投身到办大学的实践中，

1918年6月北大哲学门第二次毕业合影。前排左起第五人为校长蔡元培，第六人为文科学长陈独秀，第四人为教授马叙伦，第七人为教授梁漱溟，第二排左起第四人为冯友兰

这是他与一般人不同的地方。

　　冯友兰回国后第一次执教是在其老家河南中州大学。出于事功的愿望，一九二五年，他第一次走上大学讲台便主动请缨，向校长张鸿烈提出想当中州大学校务主任。他是这样解释自己的动机的："我刚从国外回来，不能不考虑我的前途。有两个前途可供我选择：一个是事功，一个是学术。我在事功方面抱负并不大，我只是想办一个很好的大学。"但不知出于何种原因，张没有答应他，道不同不相为谋，不久冯友兰便离开中州大学去了清华。有趣的是，五年后，一九三〇年五月，中州大学却提出请冯友兰回来，这次不是当主任，而是直接当校长。时过境迁，冯自然谢绝了。

　　早在一九二五年五月，冯友兰就在《现代评论》上发表《怎样办现在的中国大学》，他认为当时中国的大学所缺少的主要是学术独立和世界级的大师。学术独立和大师挂帅，这就是他理想中的大学标志。后来，他之所以花很多时间在清华的行政上，也正是体现了他在这方面的努力，清华后来的成功应该说有冯友兰的一份功劳。

　　第二是学术。冯友兰一直希望从事学术研究并学以致用，他希望他的学术研究能对中国、对抗战、对读者有用。这也是他的一个学术理想。

　　《中国哲学史》之后冯友兰最重要的著作"贞元六书"，便是这一学术理想的最真实的体现。谈到他写作的目的时，冯友兰解释说："六书""是对中华民族的传统精神的反思"，是"贞元之际所著书"。"贞元"的意思是贞下元起，意味着严冬即将过去，春天就要到来。这六本书都是在抗日战争时期写的，当时中华民族正处于生死存亡的关头，作者此时写作这六本书，寓意经过艰苦的斗争，就会迎来民族复兴的机会，所以称之为"贞元六书"。

冯友兰在《新原人自序》中说："贞元六书"的写作缘起是"以志艰危，且鸣盛世"。晚年更明确地说："民族的兴亡与历史的变化，自然是给我许多启示和激发。没有这些启示和激发，书是写不出来的；即使写出来，也不是这个样子。"他认为，当时需要一种思想，能够"帮助中华民族，度过大难，恢复旧物，出现中兴"，"接着程朱理学讲出许多复兴民族的哲学道理"。有学者认为"贞元六书"中所使用的范畴和概念如：共相、殊相、觉解、境界、大全、群有等，都是冯友兰理解的民族精神的哲学抽象。

在怀念金岳霖教授时，冯友兰曾经这样说："一九三七年中日战争开始，我同金先生随着清华到湖南加入长沙临时大学。文学院设在南岳，在那里住了几个月，那几个月的学术空气最浓，我们白天除了吃饭上课以外，就各自展开了自己的写作摊子，金先生的《论道》和我的《新理学》都是在那里形成的。从表面上看，我们好像是不顾国难，躲入了'象牙之塔'。其实我们都是怀着满腔悲愤无处发泄。那个悲愤是我们那样做的动力，金先生的书名为《论道》，有人问他为什么要用这个陈旧的名字。金先生说，要使它有中国味。那时我们想，哪怕只是一点中国味，也会对抗战有利的。"（冯友兰《怀念金岳霖先生》）

这些都显示出冯友兰学术研究的积极态度和良苦用心。

第三是关注人生。冯友兰在清华时，不仅传道授业解惑，而且还是青年学子的人生导师。

"吴讷孙（笔名鹿樵，二十世纪六十年代在台湾发表小说《未央歌》，反映抗战时期昆明西南联大学生生活）曾对我说他在联大上二年级时，有一个时期感到生命空虚，毫无意义，准备自己结束生命。忽然想到要去拜访冯友兰先生，请教人生的真谛。经过冯先生的劝导，吴讷孙改变了他的消极厌世的人生观，从此积极努力，发愤读书，后来成为美术史专家。由

此可见，冯友兰先生的人生哲学对青年人所起的巨大感化和教育作用。"（李赋宁《怀念冯芝生先生》）

另一个学生回忆说："冯先生的'人生哲学'与'中国哲学史'课却像一种什么放射性物质，一旦进入我的心灵，便无时不在放出射线，影响着我的思维与感性结构。……冯先生关于人生境界的学说启发了我对此生生存目的的认识和追求。"（郑敏《忆冯友兰先生的"人生哲学"课》）

韦君宜也有过类似的经历："卢沟桥事变以后……我说：'冯先生，我想离开学校不念书了，我想抗战，想找个机会参加抗战。'冯先生听了这话，沉思片刻，便点头说：'好啊！现在正是你们为国家做点事的时候。'……冯先生这次，并没有教我在混乱的局面下，像一个哲学家那样平心静气动心忍性去读书（这是我预先猜想的），却在街头庄严地鼓励我——一个青年去抗战，这印象，一直深深留在我的脑海里。"（韦君宜《敬悼冯友兰先生》）

冯友兰对学生的爱护也是很有名的，早在抗战爆发前，他就冒险救过两个素不相识的进步学生，其中一个便是后来中共重要领导人物姚依林。韦君宜回忆说："一九三六年二月二十九日，冀察政委会派军警包围清华，搜查了一夜。那天夜里，黄诚、姚依林两个同学躲在冯先生家客厅里，黄诚在那里做了一首诗，后来黄诚的诗传了出来。但是冯先生隐藏两个重要学生领袖的事，则并没有怎样外传。很少人知道，很长时间冯先生也没有告诉人。"（韦君宜《敬悼冯友兰先生》）

三十年代，冯友兰访欧期间，经过苏联时，特地考察了苏联，回来在大学里四处作报告，讲述他在苏联看到的一切，为此几乎身陷囹圄。"冯先生从欧洲考察回国途中经过当时的苏联，停留了一些时日。抵北平后，国民党政府恐他有赤化嫌疑，曾传他去保定问话，几经周折，始释放他返校。因此，我对冯先生最早的印象是他是一位左倾教授，进步学者。"（李赋宁《怀念冯芝生先生》）其实，冯友兰这样做的真实目的，只是作为一个哲学家想了解苏联真实的现状。

抗战时期，在西南联大，他更是响应政府号召，积极演讲，鼓动青年学生爱国从军，发挥了很好的影响力。"一九四三年秋，冯先生与潘光旦、朱自清、钱端升等十教授应校方要求演讲，动员青年学生踊跃从军，听众

冯友兰在北大燕园寓所

一时积极报名，超过规定名额。讲演后先生在校门外见有大字报劝学生对报名从军应慎重考虑，先生将大字报撕去，说'我怀疑写这张大字报的是不是中国人'。同年还送长子钟辽从军西征，后将此事录于《祭母文》，以此为荣。"（雷希《再谈中国学者的中国气派》）

作为哲学家，冯友兰大多数时候是严肃的，但生活中的冯友兰并不是一个寡趣的人。据李赋宁回忆，在长沙临时大学时，当时哲学系老师容庚喜欢把人名编入诗句之中娱乐，他把南岳教授的名字都编成了诗句，唯独英人燕卜孙之名难以入诗。无奈之下，只得向冯友兰求援，没想到冯友兰脱口一句："梁上燕子已卜孙。"冯氏捷才一时传为佳话。

对他最了解的，也许莫过于他的爱女宗璞："父亲自奉俭朴，但不乏生活情趣。他并不永远是道貌岸然，也有豪情奔放，潇洒闲逸的时候，不过机会较少罢了。一九二六年父亲三十一岁时，曾和杨振声、邓以蛰两先生，还有一位翻译李白诗的日本学者一起豪饮，四个人一晚喝去十二斤花雕。……我觉得父亲是有些仙气的，这仙气在于他一切看得很开。在他的心目中，人是与天地等同的。……父亲的呆气里有儒家的伟大精神……父亲的仙气里又有道家的豁达洒脱。秉此二气，他穿越了在苦难中奋斗的中国的二十世纪。他的一生便是二十世纪中国文化的一个篇章。"（宗璞《三松堂断忆》）

从右到左

作为一个哲学家，冯友兰在政治上并不成熟，这可以从他与国民党的关系看得出来。

一九二四年冬天，冯友兰经刘积学介绍在河南开封加入中国国民党，并被选为河南省党部执行委员会候补委员。一九二六年，国民党要求重新登记，否则以脱党论，不知由于何种原因，冯友兰并未去登记。作为一个大学教授，虽然加入了国民党，但他与国民党之间事实上保持着一种若即若离的关系，有时还偏左，为此甚至一度遭到国民党的怀疑。

一九三三年八月底，按清华惯例，冯友兰在校服务满五年，可以休假一年，并赴欧洲考察。按计划，冯友兰将前往英国讲学十七场。途经苏联时，他特地游了列宁格勒、莫斯科、基辅等五座城市，近距离感受了苏联。一九三四年十月回国，冯讲演《新三统五德论》，里面充满了唯物史观，被国民党特务视为赤色分子，很快被便衣警察带到警察局。

1928年在清华任教的冯友兰

冯氏被捕的消息传出，一时成为新闻。梅贻琦校长亲自奔走营救，夫人任载坤女士请北大蒋梦麟和胡适帮忙，傅斯年则在南京疏通，《清华周刊》还为此专门发了消息。在大家努力下，冯氏终于被释放。朱自清在一九三四年十一月三十日的日记中写道："冯昨晚归来。我今晨去看他，他详细叙述其被捕经过。谓该部得一报告，称冯将以中共代表身份赴俄，并将带回重要消息。经冯驳斥力争后，他们才答应将其释放。后何应钦又去电，该部向冯道歉，并于昨日下午将其放回。"

冯友兰对进步学生的态度也与国民党政府完全不同，他一向站在学生一边，甚至出面保护他们。一九三六年春天的一个晚上，北京当局包围清华，欲逮捕进步学生，梅贻琦打电话给冯友兰，让他去议事。刚出门碰到两个学生，其中一个是当时清华学生会的主席黄诚，另外一个便是姚依林。他们希望在冯友兰家躲一下，冯友兰客气地把他们请进了客厅，并叮嘱他们不要离开，二人因此躲过一场灾难。几十年后，姚依林主动告诉了冯这件事，他当时名叫姚克广。姚依林在《"一二·九"运动回忆》一文中说："这时，在学校里是南翔负责指挥，他通知我，还有黄诚，到冯友兰教授家里去避一避。我们就在冯友兰家的厨房里待着。到了晚上两点光景，国民党军警来见冯友兰，很客气地问及冯友兰，家里有没有人，有没有学生躲在屋子里，冯友兰说没有。警察未搜查即离去。第二天早上六点钟的样子，这时军警撤走了，我离开了冯友兰家。"从姚依林的文章看，他们当时显然是知道冯友兰的态度的，否则也绝不敢冒险。

对此，冯友兰是这样解释的："这些负行政责任的人，是当时的政府任命的，他不可能公开地同学生站在一起。但是他们和学生又是师生的关系，站在这个关系上，他们对于学生又有爱护的责任。况且学生的主张，也往往是他们所赞成的。在这种情况下，他们只可以采取中立的态度，既不公开地同学生站在一起反对当时的政府当局，也不同政府当局站在一起暗中迫害学生，蔡元培当北大校长时采取的就是这样的态度。……我在清华，也是采取这种态度。"

为了加强对大学和知识分子的控制，一九三九年七月二十三日，北大校长蒋梦麟传达国民党中央组织部部长朱家骅与教育部命令，大学院长以上职务的人都必须是国民党党员，如果不是就要加入。这样冯友兰第二次被"邀请加入"了国民党。对此，冯友兰是这样解释的："联大文学院从蒙自迁回到昆明后不久，有一天，蒋梦麟约我们五位院长到他家里谈话。他说：'重庆教育部有命令，大学院长以上的人都必须是国民党党员。如果还不是，可以邀请加入。如果你们同意加入，也不需要办填表手续，过两天我给你们把党证送去就是了。'当时只有法学院院长陈序经表示不同意，其余都没有发言表态。我回家商量，认为我已经有过被逮捕的那一段事情，如果反对蒋梦麟的提议，恐怕重庆说是不合作，只好默认了。过了几天，蒋梦麟果然送来了党证。"（冯友兰《内乱外患感时艰》）

一九四三年秋，蒋梦麟召集联大国民党党员教授开会，决定以联大区党部名义致函蒋介石，提出对国内形势的意见，大会推举冯友兰执笔。冯拟了初稿，大意是要求蒋为收拾人心而开放政权，实行立宪。其中有"睹一叶之飘零，知深秋之将至。昔清室迟迟不肯实行宪政，以致失去人心，使本党得以成功。前事不远，可为殷鉴"。（范鹏《道通天地·冯友兰》）这篇文章被陈雪屏称之为"当代大手笔"，历史系教授雷海宗对冯说："即使你写的书都失传了，这一篇文章也可以使你不朽。"据陈雪屏回忆，蒋介石看到这封信后也"为之动容，为之泪下"，并回信表示愿意立宪。

应当说，当时冯友兰是对国民党抱有期望的，但他并不想成为一个党棍。一九四五年春天，国民党召开第六次全国代表大会，河南省党员代表大会选举冯友兰为出席全国代表大会的代表。一九四五年五月，国民党第六次全国代表大会在重庆召开，冯友兰被选为大会主席团成员，蒋介石照例请冯友兰吃饭，并亲自许诺内定冯为中央委员，冯婉言谢绝了。关于这段经历，冯友兰解释说："我照例被邀请到蒋介石那里去吃晚饭的时候，他果然单独找我谈话。他说：'大会要选举你为中委。'我说：'我不能当。'他问为什么，我说：'我要当了中委，再对青年们讲话就不方便了。'他说：'那就再说吧。'以后再没有提这件事。"（冯友兰《内乱外患感时艰》）

请名人吃饭，是蒋介石当时拉拢知名人士的一种手段，作为哲学家、名教授和国民党党员的冯友兰自然是蒋的座上客。"蒋介石有一个办法：凡是从别的城市到重庆去的比较知名之士，他都照例请吃一顿饭。我差不多每次到重庆，他都送来一张请帖，请去吃饭。吃饭的时候，客人先到，坐在客厅。"（冯友兰《内乱外患感时艰》）

冯友兰手迹

　　一段时间，冯友兰对蒋介石是有所期待的，甚至抱有某种幻想，希望他顺应民意，这从他代表联大国民党党员写的那封致蒋书中可以看出一斑，但他并没有因此完全失去自己的立场。

　　"在'一二·一'运动中，冯先生经历了全过程。一方面参与校方会议，决定向当局抗议军警、特务暴行，并作为召集人与张奚若等七人起草《抗议书》，立即向报界发表，对地方军政当局妨害人民正当自由、侵犯学府尊严不法之举，表示最严重的抗议；另一方面又苦心劝导学生复课以尽量减少损失。十二月二十六日出席第十次教授会临时会，会议讨论通过善后决议。……而且闻一多先生遇害后，清华不再提供住宅，正是冯先生夫妇邀烈士遗孀带孩子们到冯宅来住，后来闻遗属经组织安排到了解放区。"（雷希《再谈中国学者的中国气派》）

　　从对待闻一多遗属这件事也可看出冯氏的为人。

　　抗战胜利，西南联大也结束历史使命。一九四六年九月，冯友兰接受美国费城宾夕法尼亚大学邀请，到该校任客座教授，讲授"中国哲学史"一年。除在宾大讲课外，他还担任夏威夷大学客座教授，并在新泽西州立大学、威斯康星等大学讲课，并取得了在美国的永久居留权，生活非常优越。

许多人以为作为国民党党员的冯氏肯定不会回国了，但冯友兰却毅然作出了回国迎接解放的决定，令许多人不解与困惑。

"一九四七年，中国的局势急转，解放军节节胜利，全国解放在望。是归？是留？形势逼人，要求在美华人做出抉择。有的朋友劝芝生师定居美国，他却说：'俄国革命以后，有些俄国人跑到中国来居住，称为白俄。我决不当白华。解放军越是胜利，我越是要赶快回去，怕的是全国解放了，中美交通断绝。'"（刘鄂培《心怀四化　意寄三松》）

一九四八年十二月上旬，北京解放前夕，南京委派青年部部长陈雪屏（原西南联大训导长）来清华，席间，陈宣布南京方面准备派一架专机，来迎接清华的诸位名教授。一些人走了，但冯没有走。据说胡适听到这个消息非常惋惜地说："天下蠢人恐无出芝生右者。"

一九四八年十二月十四日，在梅宅召开清华大学第九十四次校务会议。散会后，只剩下梅与冯时，梅多少有些悲怆地对冯说："我是属牛的，有一点牛性，就是不能改。以后我们就各奔前程了。"

第二天梅不辞而别。校务会临时决定，任命冯为校务会议临时主席。十二月十七日，冯被推选为校务会议主席，担负起维持清华的重任。

同年十二月十八日，驻守清华园的傅作义部队撤离市区，冯在全校职工大会上宣布："清华已先北京城而解放……眼前的任务是：维持校内秩序，保护学校财产，听候接管。"（刘鄂培《心情四化　意寄三松》）

一九四九年三月三日上午，冯友兰在大礼堂以人民政府任命的清华大学校务委员会主席身份主持本学期始业式。

至此，冯友兰完成了从国民党向共产党的彻底转变。这一年，他五十四岁。

主要参考书目：

《道通天地·冯友兰》（范鹏著，山东画报出版社）

《我的学术之路》（冯友兰著，江苏文艺出版社）

《冯友兰学记》（王中江、高秀昌编，三联书店）

一生为故国招魂：

一代儒宗钱穆

你是一个古老文化的代表者和监护人，你把东方的智慧带出了樊笼，来充实自由世界。

——耶鲁大学授予钱穆名誉博士学位时的颂词

　　一九六〇年，耶鲁大学把一个人文学名誉博士学位授予了一个中国人，他就是被人称为当代大儒的国学大师钱穆。颂词中这样评价说："你是一个古老文化的代表者和监护人，你把东方的智慧带出了樊笼，来充实自由世界。"然而就是这样一位被人称为当代最后一个大儒的人，却没有任何文凭，连中学都没有毕业，完全是靠自学成才的。

自学名家

　　钱穆，江苏无锡人，字宾四。一八九五年七月三十日生于无锡东南四十里的延祥乡啸傲泾七房桥一个五世同堂的钱家大宅。钱穆的父亲钱承沛是个私塾先生，据说钱穆生下来时，曾哭三日不止，父亲一直抱在身上哄着，对妻子说："此儿当命贵，误生吾家耳。"钱穆出生时，虽然家道中落，但父亲爱子如命，经常对人说："我得一子，如人增田二百亩。"钱穆排行老二，小时候，父亲每次外出回来都带一点蛋糕酥糖之类的零食放在他床边小桌上，用一只碗盖着，钱穆早晨起床后揭开碗就能吃到美味的零食，这种习惯一直维持到七岁入私塾乃止。

钱穆幼时记忆绝佳，日读生字三四十，后来增加到六七十都能记住。一次父亲指着一个生字"没"考问他何意，他居然根据字形说了出来。父亲大惊，摸着他的头说："此儿或前生曾读书来。"钱穆十岁入果育小学接受正式教育，"每篇文字大约过三遍即能背诵"，且长于作文，先生曾当众夸他"文气浩荡，他日有进，当能学韩愈"。钱家世代书香，钱穆识字起就开始阅读的一本史书，就是祖父去世后留下的一部五色圈点的大字本《史记》，也许从那时起就埋下了他后来治史学的种子。但他小时最爱读的还是小说，傍晚屋里光线暗，干脆就爬上屋顶读。看得次数多了，一部洋洋百万言的《三国》竟背得烂熟。父亲的一位朋友听说他能背《三国》，便任指一段考他，钱穆居然一字不落地当众背了出来，而且还绘声绘色，十分传神，众人惊为神童，钱穆也沾沾自喜。一次外出，经过一座桥时，父亲指着桥说，你认识"桥"字吗？钱穆答识。父亲又问："桥字何旁？""木旁。""用木字易马字旁，是什么字？""骄。""骄字何义，知道吗？"到这时钱穆才知道父亲的真意，脸一下子红了。父亲的教诲，从此一直铭记在心。

祖父中年早逝，不幸的是父亲也英年早逝，死时年仅四十一岁，那一年钱穆才十二岁。去世前父亲叮嘱他："汝当好好读书。"当时一家人住在素书堂后进西边。父亲去世后，一家人生活陷入困顿，只好靠本族怀海义庄抚恤为生。有人好心地介绍他长兄去苏锡商店经商，母亲婉言谢绝道，再穷也要"为钱氏家族保留几颗读书种子"。父亲去世第二年，兄弟二人不负父望双双考入常州府中学堂。一九一二年，钱穆辍学家居，时年十八岁。因为家境困难，不久到三兼小学任教，开始十年乡教生涯。钱穆后来一直为未能读大学感到遗憾。自知上大学无望，遂矢志自学，从此发奋苦读，"夏暑为防蚊叮，效父纳双足入瓮夜读"。（罗义俊《钱宾四先生传略》）

钱穆在常州中学时染上抽烟习惯，当小学老师后，长兄经常让他买烟，兄弟二人对抽，瘾越来越大。一次给学生上课，课文中有一篇《戒烟》的文章，钱穆顿生触动，觉得身为人师不能以身作则难以育人，便下决心把烟戒了。

钱穆读书常学习古人的治学与为人，及时反省自己。一次读《曾国藩家书》，曾说自己每读一书必认真从头读到尾。钱穆从此要求每本书都必须认真阅读，不遗一字，读完后再换一本。他从古人身上总结出一条行之有效的经验，便身体力行，规定自己早上读经子，晚上读史，中间读闲书，充分提高读书的效率。钱穆小时候身体一直很弱，每年秋天都生病，祖父、父亲都英年早逝，他一直为自己健康担忧，一次从一本日本书上看到讲究卫生对健康长寿的重要性，便警省自己，从此每天起居有恒，坚持静坐散步，记日记，以此督促自己。晚年他把自己长寿的秘诀都归功于有规律的生活。

从一九一二年起，在十年半时间内，钱穆辗转四所小学，读书之余完成了第一部学术著作《论语文解》，并陆续在报刊上发表文章，渐渐崭露头角。时为上海圣约翰大学教授的钱基博读到钱穆的一篇文章，大加赞赏。一九二三年，在钱基博推荐下，钱穆转入他兼职的无锡省立第三师范任教，从此两人结下厚谊。钱穆对钱基博的友情一直念念不忘，晚年回忆说："同事逾百人，最敬事者，首推子泉。生平相交，治学之勤，待人之厚，亦首推子泉。"

十年面壁，钱穆终于找到自己的治学门径，专治儒学和史学，自称"其得力最深者莫如宋明儒"。（《宋明理学概述·序》）钱穆之所以选择中国传统文化作为自己的研究对象，有着深层的社会原因。当时国人包括相当一部分知识分子对中国历史文化缺乏信心，对儒家文化更是主张全盘否定。钱穆对此有完全不同的看法，"当我幼年，在前清时代，就听有人说，'中国不亡，是无天理。'在我幼小的心灵里，不禁起了一番反抗之心"。这种反抗之心便成了他后来治学的动力，"莫非因国难之鼓励，爱国之指导"。（《中国文化精神·序》）在无锡三师时，钱穆已经完成《国学概论》，并开始撰写其代表作《先秦诸子系年》。一个偶然的机会，著名学者蒙文通看到他的文章，慕名前来造访，打开"系年"手稿便被吸引了，在回南京的车上迫不及待地读了起来，认为该书"体大精深，乾嘉以来，少有匹矣"。

经过钱基博、蒙文通等人的介绍，钱穆的名气如日中天。不久大名鼎鼎的胡适到苏州中学演讲，恰好钱穆此时也在苏中执教，行前有人对胡说，到苏州有两件事不能不办，一是购买《伏吾堂集》，一是认识苏州中学的钱穆。可见当时钱穆名气之大。苏州之行是钱穆与胡适的第一次见面，此时胡适正炙手可热，钱穆抓住这次难得的机会就《先秦诸子系年》中的一个

问题向他请教，希望他帮助释疑，谁知却把胡适难住了，一时竟无法回答，弄得非常尴尬。钱穆也深感自己唐突。但胡适并未介意，临行前专门写下家庭地址请他下次到上海家中做客。

对钱穆一生起着重大影响的人物应该算是顾颉刚，顾颉刚也是钱穆一生最为佩服的至友。顾颉刚回老家苏州探亲时看到"诸子系年"，深为佩服，当即对钱穆说，你不合适在中学教国文，应该到大学教历史。并请他为燕京学报撰稿。在顾颉刚大力推荐下，一九三〇年，钱穆应聘到燕京大学任教，这是钱穆一生的一个转折点。一九三一年夏，钱穆正式应聘北京大学，成为北大副教授。钱穆刚到北大，又接到清华聘书，燕京大学和师范大学也坚请他兼课，盛情难却，钱穆只好在四所大学之间奔波。一个连中学都没有毕业的自学者居然同时在北京四所著名大学执教，一时名动京城，这一年钱穆年仅三十七岁。

虽然身处京城，又没有一张文凭，钱穆却十分自信。一次燕京大学监督司徒雷登出于礼貌问他到燕大的感受，钱穆坦然道，原以为燕大最中国化的，十分向往，来了才发现进门就是"S""M"（以捐款人姓名标示），完全名不符实，这两个楼应该用中国名字才相宜。司徒雷登一时愣住了，大家也用诧异的目光看着他。不久学校开校务会，把"S"和"M"楼分别改为"适"楼和"穆"楼。校园中其他建筑也改为中国名，园中一湖，所有提名都未得到认可，因为一时无名，遂根据钱穆的提议取名"未名湖"。事后有人和钱穆开玩笑说，你提个意见，得了一楼，与胡适分占一楼，诚君之大荣也。

治学有方

钱穆是靠自学名世的，通过十年乡教苦读，他探索出一套独特的治学方法和治学门径。他认为中国传统文化的精髓就在儒学。《论语》《孟子》不仅是儒学正统，也是中国传统文化的结晶。

钱穆虽然自学出身，却从不迷信权威。当时学术界正流行康有为《新学伪经考》的观点，顾颉刚也是康的拥护者。钱穆对此十分怀疑，他没有因为顾颉刚于己有恩就放弃己见，而是力排众议撰写了《刘向歆父子年谱》，用事实证明康有为的观点是错误的。顾颉刚对此毫不介意，不仅将此文在《燕京学报》发表，还推荐他到燕京任教。钱穆称："此等胸怀，万为余特所欣赏。"钱穆的文章影响极大，一扫刘歆遍造群经说，在经学史上另辟了以史治经的新路子，对经学史研究具有划时代的贡献，其观点也逐渐为学术界普遍接受。"北平各大学经学史及经学通论课，原俱主康说，亦即在秋后停开，开大学教学史之先例。"（罗义俊）

钱穆后来到北大任教，胡适起到了关键的作用，但钱穆并不因此而在学术上苟同他，他的许多观点都与胡适不一致，胡适认为孔子早于老子，他却认为老子早于孔子。学生知道他们之间学术观点不一致，故意拿胡适的观点来诘问，他也毫不掩饰，经常在课堂上批判胡适。据他的学生回忆，他常当众说："这一点，胡先生又考证错了！"并指出哪里哪里错了。当时胡适声誉日隆，敢于这样批评他的在北大也仅钱穆一人而已。

一次，商务想请胡适编一本中学国文教材，胡适认为钱穆有多年中学教书经验，希望他与自己合作主编。能与胡适一起编书，是许多人梦寐以求的事，钱穆却婉言谢绝了，认为两人对中国文学观点大相径庭，一起编不合适，最好各人编一本，让读者比较阅读。胡适没想到他会拒绝，气得拂袖而去，从此两人渐行渐远。

一九三〇年，《刘向歆父子年谱》发表，开拓了一条以史治经的新路子，胡适盛赞说："钱谱为一大著作，见解与体例都好。"《大公报》也称之为"学术界上大快事"。一九三五年，经过多年努力，洋洋三十万言的《先秦诸子系年》出版，学术界更是轰动一时，被公认为中国史学界释古派的扛鼎之作和"划时代的巨著"。连一向很少佩服人的国学大家陈寅恪都认为此书"心得极多，至可佩服"。据说当时圈内有一种说法，称光是这部书的自序足"可以让昔日的北大、清华的任何一位史学研究生细读两天"，而其中任意十行文字都可以"叫世界上随便哪一个有地位的研究汉学的专家，把眼镜戴上了又摘下，摘下又戴上，既惊炫于他的渊博，又赞叹于他的精密"。（向林）

钱穆治学讲究有大视野，从大处入手，由博而精。"先从大处着手，心胸识趣较可盘旋，庶使活泼不落狭小。"（致李埏信）他从自己十年苦读中领悟到，求速成找捷径是做学问的大忌，治学者应该"厚积薄发"。认为"中国学问主通不主专，中国学术界贵通人不贵专家"。（郦家驹《追忆钱宾四师往事数则》）他虽然是治史专家，却披阅广泛，发现学生手中有好书就借来一读。四十年代在西南联大时，见学生李埏有一本克鲁泡特金的《我的自传》，也颇有兴趣，并据此写了《道家与安那其主义》一文，发表后引起了读者极大兴趣。他主张多读书勤思考，触类旁通，认为中国治学与西方不同，西方学问分门别类，互不相关，中国学问分门不别类。经史子集四部，是治学的四个门径，入门后，触类旁通，最后融而为一。（逯耀东《百年夫子》）认为"读书当仔细细辨精粗"，"读书当求识书背后之作者"。而且要抱着谦虚的态度，对任何作者都要先存礼敬之心，这样才能有所得。

经世济国

"一生为故国招魂"，这是钱穆最得意的弟子余英时在他去世时所作的

挽联中的一句话，这句话用来评价钱一生治学的目的最为允当。

钱穆早年从事乡村教育时，就立志要研究中国文化，以唤起国人对传统文化的信心和民族自尊心，他是抱着"路漫漫其修远兮，吾将上下而求索"的精神从事传统文化研究的。可以说，他走的是一条积极济世的治学道路。他自称十年苦读，"莫非因国难之鼓励，爱国之指导"。在《历史与文化论丛》中，他谈到当年治学的目的，就是"要为我们国家民族自觉自强发出些正义的呼声"。他的一生都贯穿了这条红线。

九一八事变后，国人抗日激情高涨，南京政府要求全国高校把中国通史作为必修课。北大教授们在爱国热情鼓舞下，决定编写一部中国通史，以唤醒国人民族意识。考虑到通史量大面广，拟请十五个教授共同讲授。钱穆认为，每人讲一段，中间不易贯通，各人研究也不一样，容易产生矛盾，不如一人从头讲到尾。大家觉得有道理，主张由他与陈寅恪合讲，这样相对轻松一些，他毛遂自荐，认为他一个人完全可以胜任，最后就由他一个人主讲"中国通史"。这门课一九三三年开讲，在北大讲了四年，后因日本侵占华北，北大南迁，又在西南联大讲了四年，才陆续讲完，前后一共讲了八年，也是他最有影响的一门课。

讲授"中国通史"时，正值日寇大肆侵华，钱穆上课时时常结合历史与现实串讲，激励学生的爱国之情，上课时每每座无虚席。当时刚迁至西南联大不久，大家因时局失利情绪低落，在上历史课时，钱穆经常联系中国历史，充满信心地说，统一和光明是中国历史的主流，分裂和黑暗是暂时的，是中国历史的逆流，胜利一定会到来，给师生很大的鼓舞。

当时正值抗战最艰苦的时期，同事陈梦家建议他根据讲义，撰写一本《国史大纲》，振奋民族精神。书生报国唯有笔，钱穆当即接受建议，决定撰写一部新的《国史大纲》，为全民抗战尽自己的一份力量。他把自己关在远离昆明七十公里的宜良县岩泉寺里，每天笔耕不辍，用了一年时间才大致完成书稿，并于一九四〇年出版。《国史大纲·引论》中指出："惟藉过去乃可认识现在，亦惟对现实有真实之认识，乃能对现在有真实之改进。""故欲其国民对国家有浓厚之爱情，必先须使其国民对国家已经之历史有深厚之认识。""此种新通史，其最主要之任务，尤在将国史真态传播于国人之前，使晓然了解于我先民对于国家民族所已尽之责任，而油然生其慨想，奋发爱惜保护之挚意也。"这正是他撰写此书的真实动机与目的。该书出版后广受欢迎，成为大学中最通用的一本历史教科书。这也是他书生报国的一个典型事例。

钱穆并不完全是一个躲在象牙塔里的教授。一九三五年，日本阴谋"华北自治"，十月，有感于爱国之情与民族大义，钱穆与姚从吾、顾颉刚、钱

1938年，钱穆、姚从吾、郑天挺（前排右起）与西南联大历史系（蒙自分校）毕业生合影

玄同、胡适、孟森等百余名大学教授发起一项抗日活动，联名反对日本干涉内政，敦促国民党政府早定抗日大计。鉴于钱穆的抗日态度和学术影响，一九四二年秋，蒋介石在成都两次召见钱穆，请他到重庆机关讲中国历史，谈宋明理学。作为学人，钱穆对当政者始终保持了一种知识分子的独立精神，一次蒋在报上看到钱穆的一篇讲话，很赏识，又打电话又写信约他相见，钱穆以距离太远借故推脱了。后来见面时，他甚至当面劝蒋为了全体国人利益于抗战胜利后功成身退。这些都表现了钱穆的书生意气。

一九四四年十月，应有关部门要求，钱穆专门撰写了一篇《中国历史上青年从军先例》，号召青年从军，在青年学生中产生了积极的影响。

钱穆对国家和传统文化的认识是一贯的，即使到了晚年，他仍然主张国家应该统一。一九八六年二月，他以九十二岁高龄发表《丙寅新春看时局》一文，认为"和平统一是国家的出路"，而"历史传统和文化精神的民族性，是中国统一的基础"，显示了其史家之卓识。

当然，作为一个历史学家、学者，钱穆对历史的认识也有其局限的一面。西安事变发生后，国人都十分关心，上课时同学们也请钱穆谈谈他对这件事的看法，钱穆说："张学良、杨虎城的做法是不对的，扣住国家领袖是不应当的。"（赵捷民《北大教授剪影》）可见他的立场还是站在国民党一边，虽然研究历史，却对这一重大历史事件缺少客观认识。所以学生们开玩笑地说，钱穆是唯心论者。一九八九年仲秋，钱穆参加新亚书院四十周年校庆，与学生座谈时仍然认为"救世界必中国，救中国必儒家"（罗义俊），多少也反映了他的史学观。

名师风范

一九三〇年，钱穆应聘到燕京大学任教，次年便正式应聘到北大担任教授，从此正式登上大学讲台。

钱穆个子虽小，但十分自信，两眼炯炯有神，平时虽不苟言笑，说话时却十分风趣健谈。在北大当时穿长袍的教授极少，陈寅恪是个坚定的长袍主义者，钱穆对陈寅恪的学问十分佩服，看到陈寅恪穿长袍，他也改穿长袍，这一习惯他后来长期保持着。

钱穆不仅长于著述，也长于上课。在北大，钱穆主要讲中国上古史、中国近三百年学术史、中国通史和中国政治制度史等课，每堂课上两小时。钱穆通常准点进教室，上堂就讲，没有废话，中间也不休息。由于博闻强记，上课时常常旁征博引，把历史与现实结合起来，借古讽今，时出新见，很快声名大振，听课的人越来越多。大约因为在家乡执教太久，乡音不改，上课时始终不脱一口无锡腔，开始学生听了很不习惯，但他的课讲得实在精彩，谁也舍不得离开，时间一久，大家也就熟悉了，反而觉得很有味道。他自己从不觉得无锡话有什么不好，二十世纪五十年代在新亚学院演讲时，香港学生反映听不太清楚，有人问他要不要提供翻译，意思是译成粤语，他很不高兴地反问道，要译成英语吗，中国人怎么会听不懂中国话呢？（金耀基《怀忆宾四先生》）

钱穆最受学生欢迎的是中国通史，这堂课先后上了八年之久。中国通史课每周两堂，每堂两小时，多安排在下午一点到三点。这时通常是学生最疲倦的时候，他却能把枯燥的历史课讲得生动迷人，成了最吸引人的课，除了北大学生，其他高校学生也慕名前来旁听。人一多不得不从小教室换到大教室，"每一堂将近三百人，坐立皆满"。(《师友杂忆》) 有的人一听就是四年。其中有一个姓张的学生从北大一直听到西南联大，总共听了六年之久，可见其吸引人的程度。钱穆也被学生评为北大最叫座的教授之一，有人把他与胡适并提，时称"北胡（适）南钱（穆）"。

北大学术空气自由，学生可任意选听，教授的观点也常常互相矛盾，大家自由辩论。钱穆坚持己见，从不隐瞒自己的观点。一次讲上古史时，有人告诉他主张疑古的北大名教授钱玄同的公子就在班上，让他讲课时注意一点，别引起麻烦，但他并不回避，仍当众声称"若言疑古，将无可言"。当年在北大有三个教授在学生中十分有名，被人称为"岁寒三友"，"所谓三友，就是指钱穆、汤用彤和蒙文通三位先生。钱先生的高明，汤先生的沉潜，蒙先生的汪洋恣肆，都是了不起的大学问家"。(李埏《昔年从游乐，今日终天之痛》)

钱穆做事特立独行。刚到燕大时，他对学生要求十分严格，批学生试卷时给分十分吝啬，八十五分以上极少，通常只批八十分，大部分在八十分以下，一个班总有几个六十分以下的。他原以为那几个学生可以通过补考过关，不料燕大规定一次不及格就开除，不许补考，从无例外。听说几个学生因为他批的分数过低将要失学，他立刻找到学校当局，申说理由，要求重批试卷，学校一开始以向无先例加以拒绝，经他力争，终于破例让他重判了试卷，让那几个学生留了下来。此后阅卷，给分也就大方多了。

受美国文化的影响，燕大当年发通知多用英文。有一次钱穆接到一份水电费缴费通知，上面全是英文。当时水电费须按月缴，因他英语不好，接到英文通知很气愤，干脆不缴，年底学校来人问他收到通知没有，他说收到了。来人又问：为何不按月缴费？钱穆愤然回答：吾乃国文教师，不必识英文，何以在中国学校发英文通知？对方一时哑然。

还有一件事也很能见钱穆的性格。胡适对钱一向十分欣赏，有人向他请教先秦诸子的有关问题，胡适便让他们找钱穆，说你们不要找我，钱穆是这方面专家，你们找他。见胡适这样推崇钱穆，大家对钱穆也另眼相看。一次胡适生病，许多人都争先前去拜访，乘机联络感情，钱穆偏偏无动于衷。朋友知道后，对钱穆大加责备，认为他太寡情，辜负了胡适对他一片好意。钱穆不以为然地说，这是两回事，怎能混为一谈？如果他帮助过我，说过我好话我就去看他，那叫我今后怎么做人？钱穆的性格由此可见一斑。

在北大教授中，钱穆除了学问好，人品亦佳，在师生中有口皆碑。他平时不苟言笑，埋头治学，惜时如金，但绝不是一个酸夫子，而是一个很有生活情趣，也很懂生活的人。他毕生有两大爱好，一是昆曲，一是旅游。他在常州中学时受老师影响爱上昆曲，自谓"余自嗜昆曲，移好平剧，兼好各处地方戏，如河南梆子、苏州滩簧、绍兴戏、凤阳花鼓、大鼓书——兼好"。因为爱昆曲，由此喜欢上吹箫，终生乐此不疲。长兄好笙与琵琶，他喜欢箫笛，当年在乡教时，兄弟二人课余常常合奏《梅花三弄》，成为早年一大乐事。

钱穆特别欣赏朱子的"出则有山水之兴，居则有卜筑之趣"的生活方式，也自觉实践。他读书治学都尽可能选择环境清幽、景色绝佳的地方。初到北大时，一段时间他借住在朋友汤用彤家。汤家位于南池子边，紧靠太庙，四周广布古柏草坪，"景色幽茜"。在西南联大写《国史大纲》时居住的宜良县岩泉寺山明水秀，更是人间仙境。其后借读的苏州耦园还读我书楼，三面环水，"有池林之胜，幽静怡神"。晚年栖居的台北外双溪素书楼，依山面溪，是台湾有名的风景名胜地。仁者乐山，智者乐水。这话用来形容钱穆再合适不过。钱穆治学之余，每到一处，总要遍访名胜游山玩水。在北大几年，几乎年年出游，"余在北大凡七年，又曾屡次出游"，几乎遍及山东、山西、江西、河南、湖北等周边地区。即使在西南联大那样艰苦的条件下，也照样游兴不减，许多当地人没有去过的地方，他都游到了。在遵义浙大执教时，适逢学生李埏也来任教，于是拉着他一起遍游遵义山水，李埏已精疲力竭了，他仍兴致勃勃。李埏原以为老师这样的人一定终日埋头读书，不想他长日出游，大为感叹："不意先生之好游，乃更为我辈所不及。今日始识先生生活之又一面。"对他的诧异，钱穆自有一番解释："读书当一意在书，游山水当一意在山水。乘兴所至，心无旁及。……读书游山，用功皆在一心。"这才是钱穆。

三次婚姻

钱穆个人生活并不像治学那样顺遂，一生三次结婚，可谓五味俱全。最初，钱穆曾有过一个未婚妻。离钱家十里外后宅镇有一个有名乡村医生姓沈，对书香世家钱家十分敬佩，主动将自己女儿许配给钱穆。钱穆在南京钟英中学的那年暑假，忽得了伤寒症，情况十分危急，一家人无计可施。沈翁听到女婿病重的消息，忙对其他病人说，"我必先至婿家"。经过他多次细心诊治，才把钱穆从死亡线上拉了回来。然而不幸的是，未婚妻不幸因病早夭，这门婚事便结束了。

一九一七年秋，在长兄的主持下，钱穆第一次结婚。婚后夫妇便住在素书堂东边一间老屋里。一九二八年，夏秋之交，妻子及新生婴儿相继病逝，长兄归家料理后事，因劳累伤心过度，引起旧病胃病复发，不治身亡。"两月之间，连遭三丧"，钱穆的痛苦是可想而知的。一度"椎心碎骨，几无人趣"。长兄与他感情最厚，他的名字穆便是长兄取的。长兄去世时年仅四十，遗下妻子及两子两女。长子十六岁，跟着钱穆在苏州中学读高一，即后来著名的科学家钱伟长，钱伟长的名字也是钱穆所取。钱穆去世时，钱伟长挽联云："生我者父母，幼我者贤叔，旧事数从头，感念深恩宁有尽；从公为老师，在家为尊长，今朝俱往矣，缅怀遗范不胜悲。"

　　第一任妻子去世后，朋友金松岑到处为他张罗。金松岑曾是《孽海花》一书最先起草人，德高望重，是钱穆最敬佩的前辈和忘年交，曾先后两次为钱穆做红娘。第一次为他介绍的是他的侄女，号称东吴大学校花，两人曾通过几封信，见面后，对方坦言：钱先生做老师很合适，做丈夫却不合适。金松岑又把钱穆推荐给自己的一个女弟子，女弟子回了一信："钱君生肖属羊，彼属虎。羊入虎口，不宜婚配。"虽然媒未做成，钱穆对金松岑还是十分感激，所以第二次结婚时，仍请他做了介绍人，算是圆了他一个红娘梦。

　　一九二九年春，钱穆在苏州娶继配张一贯。张一贯也是一个有文化的人，曾做过小学校长。婚后第二年，钱穆只身到燕大任教，等北大工作稳定后才接妻子到北平团聚。后华北告急，钱穆只身随北大南迁，一九三九年夏

钱穆（中）送别侄子钱伟长（前排右）赴美留学

钱穆回苏州侍母时，张一贯才携子女自北平回到苏州团聚。一年后钱穆又只身返校，从此辗转大后方各地。他是有名的只顾学问不顾家的人，一心治学，与家人聚少离多。钱穆与继配生有三子一女。一九四九年他只身赴港，从此再也没有回到内地。

钱穆一生中，对他帮助最大并与他长期相守的是他的第三任妻子胡美琦。胡是他在新亚的学生，两人的婚姻可以算是师生恋。

胡美琦是江西人，父亲曾做过江西省主席熊式辉的秘书长。解放前夕，胡美琦从厦大肄业后随全家迁香港，就读新亚学院。仅做了一年钱穆的学生，就随全家迁台湾。

两人的姻缘很有传奇色彩。一九五一年冬，钱穆到台湾为新亚募捐，一次应约在淡江大学惊声堂演讲，演讲刚刚结束，突然新建成的礼堂的顶部发生坍塌，一块水泥正巧砸在钱穆的头上，钱穆被砸得头破血流，当场昏倒，在医院里昏迷了二三天才醒来。当时胡美琦在台中师范图书馆工作，因为与钱有师生关系，每天下午图书馆工作结束便来护侍，晚饭后离开，星期天则陪他到公园散步。随着相互了解的加深，两人渐生感情。一九五四年师范大学毕业后，胡美琦重回香港，两人经常相见。一次胡美琦胃病复发，久治不愈，为了便于照顾，钱穆向她求婚，胡美琦答应了。一九五六年一月三十日，两人在九龙亚皆老街更生俱乐部举行简单的婚礼。新婚洞房是在九龙钻石山一个贫民窟租的一套两室一厅。虽然条件简陋，钱穆却十分高兴，亲自撰写了一副对联："劲草不为风偃去，枯桐欣有凤来仪"。

一九六七年十月，钱穆迁居台北。一九六八年，蒋介石用公款为他在外双溪建一洋楼，钱穆取名"素书楼"，由夫人胡美琦亲自设计。

一九六九年，钱穆当选为台湾"中央研究院"院士。八十四岁时双眼失明，在夫人帮助下，以非凡的毅力完成他生平最后一部巨著《晚学盲言》。

一九九〇年八月三十日上午九时去世，享年九十六岁。次年，骨灰被送回大陆，安葬在苏州东山之麓，实现了他回归故土天人合一的遗愿。

周瘦鹃

一生低首紫罗兰：

痴情周瘦鹃

鲁迅对清末上海文坛上的一般作者，并不重视，只有一人却在例外，并且相当尊重，那就是周瘦鹃。

——周作人

一九五九年四月二十八日，这是周瘦鹃一生中的高光时刻。

全国人民代表大会第二届第一次会议刚刚闭幕，中南海怀仁堂前，毛主席高兴地握住周瘦鹃的双手说："啊，原来是周瘦鹃先生！有什么新的东西给我看看？"毛主席显然早知道周瘦鹃的大名。就在一年前，一九五八年秋，周瘦鹃应北京市园林局邀请参观北京园林时，为表达对毛主席的敬意，曾精心制作了松、柏、竹三个小盆景送给毛主席欣赏，同时还把解放后出版的几本散文集用红纸包好一并奉上，并附诗一首："凭借吉语祝人豪，松柏长春节节高。如此江山千万好，愧无彩色颂勋劳。"

由于历史的原因，作为鸳鸯蝴蝶派代表作家和民国"网红"作家，周瘦鹃在解放后很长一段时间内，主要以园艺名世，尤其是盆景，他在给女儿周全的信中，不无自豪地说："我的盆景倒是为工农兵服务了，甚至有二十个国家的贵宾，先后光临，给予太高的评价。尤其觉得荣幸的，国家领导人如董必武副主席、周恩来总理和夫人、陈毅、陆定一、李先念、薄一波、谭震林、乌兰夫六位副总理，班禅副委员长一家以及刘伯承、叶剑英元帅等，也纷纷登门观赏，蓬荜生辉，叶元帅先后来了三次，更为难得，曾在我那《嘉宾题名录》上题句道：'三到苏州三拜访，周园盆景更新妍。'"（周瘦鹃《诗

情画意上盆来》)

由于众多国家领导人的喜爱与推崇，周瘦鹃的盆景闻名全国，尽人皆知，很多人甚至以为他只是一个盆景艺术家。其实，究其一生来说，周瘦鹃主要还是一个作家、翻译家和编辑出版家，他最初以写作名世，写作也最终奠定了他在现代文坛上的"网红"地位。

自学成才的"小说迷"

周瘦鹃，原名周祖福，字国贤。一八九五年六月三十日生于上海，父亲是上海招商局江宽号轮船上的账房先生。六岁时，父亲突患伤寒病逝。为了挽救一家之主，走投无路之际，母亲甚至割肉替父疗治，但最终未能挽回父亲的生命。父亲的去世并没有使母亲绝望，她靠给人做针线活和外祖母的帮助养活一家大小，由于负担过重，不得不把周瘦鹃的弟弟送给张姓表伯为嗣。即使在这样的困境中，母亲仍坚持供孩子读书，一再叮嘱他们"爸爸死得早，要争气，要用功"。这句话令周瘦鹃刻骨铭心，激励着他从小发愤自强。

周瘦鹃母校民立中学

周瘦鹃十分聪慧，从小就跟着母亲、外祖母和哥哥学会了识字，读《三字经》《千字文》。七岁入私塾，因成绩优异，免收学费。一九〇四年秋，考入上海储实两等小学。进入小学后，周瘦鹃对读书的兴趣更大了，走路、吃饭、睡觉，甚至上厕所都在读书，尤爱小说。读完父亲留下的通俗小说，又开始向同学借《红楼梦》《西厢记》等，不仅借阅，还用自己的零花钱在地摊上买书，不久家里到处堆满了书，床头书堆得像一堵墙。由于书堆得太高，一天夜里忽然倒塌，砸伤了他的腿，几天都没有好，同学们因此送了他一个绰号"小说迷"。狂热的阅读并没有影响他的学业，鉴于周瘦鹃成绩优秀，家庭又比较困难，学校免除了他的学费。

一九〇八年秋，周瘦鹃以优异的成绩考入著名的民立中学。中学时不仅大量阅读文学名著，还开始阅读外国英文原著，英语水平和写作能力大为提高。有一年暑假，周瘦鹃偶尔在城隍庙旧书摊买到一本《浙江潮》杂志，其中一个讲述法国军官爱情的英文故事深深打动了他，处在青春期的周瘦鹃对此产生了强烈的共鸣，萌生出一种强烈的创作冲动。他花了一个月时间把小说改编成八幕话剧《爱之花》，并用"泣红"的笔名投给了商务印书馆的《小说月报》。这是他创作的处女作，也是他第一次投稿，时年十六岁。本来只是试笔，令他万万没有想到的是，过了几个月居然收到了《小说月报》主编王蕴章的来信，称《爱之花》已被采用，即将连载，并随信寄来大洋十六元。对于当时的周家来说，这几乎是一笔巨款，母亲喜极而泣。令周瘦鹃没有想到的是，《爱之花》还没有刊出，短篇小说《落花怨》却在《妇女时报》创刊号上发表了，可谓好事成双。这是他发表的第一篇作品，仿上海滩文人做法署名"瘦鹃"，随着作品不断问世，很快红遍了上海滩，从此这个笔名便成了他正式的名字。

十八岁那年，周瘦鹃中学毕业，鉴于他的成绩和家庭条件，校长破格让他留校担任英文教师，然而好景不长，不久就被迫辞职。对于辞职的原因，他后来回忆说："那班学生都是我的同学，有的是富家子弟，有的年纪还比我大，因此有意欺侮我这初出茅庐的小先生，常常要我陪他们'吃大菜'（指训斥）。"（周瘦鹃《笔墨生涯五十年》）另外，这一时期文艺刊物《小说月报》《中华小说界》《小说时报》《礼拜六》《游戏杂志》《申报》《时报》等如雨后春笋出现，让他感到自己有了用武之地，于是决定辞职专事写作。

这一时期,周瘦鹃充分发挥英文特长,大量发表翻译作品,包括《鸳鸯血》《孝子碧血记》《八万九千镑》等等,在文坛上渐渐崭露头角。然而,生活之路总是充满了坎坷。一九一二年五月,周瘦鹃忽然大病一场,不知何故头发、眉毛、胡须尽脱,原本一个英俊小生忽然变成了无毛怪,对于一个爱美又刚刚步入文坛的年轻人来说打击无疑是巨大的。为了掩饰这一生理缺陷,他特地给自己准备了一套特别的行头:帽子和墨镜,从此帽子和墨镜成了周瘦鹃的标配和象征。郑逸梅曾对此回忆说:"不料离毕业仅一学期,忽患大病,眉毛头发都脱光,后来瘦鹃以特制假发戴上,直到晚年,不事修饰,便去假发成为髡首,眉毛没有办法,常架墨晶眼镜,用以掩饰。"(郑逸梅《周瘦鹃》)

作家、翻译家、编辑三栖红人

周瘦鹃真正走红,是从《英雄难逃美人关》开始的。

一九一四年,郑正秋、汪优游等人将《爱之花》搬上舞台,改名《英雄难逃美人关》,先后在上海、武汉演出,大获成功,周瘦鹃从此声名大噪,成了上海滩年轻的"网红"作家。

凭着小学和中学打下的良好英文基础和古典文学功底,很长时间翻译都是周瘦鹃的拿手好戏,也是当时他最容易的挣钱捷径,一段时间经其翻译的小说发表在上海滩各种报刊上,曝光率极高。一九一六年与严独鹤合译《福尔摩斯探案全集》由中华书局出版,这是最早最完备的中译本。同年秋,为筹集结婚费用,周瘦鹃将之前在各报刊发表的欧美十四国名家短篇小说五十篇汇编成册,署名《欧美名家短篇小说丛刊》,将版权卖给中华书局,得版税四百大洋。一九一七年三月《欧美名家短篇小说丛刊》正式出版,分平装和精装两个版本,这是周瘦鹃第一个译文集。中华书局将该书送教育部审核注册时,时任教育部通俗教育研究会小说股主任鲁迅负责审核,后出具审核报告给予了极高评价:"……在中国皆属创见……用心颇为恳挚，不仅志在娱悦俗人之耳目，足为近来译事之光。……得此一书，俾读者知所谓哀情、惨情之外，尚有更纯洁之作，则固亦昏夜之微光，鸡群之鸣鹤矣！……似宜给奖，以示模范。"鲁迅看中的正是这部外国名家翻译小说的文学性和艺术价值。周作人后来在《鲁迅与清末文坛》中也提到这件事："鲁迅对清末上海文坛上的一般作者，并不重视，只有一人却在例外，并且相当尊重，那就是周瘦鹃。"鲁迅的褒扬对初入文坛不久的周瘦鹃来说是个莫大的鼓舞，终生都未能相忘。因为这个缘故，鲁迅去世后，周专门撰文《永恒的知己之感》，虔诚地自称私淑弟子，专程从苏州赶到上海参加鲁迅葬礼，并拜见了鲁迅夫人许广平，当面表达对鲁迅的敬意与怀念之情。许广平说："您未免太客气了，彼此是同一朝代的朋友，怎么自称私淑弟子呢？"(《悼念鲁迅先生》)许广平自然是客气，但在周瘦鹃看来，只有这样才能表达对鲁迅的感激与敬意。

周瘦鹃一边翻译外国小说，一边从事创作，先后发表了一系列小说。周瘦鹃一九一四年九月在《礼拜六》杂志第十六期发表《此恨绵绵无绝期》，一九一五年在《礼拜六》周刊第五十二期发表苦情小说《断肠日记》，这是他比较得意的一部言情小说。一九一八年，以曹汝霖、陆徵祥为原形创作短篇小说《卖国奴之日记》。担任杂志报刊编辑后，他拥有了更多的阵地与自由。一九二〇年任申报《自由谈》编辑后，开始在《自由谈》大量发表作品。《礼拜六》复刊后，一九二一年在《礼拜六》第一〇八期发表短篇小说《留声机片》。一时翻译与创作齐头并进。"著作之多，为侪辈冠"，并"以哀艳胜"，"此后在二十年之久的时间里，他翻译、创作的文字以数百万计；主编、发行的刊物以十数种讲；编辑、出版的长、中、短篇小说集及其他单行本集子以近百种计。他终于成了'小说大名家''言情小说专家''哀情巨子''哀情巨擘'，终于挤进了生活优裕的小资产阶级知识分子的圈子，成为名噪一时的鸳鸯蝴蝶派代表作家之一。"(郑逸梅《关于〈礼拜六〉周刊》)

历史人物总是复杂的，周瘦鹃也不例外。他既是鸳鸯蝴蝶派代表作家，同时又是一个爱国者，因此也创作了不少抗日爱国的作品。一九一九年，"五四"运动爆发，为响应反日爱国运动，周先后创作日记体小说《亡国奴之日记》《卖国奴之日记》。一九三〇年十月十日，为响应抵制日货运动，以《新家庭》编者身份发表《为国难事吁求全国家庭一致勿用日货》，"吁求全中国四万万人的家庭，一致秉著良心的主张，从民国二十年九月十八日起，誓死抵制日货，无论威胁利诱，决不变节，以救我垂危的祖国，以制彼凶残的敌人……"一九三六年十月与鲁迅、茅盾等二十一人联名发表《文艺界同人为团结御侮与言论自由宣言》。抗战后又写了《风雨中的国旗》《南京之围》《祖国之徽》《亡国奴家里的燕子》等，以表达他的抗日爱国之情。为了保持民族气节，上海沦陷后拒绝与日本人合作，"自从日寇占领了整个上海，申报馆也沦陷了；我不再做编辑工作，总算保持了清白。"（周瘦鹃《笔墨生涯五十年》）抗战胜利后，从缴获的资料上，发现因参加联名发表《文艺界同人为团结御侮与言论自由宣言》，周瘦鹃上了日本驻沪领事馆文化人黑名单，上面清楚地记录了周瘦鹃的名字和详细地址，这从另一个侧面佐证了他的爱国行为。

除了翻译和创作，周瘦鹃相当一部分精力主要从事编辑刊物，有时同时身兼数职，主编和编辑刊物相当长一段时间内是他日常主要工作，也是他的职业，其参与和创办的多种报刊产生了广泛影响，"吸粉"无数。

一九二〇年四月，史量才聘周瘦鹃为申报《自由谈》副刊编辑，从此他有了一个稳定的工作和收入来源，主编《自由谈》副刊长达十二年之久，产生了广泛的影响。一九二一年，《礼拜六》复刊，鉴于周瘦鹃在文坛的知名度和办刊的特长，周瘦鹃应邀担任主编。谈到为什么叫《礼拜六》时，王钝根在《礼拜六》出版"赘言"中对此有另一种解释："礼拜一、礼拜二、礼拜三、礼拜四、礼拜五，人皆从事于职业，唯礼拜六与礼拜日，乃得休暇而读小说也。……然则何以不名礼拜日，而必名礼拜六也？余曰：礼拜日多停止交易，固以礼拜六下午发行之，使人先睹为快也。"周瘦鹃对此还有另一种解释："因为美国有一本周刊，叫作《礼拜六》晚邮报，还是创刊于富兰克林之手，历史最长，销数最广，是欧美读者最喜爱的读物，所以我们的周刊，也就定名为《礼拜六》。"所以《礼拜六》其实是既想像美国的同名杂志一样畅销，同时又想尽最大可能娱乐市民，获取最大利润。正是上海这个高度商业化的城市，才使办刊人具有这样的市场意识。

这一时期堪称周鹃办刊的鼎盛时期，精力旺盛，同时兼办多种刊物。一九二一年六月，周瘦鹃与人合编《游戏世界》月刊，九月又创办《半月》杂志，为了体现自己的办刊意图，编、印、发完全独自承担。一九二二年六月，又创办个人小杂志《紫兰花片》。一九二五年九月担任《紫葡萄画报》主编，十二月将《半月》改为《紫罗兰》半月刊。这一时期，除主编编辑这几种报刊外，还短暂兼任过多家报刊编辑或主笔等，其劳动强度和办刊能力可想而知。一九二五年十一月，周瘦鹃在《半月》杂志半月刊上发表《紫罗兰庵困病记》，真实记录了其一天的工作：早晨七点到九点创作、翻译；九点半到十点，访步林屋先生。十点到十一点，到申报编《自由谈》。十一点到十二点，到大东书局编《半月》。十二点半到午后一点半，到《乐园日报》社编《乐园日报》。下午两点至六点，参加老友黄秀峰婚礼。晚到深夜翻译小说。这是他一天的工作日程，也是他那段时间工作的缩影，其事情之多，工作量之大，非一般人所能想象。他后来在《我的家庭》中回忆说："我事情极忙，每天总要操作十四五小时，真是一个文字上的劳工。家庭中的娱乐，每月不过有二三次听听留声机……"这段时间可以说是周瘦鹃办刊的黄金时代，也在上海报刊史甚至中国报刊史上留下了浓墨重彩的一笔。

虽然劳动强度大，事务繁忙，但周瘦鹃也收获颇丰，声名日隆。周瘦鹃在《笔墨生涯五十年》中自述："《礼拜六》周刊，每月四期，每期必写一篇，一个月所得稿费，总有好几十元，远胜于做小先生活受罪，于是劝你祖母不必再给人家做女红，由我独个儿来挑这一家生活的担子了。""一连几年，我就做了一个文字劳工，也可说是一部写作机器，白天写写停停，晚上往往写到夜深更静，方始就睡。像这样大批生产，大批销售，当时就被称为多产作家，而在文艺界中就站稳了脚跟。"老友王钝根评价道："……兼作游戏杂志《礼拜六》之台柱，于是君言情小说专家之名大振，少男少女，几奉之为爱神，女学生怀中，尤多君之小影。……以一人卖文所得，赡养十余口……"（钝根《周瘦鹃小史》）"花团锦簇之《紫罗兰》……风行及于全国，端以精神始终不懈，得享杂志界霸王之美誉。"（鲁克《人人艳说〈紫罗兰〉》）

周瘦鹃不仅长于翻译、写作，同时还是一个办刊奇才，非常了解读者心理，极具创新和市场意识。无论内容还是形式都经常创新，极具创意，非一般人能及。一九二一年九月十六日，为庆祝中秋节，周瘦鹃在申报《自由谈》副刊特设"中秋号"，别出心裁把版面设计成圆形，状如月饼，吸引读者强烈关注，一时销量猛增。编《紫罗兰》时"有一年是三十开本的版式，而把封面纸挖空了，后面衬了一幅彩色时装仕女画，是所谓'画里真真，

呼之欲出’，总之我是不断地挖空心思，标新立异的”。（周瘦鹃《笔墨生涯五十年》）一九二二年六月，又独立创办一个小杂志《紫兰花片》，相当于私人杂志，只发表自己的创作和翻译作品。“出版一本个人的小杂志，就叫作《紫兰花片》。……就设计了六十开本的袖珍版式，自行排版，用桃林纸精印，文字共有二十八个题目，卷首和中页有风景、人物、书画、金石等图片，全作紫罗兰色，分外精制。第一集问世，就获了读者的好评，诗人词客，纷纷品题……”（周瘦鹃《笔墨生涯五十年》）一经问世便引起轰动。南社诗人顾悼秋赋诗云：“嚼蕊吹香骨更仙，紫罗兰外问韶年。湖山花月殊娇冶，合贮灵文此一编。”

周瘦鹃不同于学院派作家，不仅长于创意，也长于宣传营销。《快活》杂志本来请他去办刊，实在无暇兼顾，他便给《快活》杂志写了一个祝词：“现在的世界，不快活极了。上天下地充满着不快活的空气，简直没有一个快活的人。……在这百不快乐之中，我们就得感谢《快活》的主人，做出一本《快活》杂志来，给大家快活快活，忘却那许多不快活的事。”这个祝词本身就给杂志做了一个很好的广告。

周瘦鹃完全靠自学成才，深知写作不易，因此对写作者都十分尊重。进申报《自由谈》时，"从进馆第一天起，就给我使用了那只挺大的卷篷写字台，木质似是暗黄色的柳桉，共有大抽屉三个，下面还有两个小柜，容积很大。内部又有四个小抽屉和许多木格子，可以容纳不少的稿件和信件。每天工作完毕，把篷子一拉下来，就立刻锁上了。我每天收到的来信来稿，多则一百余件，少则二三十件，除了采用有相当水平的若干篇和弃去文字欠通的若干篇以外，总是积存着不忍舍去。这样日积月累，把整个抽屉和许多木格子全都塞满了；后来台面上也堆了起来，只空出了那块小小玻璃板的地位……同事们瞧不过去，都劝我把不用的稿件都抛掉一些，不必有所吝惜。我却低声下气地回答说：'这是人家的心血啊！能够保存一天就保存一天，我总不忍轻易抛掉……'"（周瘦鹃《秋水伊人之思》）

一九三二年《申报》改革，黎烈文接任《自由谈》副刊主编一职，周瘦鹃长达十二年的主编生涯从此结束。这次人事变动对周瘦鹃产生了巨大影响，"于是平地一声雷，来了个大转变，换上了一副新面目……我先还看看稿件，装装门面，后来什么也不管了，露骨表示了倦动之意"。（《笔墨生涯五十年》）

一九三一年，周瘦鹃已在苏州买屋，并开始在园内种植花草树木，之前已经萌生了退隐之意，经此打击便渐渐从编辑事务中淡出了。

一生低首紫罗兰

提到周瘦鹃，不能不提到他与周吟萍的恋爱史。从某种意义上说，其一生给他带来巨大声望和影响的创作和园艺方面的成就都与此息息相关。不了解他的罗曼史，就无法真正理解周瘦鹃。

周瘦鹃与周吟萍的相识，完全出于偶然。

一九一二年十二月，刚刚留校任英文老师不久，在观看务本女校演出时，一个参加演出的女生令他怦然心动，丘比特之箭一下子击中了他。正苦于无缘相识，一次偶然发现自己爱恋的女生经常从民立中学附近经过，于是便暗中悄悄尾随跟踪。他后来在《爱的供状》中自述："伊人就读于城西某女学，散学归来，必取道小巷，予亦排日过此，以伺其眼波为快。"经过几次跟踪，发现自己暗恋的女生竟然就住在学校附近，处在热恋中的周瘦鹃连对方的名字都不知道，便急不可耐地按地址写了封交友信，令他喜出望外的是，三天后居然收到了回信，对方很大方地介绍自己叫周吟萍，英文名 Violet（紫罗兰）。

二人由此相识，从此不断鸿雁传书。有次周吟萍信中抄了一篇作文《探梅赋》，清词丽句，恰好周瘦鹃也是梅痴，因此格外欢喜。共同的兴趣爱好，使两个年轻人很快陷入热恋中。周吟萍出身富家，出身底层的文青周瘦鹃显然无法得到女方父母的垂青，棒打鸳鸯自然成了这种爱情的必然结局。周吟萍对周瘦鹃的爱显然不是逢场作戏，就在婚前十天还给周瘦鹃写了一封长信，诉说衷肠，说自己一直在与包办婚姻抗争，但最终胳膊扭不过大腿，留给两个人的是一声叹息。

一九一四年春，周吟萍无奈嫁给一个巨商之子。周瘦鹃知道一切已经无法挽回，在周吟萍结婚第三天找了个借口以祝贺之名前去探望，周吟萍显然没想到周瘦鹃的出现，除了吃惊之外便是黯然神伤，唯一能做的只是悄悄塞给周瘦鹃一方浅色手帕作为信物。遭此巨大打击，周瘦鹃大病一场，连腰都细了。有意思的是，结婚并没有终结二人的恋情，二人仍然经常鸿雁传书。听说周瘦鹃因失恋生病，周吟萍特地来信安慰说："你应该想你是爱我的，你有病，我很不安。你要安慰我，第一先要医好你的病，那才是真的爱我呢。"周瘦鹃晚年在《爱的供状》中说："情见乎词，读之感涕。"

为了鼓励周瘦鹃从失恋中振作起来，投身写作，周吟萍经常送他钢笔等文具，在一支银笔上，特意刻上英文"REMEMBRANCE"，并附其英文名字的英文缩写"V.T"二字。周吟萍知道周瘦鹃是个痴情恋人，怕他陷得太深，从不提及爱字，有一天却突然送他一只刻有英文"爱"的戒指，让周瘦鹃激动不已："渠一夕忽以一金约指见贻，指面作小长方形，珐兰地，上镌英吉利字'LOVE'，则赫然'爱'也。"

周吟萍结婚后，周瘦鹃一直深陷在失恋的痛苦中难以自拔，母亲见他这样便张罗起婚姻，希望藉此把儿子从这场失恋中拯救出来。一九一五年八月，经人介绍与邻女胡凤君确立了恋爱关系。结婚时，周瘦鹃请著名作家兼老友包天笑担任证婚人。包天笑请名画师周柏生把周瘦鹃与妻子订婚时的照片临摹下来，专门送给周瘦鹃作为他结婚的礼物。也算是文坛佳话。

对母亲操办的婚姻，周瘦鹃后来曾回忆说："我在十八九岁的时候，我的心本来别有所寄，后来失望了，因着母亲的教劝，才和他（她）订了婚。我最初见他（她），还是他（她）十三四岁时，用猩红绒绳扎着辫子，星眸月颊，很是可爱，所以母亲要给我论婚时，我就想起了他（她）。因着我有亲戚和她家相识，总算把这头婚事撮合成了。"在周吟萍结婚一年后，自知无望，周瘦鹃只得接受现实与胡凤君结婚。胡凤君虽然没多少文化，"却有贤德，识大义，能得我母亲的欢心"。这也是令周瘦鹃欣慰的地方。

婚后，周吟萍为了爱情依然拼死抵抗，这一点令周瘦鹃刻骨铭心："身子虽被别人占有了，却还抵死挣扎着替我苦守了一年，直守到我结了婚。今生是牺牲定了，却愿意死心塌地，做我一辈子的未婚妻。这是民国十六年七月十一日沥血剖心的千言长信中所吐露的两点，也是她十多年来破题儿第一遭赤裸裸的陈诉……十六年来，我把这封信熏香什袭的珍藏着，瞧作一件无价之宝，任是这几年在颠沛流离之中，从没有离开过它，将与其他的几件信物，作为我将来的殡葬品。"（周瘦鹃《爱的供状》）

虽然一个罗敷有夫，一个使君有妇，"苦痛竟如附骨之疽"，但爱情的脚步并没有停止，"尤其是她，为了遇人不淑，非得到安慰不可，于是竟邀相约偷偷地会晤起来，借着物质上耳目口腹之娱，稍稍忘却了精神上的苦痛。……尤其是这痴情的我……更陷到了苦痛的深渊中去，不可自拔"。两人开始悄悄约会，经常骑车出游，因怕见到亲戚熟人，乘汽车时，一路上两人都不说话，佯装不识。有时二人相约去看电影、舞厅、音乐会、旅游散步，以此"借资调剂"。周瘦鹃的朋友高勇醒当时是大光明电影院老板，有一辆紫罗兰色飞霞牌摩托车，周瘦鹃经常骑着它带周吟萍四处兜风游玩，这在朋友中是公开的秘密。

饶有趣味的是，周瘦鹃对周吟萍的柏拉图之恋并没有隐瞒妻子胡凤君，在家中几乎尽人皆知。他自己后来在《爱的供状》中坦陈："我最初就没有瞒过她，在她过门后的第三天上，很坦白地把我的恋史和盘托出，她虽不免因爱生妒，可是对于我也渐渐地表示同情……可是我那另一个爱的根核，实在在我的心坎中种得太深了，总也不能拔去，这真是无可奈何的事！"周后来在一九四三年的日记中还写到自己晚上做梦梦到周吟萍，白天对妻子据实以告，妻子笑他痴，说他可能在紫兰台畔待久了的缘故，紫罗兰产生了感应。

在周瘦鹃的家中，到处都能看到周吟萍的影子和符号。周在上海西门内租的房子，是一宅两幢的住宅，每月租金三十五元。"我所称为'紫罗兰庵'的，是厢房的楼上，是我个人的小房间，读书、撰稿、睡觉都在那里，并且有一个小小儿的'紫罗兰庵'神龛，龛中还供着紫罗兰神像哩。"（《我的家庭》）上海如此，苏州同样如此，到处充满了与周吟萍有关的元素。"民二十年秋，买宅于苏州五长河头，傍其门曰'紫兰小筑'，值春秋佳日，万花如海，辄折柬招与共赏，而渠顾忌孔多，终不肯来，滋以为憾！"爱屋及乌，"……甚至连得他写字的墨水，也用紫罗兰的颜色……在《礼拜六》周刊上，一共有一百余篇，哀艳之作，读了令人陨涕。"（严芙孙《周瘦鹃》）

周吟萍与丈夫生活多年后，最终因无爱而分手，此时周瘦鹃已经儿女成群，为不影响周瘦鹃的家庭与生活，周吟萍特地离沪到南京工作。周瘦鹃劝阻无效，周吟萍临行前寄一张小照以示话别。周吟萍到南京工作后，二人显然无法再像以前那样经常约会见面，但仍然书信不断。一九三六年双十节，周瘦鹃邀请周吟萍到苏州游玩，二人同游虎丘，并到苏州饭店共进晚餐。第二年春天又相约游梁溪太湖，赏梅园。即使这样，二人始终没有突破爱情的底线。

抗战爆发，周瘦鹃带领一家逃难至浙江、安徽等地，三月后回到苏州时，才知道周吟萍已经离开南京辗转去了四川自谋职业。即使这样，每隔一段时间，周吟萍仍会寄一张照片以解恋人思念之苦。三年后周吟萍因父亲去世回上海奔丧，恰在这年秋，周瘦鹃培植的盆景参加中西莳花会总锦标赛荣获冠军，赢得英国彼得葛兰爵士大银杯，周吟萍从报上看到消息和母亲前来赏花，二人才得以重逢。期间二人还相约到大光明电影院看过一场电影。虽然大光明还是大光明，但物是人非，时间已经在二人的鬓角悄悄染上了银霜。

愤怒出诗人，失恋也容易出作家。周瘦鹃的许多创作都与他的失恋有关，甚至可以说是失恋成就了一个哀情作家。"到了无可告语，无可申诉之时，便诉之于笔墨，一篇篇的小说啊，散文啊，一首首的诗啊，词啊，都成了我用以申诉的工具，三十二年来，也不知呕过了多少心血。平日间独个儿坐想行思，总觉得有一个婷婷倩影，兀自往来于心头眼底；而我那些作品的字里行间，也就嵌着这一个婷婷倩影，呼之欲出。又为的西方紫罗兰花是伊人的象征，于是我那苏州的故居定名为'紫兰小筑'；我的书室定名为'紫罗兰庵'；我的杂志定名为《紫罗兰》《紫兰花片》；我的小品集定名为《紫兰芽》《紫兰小谱》，我的丛书定名为《紫罗兰庵小丛书》；更在故园的一角，叠石为'紫兰台'，种满了一丛丛的紫罗兰……"（周瘦鹃《爱的供状》）他甚至还专门为周吟萍创作了一百首《记得词》收在《爱的供状》里。"沉沉的想着，仅是想那过去的陈陈影事，一件件在笔尖上抒写出来……渐渐的写成了一百首《记得词》，如今就把它作为我一生的爱的供状，也作为我五十自寿的纪念。"（周瘦鹃《爱的供状》）《记得词》其实是用一百首七言短诗记叙二人恋爱史和情感历程，每首下面都有作者详细注释，可谓用心良苦，用情极深。民国文坛也仅周一人而已，不愧为礼拜六派代表作家和"言情大师"。"综三十二年来所作抒情之说部、散文及诗词等，十之七八均为彼一人而作，雕肝镂心，不以为苦；徒以恬管难张，哀弦不辍，偶检箧衍中稿读之，殆一一皆断肠文字也。"（周瘦鹃《记得词》）但周瘦鹃无怨无悔："不过有一件事，是我所绝对的不以为非，绝对的自以为是的，那就是我从十八岁起，在这账簿的'备要'一项上，注上了一页可歌可泣的恋史，三十二年来刻骨铭心，牵肠挂肚，再也不能把它抹去，把它忘却；任是我到了乘化归尽之日，撒手长眠，一切都归寂灭，而这一页恋史，却是历劫长存，不会寂灭的。我生平固然是一无所长，一无所就，也一无所立；只是这一回事，却足以自傲，也足以自慰。我虽已勘破了人生，却单单勘不破这一回事；也就是这一回事，维系着我的一丝生趣，使我常沉浸于甜蜜温馨的回忆之中……"（周瘦鹃《爱的供状》）

对恋人的情书，周瘦鹃视若珍宝。"历年寄予之书，积数百通。予熏以兰麝，裹以罗帕，贮以锦盒，虽在干戈扰攘之中，一无所失。每一检读，仿佛明心灵之香，披拂其间也。"（周瘦鹃《爱的供状》自注）可谓其情也痴。

一九四六年四月二十三日，周瘦鹃夫人胡凤君因病去世，此时周吟萍已守寡多年，周瘦鹃以为，上天终于眷顾他们了，终于可以让他们再续前缘，鸳梦重温。然而他万万没想到，等到的却是周吟萍一句冷冷的拒绝：年华迟暮，不想重堕绮障。

至此，二人绵延三十二年的马拉松之恋，终于画上了句号。准确地说，对周吟萍是画上了一个句号，对周瘦鹃却是惊叹号和问号。

花草园林总寄情

周瘦鹃的花草盆景情结与苏州这座园林城市有着密不可分的联系。

一九三一年，周瘦鹃对文坛产生厌倦，萌生退意，于是在苏州购买住宅，一九三二年移家苏州，开始在自家园内种植花草，研究盆景艺术。除了每周二三次去上海处理编辑与写作事务，其余大部分时间都花在了花草盆景上，完全一副优游林下的心态。谈到为什么移家苏州，醉心花草盆景时，他后来这样说："我生平爱美，所以也爱好花草，以花草为生平良友。十余年来，沉迷此中，乐而忘倦。自从'九一八'那年移家故乡苏州之后，对花草更为热恋，再也不想奔走名利场中，作无谓的追求了。"（周瘦鹃《我与中西莳花会》）厌倦上海滩的名利场和超负荷的劳动，是他移情花草盆景的一个重要动因。"我是一个特别爱好花草的人，一天二十四小时，除了睡眠七八小时和出席各种会议或动笔写写文章以外，大半的时间，都为了花草而忙着。"（周瘦鹃《〈花花草草〉前记》）

虽然渐渐淡出文坛，但并没有淡忘恋人。他特地将苏州故园取名"紫兰小筑"，专门设一台种植紫罗兰，并赋诗明志："幽葩叶底常遮掩，不逞芳姿俗眼看。我爱此花最孤洁，一生低首紫罗兰。""一生低首紫罗兰"，是周老友秦伯未赠他诗中的句子，也被他移植到了诗中，成为文坛佳话。

定居苏州后，周瘦鹃渐渐把兴趣转移到园艺盆景上来。一九三四年，周瘦鹃与朱樨园等人在苏州组织含英社，专门研究盆景、盆栽等艺术，传统文化和文学与审美素养使他对种植花草以及盆景艺术很有感悟，他把自己的审美修养和艺术感悟都融入到盆景制作中。"一般人看了一般花草树木做在盆子里，就不管三七二十一，笼统地称之为盆景，其实我们心目中的盆

景却并不如此，一定要挑选那种老干枯干矮矮的树木，用人工修剪了它的
枝条，美化了它的姿态，才能作为盆景。……要知盆景的每一株树，就是山
野间老树的缩影，把大自然的美浓缩到一个小小的盆子里去，这种树必须
随时修剪整姿，不使它长得太高太野，抑制它的发育；如果是枯干虬枝，那
就更饶古意，可以算得上是一件盆景中的艺术品了。凡是这种在盆子里的
老干或枯干的树木，我称之为简单化的盆景。另一类是复杂化的盆景，除
了把树木作为主体外，还要适当地配以若干个大小不等的石块或石笋，和
广东省石湾镇制作的陶质屋宇、亭榭、桥、塔、船只和人物等等，作为点缀，
大小高矮，都要和树干、树叶作比例，以正确为目标；一切布局，都要像画
家作画一样独运匠心，那么这一个盆景，就等于是一幅活色生香的立体画
了。……这两种盆景，一方面是自出心裁的创作，一方面是取法乎上，依照
古今人的名画来做，求其有诗意，有画意……"（周瘦鹃《诗情画意上盆来》）
"凡是制作盆景的高手，必须胸有丘壑，腹有诗书，对于种树栽花，要有丰

富的知识和经验。春秋佳日，要经常的出外游山玩水，从岩壑、溪滩、田野、村落以及崇山峻岭之间，像觅宝似的去寻觅奇树怪石，充分地利用或改造，以作制作盆景的好材料。"（周瘦鹃《诗情画意上盆来》）

除了在苏州全城各园圃中搜求盆景，周瘦鹃还和园工老张一起到山野挖掘树桩，自行培育。他既长于临摹自然，也注意参考绘画艺术，从古代山水画中汲取灵感。有些盆景是临摹古今名画的构图。传统文化功底和艺术造诣、审美品位等共同造就了他盆景艺术的成就，这使他的盆景艺术很快突飞猛进。

一九三八年冬，经老友介绍加入中西莳花会，与同人互相切磋，从此对盆景艺术更加精益求精。一九三九春，参加第六十三届春季展出评比年会，参展有盆景、盆栽、各色花卉二十二件，这是中国人在中西莳花会上第一次展出比较像样的展品，首秀即获得二等奖，甚至被人误以为是日本人的作品，引起轰动。秋天，周瘦鹃再接再厉，参加上海中西莳花会第五十二届秋季展出评比年会，一举夺得冠军，获彼得葛兰银质奖杯。兴奋之余周赋诗一首："占得鳌头一笑呵，吴宫花草自娥娥。要他海外虬髯客，刮目相看郭橐驼。"

一九四〇年春，周瘦鹃参加上海中西莳花会第六十四届春季展出评比会，蝉联冠军。周为此写诗庆贺道："劫后余生路未穷，灌园习静爱芳丛。愿君休薄闲花草，万国衣冠拜下风。""半载辛勤差不负，者番重夺锦标杯。但悲万里河山破，忍看些些盆里山。"看似寄情花草，其实仍心系祖国山河。同年秋，参加上海莳花会第五十三届秋季评比年会，本应再次蝉联冠军，但因评判人员不公，结果只得了第二名，引起围观者强烈不满，周瘦鹃愤而退出该会。一九四一年春，为了与中西莳花会抗衡，特地在上海王家库静安寺路口开办"香雪园"，展出自己精心制作的花卉、盆景、盆栽，并设有茶座，供市民欣赏，先后坚持数年，一时传为美谈。

周瘦鹃转型制作盆景之所以如此成功，"补白大王"郑逸梅对此曾这样评价："他富于审美观念，爱花成癖，不论盆栽盆景，经他设置，都成佳名。……一九三九年夏，瘦鹃参加大小盆栽二十二件，配着红木矮几及十景橱，又以百余年的爬山虎古桩作主体，附以松柏、菖蒲、黄杨、文竹、六月雪、金茉莉、细叶冬青，旁侧列古佛一尊及灵芝一盏，那几案有作秋海棠叶式的，有又连树根式的，引起无数西人的赞美……翌年秋，又有秋季年会，瘦鹃以悬崖

白菊、蟹爪黄菊，分种于紫砂旧盆和古瓷瓶盎间，加着水石盆景共二十九件，又附菖蒲、北瓜、小榆、稚柏、水棕竹、灵璧石、达摩像等点缀品，获得全会总锦标及英国彼得葛兰爵士的大银杯一座。"（郑逸梅《周瘦鹃》）

一九四五年，抗战胜利后，面对破败不堪的苏州家园，周瘦鹃已经完全漠然了，此时一心只想做陶渊明、林和靖式的人物。随着国民党统治的日益腐败，生活日渐艰难，一九四八年，为对抗通货膨胀，维持全家生计，甚至摆摊出售园中鲜花，生活之艰难于斯可见。

解放后，周瘦鹃的生活出现了新的转机。一九五〇年，应邀参加苏州市盆景展出，受到热烈欢迎，吸引众多崇拜者和观众。很多名人慕名而来，周瘦鹃干脆开放周家花园，供人免费参观欣赏，并专门准备了一本嘉宾题名录，让每一位来访者签名留念。一九五二年，周瘦鹃担任苏州市园林管理处副主任，一九五三年任江苏省文史馆馆员。六月十九日，上海市长陈毅来访。一九五四年六月二十一日，叶剑英来访。一九五八年，上海科学教育电影制片厂到周园摄制介绍周瘦鹃园艺艺术的盆景彩色科教片《盆景》，秋天应北京市园林局邀请参观北京园林。一九六一年，叶剑英第三次来访，并在嘉宾题名录上写道："三到苏州三拜访，周园盆景更新妍。"一九六三年一月三十一日，周总理因公到访苏州，专程拜访周瘦鹃，在嘉宾题名录上庄重写下："一九六三年一月三十一日访周瘦老于苏州爱莲堂。"令周瘦鹃激动不已。一九六四年一月十日，朱德和夫人康克清来访。朱德参观后不仅在签名簿上签名留念，第二天还特地嘱人送来一盆嘉定产的"雪兰"，一盆四川的夏莲。上面插着两个玻璃标签，用红漆写着名称和产地。这两盆特殊的礼物令周激动不已。

　　一九六八年八月十二日深夜十一点左右，因被张春桥点名批判，周瘦鹃承受巨大心理压力，绝望之下投入自家花园平时浇水用的水井里结束了自己的一生，死在了一生最爱的紫罗兰花丛中。花与人，人与花，真正融为了一体。

主要参考资料：

王智毅编《周瘦鹃研究资料》

周瘦鹃《爱的供状》

何媛媛《紫兰小筑——周瘦鹃的人际花园》

芮和师、范伯群等编《鸳鸯蝴蝶派文学资料》

"批孔，把我杀了，我也不批"：

性情教授吴宓

雨僧先生是一个奇特的人，身上也有不少的矛盾。他古貌古心，同其他教授不一样，所以奇特。别人写白话文，写新诗；他偏写古文，写旧诗，所以奇特。他反对白话文，但又十分推崇用白话写成的《红楼梦》，所以矛盾。他看似严肃、古板，但又颇有一些恋爱的浪漫史，所以矛盾。他能同青年学生来往，但又凛然、俨然，所以矛盾。……雨僧先生在旧社会是一个不同流合污、特立独行的奇人，是一个真正的人。

——季羡林

　　一九七八年一月十七日，在陕西泾阳县一家医院，一位八十四岁的老人，拖着一条跛腿，带着一双失明的眼睛，走完了他最后的人生旅程。他去世时，全部积蓄只有"枕头下的七分硬币"，他就是民国时期曾执教过东南大学、清华大学、西南联大、燕京大学、武汉大学等诸多名校的大名鼎鼎的"部聘教授"吴宓。

　　吴宓，原名陀曼，字雨僧。一八九四年出生于陕西泾阳世家，童年时就读于三原宏道书院。少年即受到清初关中学者李因笃等人朴实刚健学风的影响，打下了良好的国学功底。一九一一年二月以第二名成绩考入清华学堂，从此开始六年清华生活。清华学堂为留美预备学校，毕业生可直接进入美国大学。一九一七年九月，吴宓赴美留学，进入弗吉尼亚大学文学专科，主攻英国文学；一九一八年八月，哈佛留学生梅光迪来访，两人一见如故，成为密友。在梅的鼓动下，吴宓同年九月转入哈佛大学比较文学系，师从新人文主义文学批评运动的领袖白璧德教授，主攻欧美文学；一九二〇年六月从哈佛大学毕业，获文学学士学位。九月，升入哈佛研究生院，选修文艺复兴史、欧洲学术史、各体戏剧和莎士比亚时代的英国戏剧等，一九二一年六月获文学硕士学位。

吴在哈佛求学时，与梅光迪、汤用彤、俞大维、陈寅恪等人过从甚密，因其在哈佛的杰出表现，与陈寅恪和汤用彤一起被称为"哈佛三杰"。其间受陈寅恪影响最大。一九一九年陈寅恪到哈佛时，吴正在哈佛求学。吴与俞大维是哈佛同学，在俞大维介绍下认识了陈寅恪。吴发现陈学问高出自己许多，文学、历史、政治甚至连巴黎妓女如何卖淫都知道，十分佩服，对陈的国学功底更是佩服得五体投地，后来在其《空轩诗话》中这样写道："始宓于民国八年，在美国哈佛大学，得识陈寅恪，当时即惊其博学，而服其卓识，驰书国内诸友，谓'合中西新旧各种学问而统论之，吾必以寅恪为全中国最博学之人'。今时阅十五六载，行历三洲，广交当世之士，吾仍坚持此言，且喜众之同于吾言。寅恪虽系吾友而实吾师，即于诗一道，历年所以启迪予者良多，不能悉记。"从各种资料看，吴宓当是第一个向国人大力推介陈寅恪的人，他甚至还将陈闲谈的内容和一些日记散页寄回国内供人欣赏，由于这些渊源，后来两人维持着终生的友谊。

一九二一年五月，毕业前夕，吴宓接到先期回国的梅光迪的来信，要他辞去北京高师的聘约，到东南大学一边教书，一边共同创办《学衡》杂志，并希望他来做杂志的总编辑："总编辑之职，尤非兄来担任不可……"梅光迪邀请吴宓到东南大学，一个最主要的原因，是因为东大副校长兼文理科主任刘伯明博士是梅在美国西北大学的同学，梅光迪、胡先骕、汤用彤等人正准备创办一份同人刊物《学衡》，连出版社都谈妥了。这一点对吴宓产生了很大吸引力。于是，吴宓决定提前回国。

一九二二年《学衡》创刊，吴宓任总编辑。其宗旨是："论究学术，阐求真理，昌明国粹，融化新知。"一九二八年改为双月刊，到一九三三年停刊，共出七十九期。虽是同人发起的刊物，但后来却基本上成了吴宓一个人的事，所以吴宓自称："谓'《学衡》杂志竟成为宓个人之事业'者，亦非诬也。"几乎同一时期，吴还主编了另一份颇有影响的报纸天津《大公报·文学副刊》，每星期一出版，自一九二八年一月二日起，到一九三四年一月一日止，共出三百一十三期，在当时的文学界产生了很大影响，培养了一批作家。

吴宓到东大后，任东南大学外文系教授，讲授西方文学和世界文学。他也是第一个把"比较文学"概念介绍到国内的人，首开比较文学研究之先河，因此吴宓被视为研究中西比较文学的先驱。

　　一九二四年七月，因杂志主要创办人和支持者刘伯明溘然病逝，梅光迪去美国哈佛大学执教，友人星散，吴宓遂辞去教职。八月就聘沈阳东北大学英语系，一九二四年八月至一九二五年一月任东北大学外文系教授。

　　一九二五年，清华学堂改为国立清华大学。同年二月，吴宓被聘为清华外文系教授，吴宓当时住在清华工字厅的藤影荷声之馆。曹云祥校长请吴负责清华研究院国学门的筹备工作，按照哈佛模式制订学生培养计划。曹云祥校长原拟请王国维任清华研究院院长，但王国维因"院长须总理院中大小事宜"，嫌事繁，坚辞不就，只愿做专职教授。于是改请吴宓任院主任，六月十九日正式聘任。吴宓在清华期间被后人称道的一项主要工作，就是替清华国学院聘请了王国维、梁启超、陈寅恪和赵元任四个国内一流的学者，也就是世人公认的清华四大导师。冯友兰说："雨僧一生，一大贡献是负责筹备建立清华国学研究院，并难得地把王、梁、陈、赵四个人都请到清华任导师，他本可以自任院长的，但只承认是'执行秘书'。这种情况是很少有的，很难得的！"

　　在吴宓主持下，制订了清华国学研究院章程：强调"本院以研究高深学术，造就专门人才为宗旨"。"本院拟按照经费及需要情形，逐渐添设各种科目，开办之第一年，先设国学一科，其内容约为中国语言、历史、文学、哲学等。其目的专在养成下列两项人才：（一）以著述为毕生事业者，（二）各种学校之国学教师。"

对聘请教授的资格，要求："（一）本院聘宏博精深、学有专长之学者数人，为专任教授，常川住院，任讲授及指导之事。（二）对于某种学科素有研究者，得由本院随时聘为特别讲师。""本院略仿旧日书院及英国大学制度。研究之方法，注重个人自修，教授专任指导。其分组不以学科，而以教授个人为主，期使学员与教授关系异常密切。"（转引自孙敦恒《吴宓与清华国学研究院》）

一九二五年九月十四日，清华国学研究院开学。

根据规定，每位教授都必须开设普通演讲和专题研究两种课程。王国维普通演讲有《古史新证》《说文练习》《尚书》等，专题研究有《经学》《上古史》《金石学》等。梁启超普通演讲有《中国文化史》《历史研究法》等，专题研究有《中国文学史》《中国哲学史》《儒家哲学》等。赵元任普通演讲有《方言学》《普通语言学》，专题研究有《中国音韵学》《中国现代方言》等。

一九二六年一月五日，吴宓在清华校务会议上提出研究院第四次教务会议上形成的提案，但遭否定，相反通过了"缩小研究院范围"等决议。因办学方针上存在不同意见，吴宓提出辞职。三月十五日正式辞职。研究院主任由曹云祥兼理，但整个研究院仍按吴宓制订的章程进行。一九二七年六月，王国维投湖自尽。一九二九年一月，梁启超病逝。一九二九年秋，随着王、梁两位导师的先后去世，盛极一时的清华国学院只得宣布停办。清华研究院办学四年，共有四届七十四位研究生毕业，培养出王力、刘盼遂、刘节、高亨、谢国桢、姚名达、吴其昌、徐中舒、姜亮夫、陆侃如等一大批优秀人才。

一九二六年三月，吴宓离开国学院，专任清华外文系西洋文学教授。对这段清华经历，吴宓曾在自撰简历中有清楚的说明："……民国十四年二月来北京清华大学任国学研究院主任，教授《翻译术》。民国十五年三月起任清华大学外国语文学系教授，授《英国浪漫诗人》《希腊罗马文学》《西洋文学史》（代）、《翻译术》《中西诗比较》《文学与人生》《大一英文》《大二英文》。"

吴宓在清华外文系的一个重要贡献，是制订了清华大学外国语言文学系的培养方案与课程设置，他办系总原则是：

"（一）本系课程编订之目的为使学生：（甲）成为博雅之士；（乙）了解西洋文明之精神；（丙）熟读西方文学之名著，谙悉西方思想之潮流，因而在国内教授德、法各国语言文字及文学，足以胜任愉快；（丁）创造今世之中国文学；（戊）汇通东西之精神思想，而互为介绍传布。

（二）本系课程之编制总的原则是两种原则同时并用：其一，研究西洋文学之全体，以求一贯之博通。其二，专治一国之语言文字及文学，而为局部之深造。课程表中，如西洋文学概要及时代文学史，皆属于全体之研究，包含所有西洋各国而为本系学生所必修者，但每一学生并须于英、德、法三国中（意大利、西班牙、俄罗斯俟后增入）择定一国之语言文字及文学为精深之研究，庶同时可免狭隘及空泛之病。

（三）文学而外，语言文字之研究特为注重。普通功课皆以英文讲授，而选修德、法文者，在本系须续修四年，以得专长，而求实效。"（转引自黄延复《吴宓先生与清华》）

吴宓按哈佛大学比较文学系的培养方案创办清华外文系，目标是培养博雅之士。

吴宓是一个诗人气质很浓的人，在清华上课时，主讲英国浪漫诗人和希腊罗马古典文学，"雨僧先生讲课时也洋溢着热情，有时眉飞色舞。""雨僧先生讲授英诗，提倡背诵。特别是有名的篇章或诗行，他都鼓励学生尽量读熟背诵。"（王岷源《忆念吴雨僧先生》）因此他的课对二十多岁的青年学生很有吸引力，很受欢迎。三十年代中叶，清华外文系培养了一批著名学者作家，如钱锺书、曹禺、李健吾、张骏祥、季羡林等。

一九三七年"七七"卢沟桥事变后，抗战全面爆发，清华奉命南迁。十一月七日，吴宓与毛子水等清华师生离开北京，经天津、青岛、汉口、长沙，于一九三八年三月抵达昆明西南联大。在西南联大外文系，主要讲授世界文学史、欧洲文学史、古代希腊、罗马文学史、新人文主义、文学与人生、翻译课、中西诗之比较等。吴宓同时还给研究生上课，主要课程有：雪莱研究、西方文学批评、比较文学等。

吴宓精通多种外国语，学贯中西，又没有一般教授的学究味，所以在西南联大时很受学生欢迎。一时兴起，他还会在课堂上朗诵自己的诗作，甚至他写给毛彦文的情诗，课堂气氛是相当活泼轻松的。他的上课风格也很特别，很有些欧美之风，"先生讲课从不照本宣科，而常是漫谈性质的，只指定些参考书，要我们自己阅读，提出看法，并多写读书报告。课上先生有时讲些文人轶事，风趣横生，使我们忍俊不禁"。（茅于美《怀念吴宓导师》）

虽然吴宓作风很民主，诗人气质很浓，但治学却十分严谨。"吴宓先生在西南联大讲授'欧洲文学史'时，除继续采用翟孟生这部教科书外，主要根据他自己多年的研究和独到的见解，把这门功课讲得非常生动有趣，娓娓道来，十分吸引学生，每堂课都济济一堂，挤满了本系的和外系的同学。这是当时文学院最'叫座'的课程之一。每次上课书里都夹着许多写得密密麻麻的纸条。吴宓先生记忆惊人，许多文学史大事，甚至作家生卒年代他都脱口而出，毫无差错。吴先生还为翟孟生的《欧洲文学简史》作了许多补充，并修订了某些谬误的地方。他每次上课总带着这本厚书，里面夹了很多写得密密麻麻的端端正正的纸条，或者把纸条贴在空白的地方。每次上课铃声一响，他就走进来了，非常准时。有时，同学未到齐，他早已捧着一包书站在教室门口。他开始讲课时，总是笑眯眯的，先看看同学，有时也点点名。上课主要用英语，有时也说中文，清清楚楚，自然得很，容易

理解。"（赵瑞蕻《我是吴宓教授，给我开灯》）

弟子李赋宁也有类似的回忆："先生写汉字，从不写简笔字，字体总是正楷，端庄方正，一丝不苟。这种严谨的学风熏陶了我，使我终生受益匪浅。先生讲课内容充实，条理清楚，从无一句废话。先生对教学极端认真负责，每堂课必早到教室十分钟，擦好黑板，做好上课的准备。先生上课从不缺课，也从不早退。先生每问必答，热情、严肃对待学生的问题，耐心解答，循循善诱，启发学生自己解答问题。先生批改学生的作业更是细心、认真，圈点学生写的好句子和精彩的地方，并写出具体的评语，帮助学生改正错误，不断进步。"（李赋宁《怀念恩师吴宓教授》）

吴宓是一个双重性格的人，这一点许多人都有同感："……先生不善料理家务琐事。但他给我们修改文章时，常用毛笔蘸红墨水书写，字迹工整。涂改一字，必涂得四方满格，免被误认。他那种治学的严谨与生活的散漫形成了鲜明的对比。"（茅于美《怀念吴宓导师》）"西南联大外文系里有五位老师给我的印象最深。……那就是吴宓、叶公超、柳无忌、吴达元和燕卜荪这五位先生。其中吴宓先生可说是最有意思、最可爱、最可敬、最生动、最富于感染力和潜移默化力量，也是内心最充满矛盾、最痛苦的一位了。吴先生外表似是古典派，心里面却是个浪漫派；他有时是阿波罗式的，有时是狄俄尼索斯式的；他有时是哈姆雷特型的，有时却是堂吉诃德型的；或者是两种类型、两种风格的有机结合。"（赵瑞蕻《我是吴宓教授，给我开灯》）

在西南联大时，虽然生活贫困，但吴宓却始终保持着绅士风度，这体现在两个方面，一个是个人衣着，一个是对女士的态度。当时朱自清身着云南当地赶马人穿的毡披风，可吴宓始终西装革履，很注意仪表。"记得在西南联大，无论在长沙、南岳还是蒙自、昆明，吴先生都是西服革履，脸上的络腮胡刮得光光的。"（刘兆吉《我所知道的吴宓先生》）对女士的照顾也一如既往："遇有车马疾驰而来，他就非常敏捷地用手杖横着一拦，唤着苏生和我，叫我们走在街道里边，自己却绅士派地挺身而立，站在路边不动。等车马走过才继续行走。他这种行动不禁令人想起中世纪的骑士行径。"（茅于美《怀念吴宓导师》）这一切使得吴宓十分可爱。

鉴于吴宓的突出成就，一九四二年八月，国民政府教育部聘他为英国文学部聘教授，与陈寅恪（历史）、汤用彤（哲学）同时获得"部聘教授"

殊荣，后又被聘为教育部学术审议委员会审议委员。这是对吴宓学术成就的一种肯定。能与他所景仰的陈、汤二人一起获此殊荣，吴宓感到十分光荣，所以虽然有人建议他拒绝这一荣誉，他还是接受了。

一九四四年秋，吴宓离开求学执教三十年的清华大学，与系主任陈福田之间的矛盾是他离开的原因之一，据说这多少与钱锺书有关。有一种说法，吴宓与钱锺书的父亲钱基博私交很深，当年吴宓曾让钱锺书在清华旁听一年，还亲自辅导他外语，后钱考入清华。吴对钱锺书十分欣赏，专门写诗称赞钱的才华："才情学识谁兼具？新旧中西子竟通。大器能成由早慧，人谋有补赖天工。源深顾（亭林）赵（瓯北）传家业，气胜苏（东坡）黄（山谷）振国风。悲剧终场吾事了，交期两世许心同。"从中可以看出，吴宓对钱锺书的学识是十分赏识的，钱学成归国时，吴宓与清华说好，拟聘请他为清华外文系教授，清华当时也基本同意了。可钱到联大时，学校却只肯聘为副教授，年轻气盛的钱锺书自然很是不快，对陈福田和清华更是不满，甚至怪罪吴宓，并发泄到小说《围城》中。吴宓对清华的变卦自然很是不悦，只好劝钱去了湖南兰田师范学校做教授。这件事加深了吴宓与陈福田的矛盾，吴宓最终离开清华去了燕京大学，他在清华的生活从此也画上了句号。

谈到吴宓，不能不谈到他与毛彦文的爱情。这件事或许更能反映吴宓的性格。

二十年代自哈佛回国，吴宓办《学衡》，主编《大公报文学副刊》，主持清华国学院，执教多所名校，在文坛和学术圈子里拥有显赫的名声。但最令吴宓出名和为人谈论最多的，并不是他的学术成就，而是他与毛彦文的恋爱。吴与毛彦文的恋情，他从不回避，甚至在课堂与学生公开谈论，并写进自己的诗中，一时惊世骇俗，成为一段历史佳话。

吴宓在外形上并没有什么特别吸引人之处。对他比较熟悉的清华教授温源宁曾对他有比较生动的描写："世上只有一个吴雨生，叫你一见不能忘。……但是雨生的脸倒是一种天生禀赋，恢奇的像一幅讽刺画。脑袋形似一颗炸弹，而一样的有爆发性，面是瘦黄，胡须几有随时蔓延全局之势，但是每晨刮得整整齐齐，面容险峻，颧骨高起，两颊瘦削，一对眼睛亮晶晶的像两粒炙光的煤炭——这些都装在一个太长的脖子上及一副像支铜棍那样结实的身材上。"但就是这样一位大名鼎鼎的教授，却是一个爱情至上主义者。"他立论上是人文主义者，雅典主义者，但是性癖上却是彻头彻尾的一个浪漫主义者。"（温源宁《吴宓》）

吴宓的双重性格在他的婚姻爱情生活中反映得非常充分。

　　吴宓的第一次婚姻完全是自由恋爱式的。

　　一九一八年十一月，清华留美同学陈烈勋把自己姐姐陈心一介绍给吴宓。陈心一也是大学毕业，接受过良好教育，曾听陈烈勋谈起过吴宓，又看过吴宓在《清华周刊》等杂志上发表的诗文及照片，对吴宓很崇拜，自然表示愿意。

　　非常有戏剧性的是，在吴宓与陈心一的婚姻中，毛彦文当初还起到了一种桥梁作用。其实在认识陈心一之前，吴宓已经认识了毛彦文，虽然没有见面，但对她的一切却十分熟悉。当时吴宓有个大学同班同学朱君毅，两人同桌六年，后一同到美国，关系匪浅。吴入哈佛，朱入霍普金斯大学，后去哥伦比亚大学。毛彦文是朱的表妹，从小寄养在朱家，与朱君毅青梅竹马，经常给朱写信，而朱对吴并不保密，常把毛的来信给吴看，因此吴对这个素未谋面的女孩毛彦文印象极深。一九一八年初夏，毛从浙江吴兴湖郡女校肄业，吴在朱的信中附了一封信，请她为他考察一下陈心一，陈恰好是毛彦文一个女同学的姐姐。毛考察后回信道："不知吴君选择对象的条件为何？陈女士系一旧式女子，以贤妻良母是为合式。皮肤稍黑，但不难看，中文精通，西文从未学过，性情似很温柔，倘吴君想娶一位能治家的贤内助，陈女士似很适当，如果想娶善交际、会英语的时髦女子，则应另行选择。"

　　不知出于什么原因，这封内容翔实的考察信似乎并未引起吴宓的重视，吴宓回信说："我之婚事，俟回国后方能决定。"但不久，吴、陈宣告越洋订婚。一九二一年八月二十三日，二人在上海正式结婚，婚后生有三女。

　　朱君毅与表妹毛彦文的恋情却突然生变。一九二四年回国后，朱君毅移情别恋，爱上了江苏汇文中学一个女生，要与毛解除婚约。南京教育界为之哗然。许多人出来做朱的工作，陶行知甚至说，如朱不能回心转意，下学期不再发给他东大教授聘书。吴宓对朱的这种做法也十分不满，对毛充满了同情，当面向朱表示反对，但朱意已决，调解最终失败。

　　朱、毛分手，对毛是一个打击，却给了吴宓一个机会，让吴宓重新看到了希望。这个意外事件对吴宓的离婚产生了一定的影响，加速了吴宓离婚的进程。几年的婚姻生活，吴宓渐渐感到陈心一虽然是个好主妇，却不是他理想的伴侣，不能满足他精神上的需求，而毛才是他理想中的恋爱对象。他甚至专门为毛彦文取名海伦，以示对她的眷恋。在吴、毛关系中，显然是吴先爱上了毛，或者说很长时间是吴对毛的单相思。相比之下，毛彦文显然要清醒得多，对吴的认识也深刻得多，这在她后来的回忆录中也有反映："吴脑中似乎有一幻想的女子，这个女子要像他一样中英文俱佳，又要有很深的文学造诣，能与他唱和诗词，还要善于词令，能在他的朋友、同事间周旋，能在他们当中谈古说今，这些都不是陈女士所专长，所以他们的婚姻终于破裂。"（毛彦文《有关吴宓先生的一件往事》）

　　一九二八年，吴宓与陈心一离婚。

　　吴宓自己对这段失败的婚姻曾这样总结道："生平所遇女子，理想中最完美、最崇拜者，为异国仙妹（美国格布士女士），而爱之最深且久者，则为海伦。故妻陈心一，忠厚诚朴，人所共誉，然宓于婚前婚后，均不能爱之。余之离婚，只有道德之缺憾，而无情意之悲伤，此惟余自知之。彼当时诋余离婚，及事后劝余复合者，皆未知余者也。"

　　离婚后，吴宓并未真正与夫人分离，只是一居西郊，一居城内，每月领到薪水后，亲自回家把生活费交与夫人，然后立即回校。"宓于故妻陈心一女士，德性宓所钦佩，但敬而不爱，终致离婚，然至今仍书信往还。夫妇之谊虽绝，良友之情故在也。"（姚文青《挚友吴宓先生轶事》）毛彦文也有

类似的回忆："吴君是一位文人学者，心地善良，为人拘谨，有正义感，有浓厚的书生气质而兼有几分浪漫气息。他离婚后对于前妻仍备加关切，不仅担负她及他女儿的生活费及教育费，传闻有时还去探望陈女士，他绝不是一个薄情者……"（毛彦文《有关吴宓先生的一件往事》）

虽然吴宓拼命爱毛，而毛似乎对吴宓并没有太多的感情，或者说并未失去理智。她知道吴宓不过把她理想化了，所以她并没有接受吴宓的示爱，最终却嫁给了比她大许多的熊希龄。这让吴宓一时十分失望。毛与熊结婚时曾邀请吴宓参加婚礼，吴宓以编诗话为由谢绝了，赋诗道："渐能至理窥人天，离合悲欢各有缘。侍女吹笙引凤去，花开花落自年年。"

毛彦文结婚仅三年，熊希龄就因脑溢血突发病逝。虽然吴与毛后来并没有走到一起，但吴宓对毛的感情却终生不渝。《诗集》中题下不少未注姓名的情诗，都是为毛彦文而写的。吴宓曾在诗中自道："吴宓苦恋毛彦文，三洲人士共知闻。"（吴宓《诗集》）

一九四三年八月二十日，已是知天命之年的吴宓于昆明写下一首五言长诗《五十自寿》，对毛彦文的感情依然一如既往，其中有云：

> 平生爱海伦，临老亦眷恋。
> 世里音书绝，梦中神影现。
> 怜伊多苦悲，孀居成独善。
> 孤舟泛黄流，群魔舞赤县。
> 欢会今无时，未死思一面。
> 吾情永付君，坚诚石莫转。
> 相抱痛哭别，安心归佛殿。
> 即此命亦悭，空有泪如霰。

　　这样的感情也称得上是难能可贵了。吴宓对毛彦文的思念并未因为时间推移而消失，据说六十年代在西南师院时，他还请一位美术教师把毛彦文的肖像画了挂在墙上以慰相思之情。他一生都把毛彦文当女神一样供奉在自己的心中，几乎没有改变。这是吴宓真实性格的体现，这也使他显得真实而可爱。

　　谈到这位学界奇人，他的弟子著名学者季羡林曾这样写道："雨僧先生是一个奇特的人，身上也有不少的矛盾。他古貌古心，同其他教授不一样，所以奇特。别人写白话文，写新诗；他偏写古文，写旧诗，所以奇特。他反对白话文，但又十分推崇用白话写成的《红楼梦》，所以矛盾。他看似严肃、古板，但又颇有一些恋爱的浪漫史，所以矛盾。他能同青年学生来往，但又凛然、俨然，所以矛盾。……雨僧先生在旧社会是一个不同流合污、特立独行的奇人，是一个真正的人。"（季羡林《始终在忆念着他》）

能受天磨真铁汉，不遭人嫉是庸才：

顾颉刚其人其事

颉刚在我们友朋中，是低着头努力的人。他不说空话，不喊口号，也不做什么《国学概论》《国学大纲》一类的空疏的、无聊的、甚至于抄袭而成的文字。他是有计划的、勇敢的，就心之所要，性之所至，力之所至，以从事学问与著述。……因为颉刚才真真是沉醉于学术的人。

——胡适

在中国史学界，特别是二十世纪二十年代至四十年代的史学界，顾颉刚这个名字如雷贯耳。一九二三年，三十一岁的顾颉刚提出"层累地造成的中国古史"说，一夜之间暴得大名，成为史学界一颗新星。大名鼎鼎的胡适热情洋溢地称赞道："……颉刚的'层累地造成的中国古史'一个中心学说已替中国史学界开了一个新纪元了。"数十年后，当代著名学者余英时也评价道："顾先生'层累地造成的中国古史'之说之所以能在中国史学界发生革命性的震荡，主要就是因为它第一次系统地体现了现代史学的观念。"并认为顾颉刚是"中国史现代化的第一个奠基人"。一九二六年，顾颉刚编撰出版其史学巨著《古史辨》（第一册），再次轰动史林，胡适称之为："这是中国史学界的一部革命的书，又是一部讨论史学方法的书。"《古史辨》的出版，标志着一个新的史学学派古史辨派的诞生，顾颉刚也当然地成了这一学派的创始人。

"江南第一读书人家"

顾颉刚，一八九三年五月八日生于苏州悬桥巷顾家花园。祖父为他取

名诵坤。顾家是苏州有名的书香世家，康熙皇帝下江南时，曾特地题写"江南第一读书人家"以示嘉奖。由于数代单传，所以顾颉刚一生下来，自然就成了掌上明珠，不仅希望他传宗接代，更希望他能延续顾门书香。所以还在两岁怀抱中时，祖父就迫不及待地教他识字，顾颉刚果然是一颗读书种子，从小就对书感兴趣，六七岁时已认识几千个字了，"能读些唱本小说和简明的古书"。老妈子抱上街时，两边的招牌都能一一认出，街上行人大为惊叹。

小时候最疼他的是祖母，母亲因为肺结核，很少照顾他。三岁那年因为尿床被母亲赶下床，从此一直跟着祖母睡，直到结婚为止。祖母怕他受到伤害，一直让人抱着他，不让他下地，吃饭也让人喂，逢到吃鱼，一定把刺挑了才给他吃，娇生惯养的结果，顾颉刚生活自理能力极差，六岁上私塾时还不会端碗，九岁时才学会走路，一辈子都不会吃鱼。祖母在生活上对他十分宽容，在读书上却特别严格。一次天下大雨，顾颉刚想逃学，祖母严厉地说，就是下铁，你也得去。由于没有什么玩伴，寂寞的顾颉刚把兴趣都转移到书上，从书中寻找自己的乐趣。当年观前街一带有二十多家旧书肆，书很便宜，他常把吃零食的钱拿去买自己喜欢的书，一年下来居然买了五六百本。祖母对他一生影响极大，在《玉渊潭忆往》中，他回忆说："我的一生，发生关系最密切的是我的祖母。简直可以说，我之所以为我，

1912年，顾颉刚加入中国社会党时留影，左起王彦龙、顾颉刚、叶圣陶、王伯祥

是我的祖母手自塑铸的一个艺术品。"

　　一九○六年初，苏州第一所高等小学开办，入学作文是《征兵论》，顾颉刚以第一名的成绩考入。同时考取的还有叶圣陶。进入初中以后，除了课堂上的内容，每天晚上祖父还要给他亲授《尚书》《周易》。家庭环境对他后来走上治学之路影响很大，"我的祖父一生欢喜金石和小学，终日的工作只是钩模古铭，椎拓古器，或替人家书写篆隶的屏联。我父和我叔则喜治文学和史学。所以我幼时看见的书籍接近的作品，都是多方面的，使我在学问上也有多方面的认识。"（顾颉刚《我与古史辨》）除了家学，少年顾颉刚还经常逛旧书肆，向老板请教版本学、目录学，像《四库总目》《汇刻书目》《书目答问》之类的书，在十几岁时已翻得烂熟。十二岁那年，顾颉刚作了一篇《恨不能》的文章，发誓"恨不能读尽天下书"。

　　和许多人一样，少年顾颉刚也曾做过一段文学梦。中学时代和叶圣陶等几位好友成立了一个诗社，因为叶圣陶最具文才，便推他做社长，顾颉刚也很热心地跟叶圣陶学诗填词，后来发现自己没有文学的"烟士披里纯"，自称："怀了创作的迷梦约有十年，经过了多少次的失败，方始认识了自己的才性，恍然知道我的思想是很质直的，描写力是极薄弱的……从此不敢再妄想'吃天鹅肉'了。"所以弃文从史。

　　一九一三年三月，顾颉刚从报上看到一则北大招生广告，便与同学一起前往上海考点报考，结果以第九名考取北大预科。四月底到北大报到，由于当时毕业生还没有离校，学校把他暂时安排在前门外西河沿旅店。从小到中学，顾颉刚基本上都是在读书求学中度过，平时长辈管教极严，一次亲戚吃东西时他多看了两眼便遭到祖母一顿毒打，所以内心一直十分压抑孤独，这时离开家庭，就像鸟儿飞出了樊笼，恰好一时无事，旁边又都是戏园子，票价又便宜，于是天天去看戏，很快变成了一个戏迷，即使开学后也沉迷其间不能自拔，常常上午课间去买票，下午去看戏，有时连课都不上，自称"全北京的伶人大约都给我见到了"。由于沉迷看戏，又生病休学，再加上他选上的农科中数学和制图两门课都非他所长，最后未能按时从预科毕业。按规定，预科没有毕业不得参加升学考试。于是他急中生智，临时给自己取了个"颉刚"的名字，一九一六年夏，以"自修"身份考入北大哲学系。

古史辨派创始人

进入北大哲学系是顾颉刚一生的转折点。

这段时期有三个人对顾颉刚治学影响很大，一个是章太炎，一个是胡适，还有一个便是王国维。

接触章太炎，是缘于同学毛子水的介绍。顾颉刚平时很佩服毛子水的治学与为人，毛子水竭力向他介绍老师章太炎，于是便对章太炎十分倾慕。一九一三年冬天，听说章太炎在化石桥共和党本部讲学，顾颉刚便和毛子水一起冒着大雪去听讲座。章的讲座内容涉及小学、文学、史学和玄学。顾颉刚一向自视甚高，自称从蒙学到大学，接触教师无数，没有一个令他佩服的，这次听了章太炎的课大为折服，"觉得他的话既是渊博，又有系统，又有宗旨和批评，我从来没有碰见过这样的教师，我佩服极了"。可是毛子水却对他说，这是章先生对初入门者讲的最浅的学问，这一来顾颉刚对章太炎佩服得更是五体投地。然而好景不长，由于章太炎反对孔教会，讲学不到一个月，就被袁世凯关进了监狱。虽然师从章太炎时间很短，但收获却是巨

大的，他自称："从此以后，我在学问上已经认清了几条大路，知道我要走哪一条路时是应当怎样走去了。""这一个觉悟，真是我生命中最可纪念的，我将来如能在学问上有所建树，这一个觉悟决是成功的根源。""从此以后，我敢于大胆作无用的研究，不为一班人的势利观念所笼罩了。"（顾颉刚《北京岁月》）

另一个对顾颉刚产生重大影响的人物是胡适。顾颉刚真正与胡适接触是大学二年级。这时胡适刚从美国学成归来任北大教授，给学生讲中国哲学史，他没有沿袭传统的方法，从唐虞夏商开始，而且直接从周宣王以后讲起，顾颉刚回忆说："这一改把我们一班人充满着三皇五帝的脑筋骤然作一个重大的打击，骇得一堂中舌挢而不能下。"胡适授课一反常规，开始许多人不以为然，但渐渐却感到新鲜而有说服力，听课的人越来越多。当时顾颉刚与学国文的傅斯年同住一室，经常交流心得，便对傅斯年说："胡先生讲得的确不差，他有眼光，有胆量，有断制，确是一个有能力的历史家。他的议论处处合于我的理性，都是我想说而不知道怎样说才好的。"他建议傅斯年去听，傅斯年本来是黄侃的高足，结果听了胡适的课，对胡大为折服，从此成了胡适的信徒。

胡适的讲课让顾颉刚第一次领略到西方先进的科研方法，开阔了视野，虽然胡适仅年长他两三岁，他却对胡十分佩服，视为自己的老师。"那数

1924年9月，顾颉刚（二排左二）与胡适（三排左二）、董作宾（一排左一）、陈垣（一排左二）等北大国学门同人在三院译学馆前合影

年中，适之先生发表的论文很多，在这些论文中他时常给我以研究历史的方法，我都能深挚地了解而承受；并使我发生一种自觉心，知道最合我的性情的学问乃是史学。"又说，"我的《古史辨》的指导思想，从远的来说就是起源于郑、姚、崔三人的思想，从近的来说则是受了胡适、钱玄同两人的启发和帮助。"（顾颉刚《我与古史辨》）从这番话可以看出，是胡适把他引上了史学之路。

一九二〇年暑假，二十八岁的顾颉刚从北大哲学系毕业，留校任图书馆编目员。次年一月，北大成立研究所，沈兼士和马裕藻邀他担任助教，兼《国学季刊》的编辑。顾颉刚当时接受这一工作，主要出于两方面考虑：一方面可以看书，从事研究工作；另一方面可以藉此挣钱养家。这一段时间，他潜心阅读了罗振玉和王国维的著作，从罗王二人身上获益良多。"他们的求真的精神，客观的态度，丰富的材料，博洽的论辩，使我的眼界从此又开阔了许多，知道要建设真实的古史，只有从实物上着手，才是一条大路，我所从事的研究仅在破坏伪古史系统方面用力罢了。"后来他多次在书信和日记中称："在当代的学者中，我最敬佩的是王国维先生。"他甚至做梦都梦到王国维，"数十年来，大家都只知道我和胡适的来往甚密，受胡适的影响很大，而不知我内心对王国维的钦敬，治学上所受的影响尤为深刻"。"总以为他是最博而又最富于创造性的。"为表示对王国维的倾慕之情，曾专门给王国维写信表示愿"追随杖履，为始终受学之一人"。

顾颉刚对王国维的崇敬可从一事看出。王向以忠诚清室著称，曾任清宫"南书房行走"，做溥仪老师。溥仪出走后，王国维也丢了饭碗，处于失业状态。出于对王的尊敬，顾颉刚给胡适写信，希望胡适把王介绍到清华国学研究院。经过胡适推介，清华果然把王国维请到了清华研究院。而王国维始终也不知道此乃顾颉刚之功。

师从胡适等人后，顾颉刚更加用功，每天都读书到凌晨三四点，虽然学业大有长进，但天长日久却落下了失眠症，终生未愈。一边治学，一边还得设法挣钱养家。屋漏偏逢连夜雨，一九二二年，祖母突然病重，想到对自己恩重如山的祖母，顾颉刚只得辞职回苏州尽孝。失去工作后，生计顿成问题，无奈之中，只好向胡适求援，胡适考虑到苏州离上海近，便介绍顾颉刚为商务印书馆编《中学本国史教科书》以增加收入。编历史书时，顾颉刚把诗、书和论语中的问题加以整理，对尧、舜、禹的先后地位产生了疑问，并发现一个规律性问题：这些传说中的人物，越是出现得后，越是排在前面。再结合他以前读史及看戏过程中产生的种种类似的疑问，由此得出一个大胆假设："古史是层累地造成的，发生的次序和排列的系统恰是一个反背。"

同年十二月，钱玄同写给他一封长信讨论经部的辨伪问题。他回了一封长信，除了讨论钱信中的问题，还把他一年来逐渐形成的有关古史的见解也写在里面，一吐为快，希望得到钱的应和。但两个月过去了，音信全无。恰好此时胡适到上海来治痔疮，请顾颉刚负责《读书》杂志编辑工作，因久不得钱回信，顾颉刚便把信中讨论古史的一段文字发在第九期上，第一次公开提出"层累地造成的中国古史"说。《与钱玄同先生论古史书》一发表，"竟成了轰炸中国古史的一个原子弹"，第十期上就发表了钱玄同的回信，他表示完全赞成顾的古史观。与此同时，刘楚贤、胡堇人等人来信反驳，从而引发一场史学界旷日持久的论争。赞成的，称他"烛照千载之前，发前人之所未发"，反对的则骂他"想入非非，任情臆造"。

"层累地造成的中国古史"说概括起来主要有以下三点：

第一，"时代愈后，传说中的古史期愈长。"第二，"时代愈后，传说中

1937年3月，顾颉刚在禹贡学会办公

的中心人物愈放愈大。"第三，"我们在这上，即不能知道某一件事的真确的状况，至少可以知道某一件事在传说中的最早的状况。"

这一学术观点提出后，为顾颉刚赢得了巨大的名声，顾的学术地位可谓一鹤冲天，但找他麻烦的也大有人在，特别是来自学术圈以外的麻烦。当时顾正在为商务印书馆编《中学本国史教科书》，此观点一出，山东参议员王鸿一即提交专案弹劾此书，认为它"非圣无法"，要求查禁。戴季陶也给教育部写信对此发难，认为顾颉刚的历史教材竟在怀疑禹有无其人，太过荒唐，容易误导学生，不应作为中学课本，应予以取缔。当时国务会议上有人提议对这样的书应课以重罚。当初该书发行了大约一百六十万册，以一本一元罚款要罚一百六十万元。果真罚款，对商务几成灭顶之灾，总经理张元济听了连忙直奔南京，找党国元老吴稚晖斡旋，最后才化险为夷。

顾颉刚早期曾提出过一种假设："禹或是九鼎上铸的一种动物"，"禹为动物，出于九鼎"，这个假设后来他自己也放弃了。这本是一种正常的学术讨论，后来被一些人曲解为"禹是一条虫"，借此讥讽顾颉刚。陈立夫在一次演讲中故意说："顾颉刚说，大禹王是一条虫呢。"以此为谈资博听众一笑。一九四〇年，时任教育部政务次长的顾毓琇来访，闲谈间，问禹的生日有没有考证。顾颉刚说禹是神话中的人物，有无其人都不一定，更谈不上生日。不过川西一带少数民族习惯把六月六日作为禹的生日。这本是两人之间的闲话，不料后来却被陈立夫曲解利用了。陈立夫在一篇文章中称："大禹治水是我国工程史上的第一件大事，现在禹的生日已由顾颉刚先生考出来了，是六月六日，所以我们就定这一天为'工程师节'。"（顾颉刚《我与古史辨》）这等于故意拿顾颉刚开涮，以此败坏他在史学界的声誉。

从一九二六年《古史辨》第一册出版，至一九四一年，共出七册，汇编三百五十篇文章，三百二十五万字，成为史学界一大盛事。《古史辨》的出版，再次轰动史林，正式奠定了顾颉刚作为古史辨派创始人的地位。北大毕业后，不到六年时间，顾从一名默默无闻的助教一下子成为研究教授，成了史学界一颗最闪亮的新星。

甘把金针度与人

抗战前，学术界喜欢把有名望、地位高的名教授称为"老板"，当时北平学术圈内有三个人被称为老板，一个是胡适，一个是傅斯年，还有一个就是顾颉刚。可见顾颉刚当时学术地位之高。

与胡适和傅斯年相比，顾颉刚可以说是一个不谙世事的纯粹的学者。他认为："一个学者决不应当处处都以传统的是非为是非，做学问是不好专看人们的面色的，看人们的面色来做学问，学问总不可能做好的，总不是真学问的。"（蔡尚思《顾颉刚先生治学的几个特点》）存疑是他治学的一大特点，"对待书籍亦要留心：千万不要上古人的当，被作者瞒过；须要自己放出眼光来，敢想，敢疑"。"一个人的进步，根本在这个人有疑惑的性情。"（顾颉刚致妻殷履安信，见顾潮《我的父亲顾颉刚》）受家学影响，顾颉刚读书一向多而杂，但他读书有一个特点就是喜欢在书上加批注，每每把读书时的见解疑问等心得写成读书笔记，一生共写读书笔记两百多万字，他的许多文章都是根据读书笔记加工而成的。但他对学问的研究思考并不因为文章发表而终止，常常有了新的发现后不断修改、完善，有时完全推翻重来。

四十年代，顾颉刚在自己寓所挂了一块匾，上书"晚成堂"三个大字，也就是以这三个字鞭策自己。

顾颉刚早年受过严格的文言写作训练，长大后仍习惯用文言写作，因为要用白话文发表，常常先用文言写一遍，再译成白话文，这样一篇文章，他通常要写两遍。他在致蔡尚思信中说："……弟幼年习文言文甚久，作文言文反容易，白话则必须易稿数四。"可见其写作之甘苦。

作为一代学人，顾颉刚对不同意见，表现出少有的宽容，不仅容许不同的见解，而且还特别欢迎别人批评他的观点，与他争论。他的史学名著《古史辨》就是争论的直接产物。他在《读书》杂志上发表致钱玄同的长信后，刘、胡二人反驳他，他十分高兴，来函照登，并在致胡适信中说："我最喜欢有人驳我，因为驳了我才可逼得我一层层的剥进，有更坚强的理由可得。"离开中大后，顾还把他的文章寄给中大学生，欢迎他们批评并与他讨论。他并不因为自己的成功而自满，反而时时检讨反思自己的研究，一九二七年一月，在致傅斯年的信中说："我所发表的文字，都是没有论定的，有许多自己承认是臆想。"这等胸襟没有几人能有。

一九三六年秋，时任燕大历史系主任的顾颉刚常常要往返于北平研究院和燕大之间，两地相距三十里，为了节省时间，便买了一辆二手小汽车作交通工具。据说当时北大教授中只有两人上课坐小车的，顾颉刚便是其中之一。

作为名教授，顾颉刚长于研究，却拙于教学。对此他自己也有自知之明。当年在北大和燕大等校上课时，顾颉刚总是穿宽大长袍，戴一副白色金边眼镜，微驼着背，显得不苟言笑。虽然旅居北京多年，仍然脱不了一口浓重的苏州口音，再加上有点口吃，所以上课时一般学生都不易听懂，再加上不善言辞，所以轮到他上课时，便扬长避短，很少侃侃而谈，除了发给学生大量资料，大部分时间都在板书，写满三四黑板，下课的时间也就到了。这一点他的朋友钱穆也有同感："颉刚长于文，而拙于口语，下笔千言，泪泪不休，对宾客讷讷如不能吐一辞。闻其在讲台亦惟多写黑板。"虽然他不善讲课，但他板书的内容却是精心准备的读书心得，很有见解，对学生很有启发，所以时间一久，大家也认可了他这种独特的教授法，觉得货真价实，别具一格。

顾颉刚平时虽不苟言笑，却并不摆架子，对学生就像对待朋友，完全是平等交流，从不以名压人。一九三〇年谭其骧进燕大历史系读研究生，选读顾《尚书》研究课，顾认为《尚书》的写作年代应在汉武帝之后，论据是《尚书·尧典》里说"肇十有二州"，而到汉武帝时才设十三刺史部，其中十二部以州为名。谭认为十三部不是西汉，而是东汉的制度，便给顾写了一封信提出异议。顾第二天便回了信，对他其中的一些观点表示赞成，对另一些观点表示反对。谭其骧晚年回忆说："信中的措辞是那么谦虚诚恳，绝不以权威自居，完全把我当作一个平等的讨论对手看待。这是何等真挚动人的气度！"

顾颉刚上课从来不把自己的观点直接灌输给学生，而是给学生印发一堆资料，让学生自己研究判断，自己下结论，这样对培养学生独立研究能力很有帮助。他考试也与众不同，不要求学生死记硬背，而是要学生学会找资料独立研究思考，鼓励创新。考试时他通常采用开卷的方式，让学生把试卷带回去做，但不许抄他的观点，凡抄袭他观点的试卷都分数极低，凡是提出自己见解的，甚至与他唱反调的，只要能自圆其说，往往能得高分，目的就是要学生鸡蛋里挑骨头。顾颉刚认为有的事可大题小做，但做学问要小题大做。他的学生徐文珊回忆说："这鸡蛋里找骨头的方法是我得自顾师的最得力的教育，一生享用不尽！"

顾颉刚爱才惜才在学生中是有口皆碑的。有的课学生人数少，就让学生到家中上课，目的是充分利用家中图书资料。在北京时，他家里有五间大屋都摆着书，总数最多时有五六万册，他全部对学生公开，让学生随便利用他的图书，碰到学生提问，他就从架上抽下一本讲解，由于对各类书烂熟于心，什么书他随时都能找到，令学生叹为观止。不仅资料公开，治学方法也毫不保留。有的学生一时没有研究课题，他便提供研究课题，学生文章无处发表，便为学生寻找阵地，或者干脆自己办刊出书。顾颉刚要算同时代教授中编辑出版物最多的人之一，也是名副其实的出版家。"在他班上的学员，他往往指定题目，供应资料，教导写作方法，文成以后，亲加修改，水平较差的文章，他不辞辛苦为之补充润色成篇，仍用其本人名义，为之刊登。"（吴丰培《顾颉刚先生的"人生一乐"》）用他自己的话说："这样地使许多有志有为的人，都得到他的适当的名誉和地位，岂不是人生一乐？"在广州中大时，他就一直采取以办刊物出书的方式对学生进行奖掖扶持，"他们没有研究的题目我就替他们想，他们找不到材料我就替他们找，他们做的文章词不达意我就替他们改"。因此在学生中很有威望，培养了一批学人，班上一个很喜欢打扮爱时髦的女生在他的指导下居然也走上了研究之路，大家都感到不可思议。他离开中大时，学生都依依不舍，有一个学生干脆跟着他北上了。

有几个例子很能说明顾颉刚的爱才惜才。童书业最初在江西省图书馆附设之校印所任校对员，连中学都未毕业，一九三四年他把自己《虞书疏证》寄给顾颉刚，向他请教，顾颉刚觉得他是个可造之才，热情邀请他到北平协助工作。一九三五年六月，童书业到北平时，顾亲自到车站迎接，并安排他住在自己家中，每月从自己薪水中付给他几十元工资，后来童书业也成了一个历史学家。

国学大师钱穆的出道与顾颉刚也有着相当大的关系。一次顾颉刚回苏州养病时，偶读钱穆的《先秦诸子系年》书稿，大为欣赏，当即对钱穆说，你不合适在中学教书，应该到大学教历史，并推荐他到燕大，同时请他为《燕京学报》撰文。钱穆也是一个有个性的人，不久，钱穆就撰写了一篇《刘向歆父子年谱》寄给了顾颉刚，在伪造经书问题上完全与康有为唱反调，当时顾颉刚也是康有为的拥护者，但他接到文稿后毫不为忤，还为原稿改了更合适的篇名，此文在《燕京学报》一经发表，立刻引起轩然大波，钱穆也因此一举成名。后又力荐钱到北大任教，在致胡适的信中说："我想，他如到北大，则我即可不来，因为我所能教之功课他无不能教也，且他为学比我笃实，我们虽方向有些不同，但我尊重他，希望他常对我补偏救弊。"像这样荐人的并不多见。数十年后，钱穆回忆这件事，仍然充满感激之情："颉刚不介意，既刊余文，又特推荐余至燕京任教。此种胸怀，尤为余特所欣赏。"（钱穆《师友杂忆》）

钱穆的侄子、著名科学家钱伟长早年进入清华物理系也得益于顾颉刚的大力帮助。钱穆长兄英年早逝，钱伟长一直跟随钱穆读书，钱伟长的名字亦系钱穆所取。一九三一年九月，钱伟长以优异成绩考入清华，历史国文成绩优异，历史居然考了个满分，但物理、数学考得很不理想，其中物理只考了十八分。受钱穆影响，钱伟长准备读历史系。不久九一八事变爆发，热血青年钱伟长一改初衷，想改学物理，走科学救国之路。清华物理系是名系，一向门槛很高，以他的成绩绝无希望，钱穆也不同意他放弃历史。无奈之中，钱伟长想到了与叔叔交好的顾颉刚，请他做叔叔的工作。顾颉刚对他的想法十分赞成，最后说服了钱穆。当时情况很有戏剧性，一方面是物理系主任吴有训坚决不收这个低分考生，一方面是历史系主任陈寅恪在到处找这个历史满分的考生。顾颉刚与钱穆商量，由他去做吴有训的工作，让物理系收钱伟长。钱穆去做陈寅恪的工作，让他放弃钱伟长。经过顾颉刚的一番努力，钱伟长最后如愿以偿地进了物理系，后来在物理学界取得了举世公认的成就。晚年钱伟长回忆当年顾颉刚对他的帮助，感激地说："今天我之所以能从事科学工作，顾先生是帮了很大的忙的。"（顾潮《我的父亲顾颉刚》）没有顾颉刚，也许就没有科学家钱伟长。

成名给顾颉刚带来极大的荣誉，也成了他的负担，过多的社会活动对他后来的治学产生了负面影响，使他很难像以前一样潜心研究，他为此感到非常痛苦。他后来与好友傅斯年失和，也多半为此。曾经沧海，他把做学问看成自己的生命，把名利看得很淡，成天手不释卷，甚至在夫人替他洗脚时，他还抓着一本书在看。一九四八年，他被推选为中央研究院人文组院士，同年十月，该院召开首届院士大会，邀请他参加。对学者而言，这是一个极大的荣誉，也是许多人一辈子都梦寐以求的事，他却拒绝出席会议，理由是"所欲有大于此者"。也许一般人会觉得这有些不可理解，但这就是顾颉刚。

宁鸣而死，不默而生：

我的朋友胡适之

没有疑问的，胡适之是咱们这个时代里的一个好人。……无怪乎柴尔兹（M. W. Childs）说他是Sage of Modern China（现代中国的圣人）了。

——李敖

适之绰号"胡大哥"并非偶然。梁漱溟多骨，胡适之多肉；梁漱溟庄严，胡适之豪迈；梁漱溟应入儒林，胡适之应入文苑。

——温源宁

在相当长一段时间内，我们对胡适的认识是不够客观的，有时甚至是相当负面的。从"五四"到现在，人们对胡适的评价向来众说纷纭，莫衷一是。以下几种观点具有相当的代表性：

蔡元培：胡适"真是旧学邃密而且新知深沉的一个人"。

唐德刚："胡适是'传统中国'向'现代中国'发展过程中，继往开来的一位启蒙大师。他在我国近代的学术思想界里，可以说是初无二人。……胡适便成为近代中国，唯一没有枪杆子作后盾而思想言论能风靡一时，在意识形态上能颠倒众生的思想家。"

李敖："没有疑问的，胡适之是咱们这个时代里的一个好人。他有所不为，他洁身自爱。按说以他的英名盛名，风云际会，四十年来，高官驷马，何求而不得？何止于在车声震耳的纽约寓楼，以望七之年，亲自买菜做饭煮茶叶蛋吃？试看今日国中，有他那种'本钱'而肯这样做的能有几人？自己欠别人钱，又退回'政府'送他的六万美元宣传费，试看今日国中，能有几人？无怪乎柴尔兹（M. W. Childs）说他是 Sage of Modern China（现代中国的圣人）了。"（李敖《播种者胡适》）

季羡林："在中国近现代史上，胡适是一个起过重要作用但争议又非常多的人物。……胡适是一个极为矛盾的人物。要说他没有政治野心，那不是事实。但是，他又死死抓住学术研究不放。……我看他是一个异常聪明的糊涂人。"（季羡林《为胡适说几句话》）

温源宁："适之绰号'胡大哥'并非偶然。梁漱溟多骨，胡适之多肉；梁漱溟庄严，胡适之豪迈；梁漱溟应入儒林，胡适之应入文苑。学者也好，文苑也好，但适之是绝不能做隐士的。一人性格，大概难于入类，也大可不必分类。我想六分学者，四分才子，二分盎格罗撒逊留学生，约略可以尽之。"（温源宁《胡适博士》）

那么，真实的胡适到底是一个什么样的人呢？

交友与为人

在民国知名学者中，若论人缘之好，交游之广，影响之大，胡适当推第一人。胡适出名不可谓不早，二十六岁就担任北大教授，同时又是《新青年》杂志主力，一时名满天下。胡适还是社交圈子里有名的好好先生，逢人无不交往，且没有架子，自然认识的人就多。胡适一度炙手可热，社交圈里几乎每个人都以认识胡适为荣，以致当时便流传一个著名的段子，不论认识与否，谈到胡适无不称"我的朋友胡适之"。

"我的朋友胡适之"这个典故最初的出处已经无从查考，但在报刊上第一次公开提到的却是林语堂。"在北平，胡适家里每星期六都高朋满座，各界人士——包括商人和贩夫，都一律欢迎。对穷人，他接济金钱；对狂热分子，他晓以大义。我们这些跟他相熟的人都叫他'大哥'，因为他总是随时愿意帮忙或提供意见。……他的朋友，或自称是他朋友的人，实在太多了，因此我有一次在我主编的幽默杂志《论语》上宣布：这本杂志的作者谁也不许开口'我的朋友胡适之'，闭口'我的朋友胡适之'。"（林语堂《我最难忘的人物》）

北大弟子张中行在晚年回忆中也印证了这一点："在当时的北京大学，交游之广，朋友之多，他是第一位。……大家都觉得他最是和易近人。即使是学生去找他，他也是口称先生，满面堆笑；如果是到他的私宅，坐在客厅里高谈阔论，过时不走，他也绝不会下逐客令。……因为他有名，并且好客，所以同他交往就成为文士必备的资历之一，带有讽刺意味的说法是：'我的朋友胡适之'。"（张中行《胡博士》）

胡适才气横溢，善于待人接物，人也长得帅。"看外貌更年轻，像是三十岁多一些。中等以上身材，清秀，白净。永远是'学士头'，就是头发留前不留后，中间高一些。永远穿长袍，好像博士学位不是来自美国。总之，以貌取人，大家共有的印象，是个风流潇洒的本土人物。"（张中行《胡博士》）

胡适的同事温源宁教授也说："四十出头了，胡博士还显得很年轻。脸刮得挺像样，衣服穿得挺像样。他真是干干净净，整整齐齐。头发漆黑，不见二毛；前额突出，跟奥古斯都大帝相似；一双坦率的大眼；两片灵活的嘴唇，显得能言善辩；面色红润，却不是由学者的'生活朴素，思想高超'而来，也不是由俗人的'饮食丰美，生活放荡'而来。中等身材，十分匀称，一举一动，轻快自如。从外表看来，胡博士是由俗人变为学者，而不是由学者变为俗人。"（《胡适博士》）

这样一个风度翩翩的留美博士、教授，不仅深受男性欢迎，而且也深得女士的青睐。在同时代的教授中，胡适还有一个特别的本事，他与任何人都可以做到自来熟，尤其擅长取悦女性，因此在女性中很有人缘。"在大多数人眼中，他是老大哥。大家都认为他和蔼可亲，招人喜欢，甚至他的死敌也这样看。他并非风流绅士，却具有风流绅士的种种魅力。交际界，尤其是夫人、小姐们，所欣赏的是'有一搭、没一搭，说些鬼话'的本领，看似区区小节，实则必不可少，在这方面，胡博士是一位老手。他有个妙法，能叫人在他面前无拘无束。傲慢的人，受到他的殷勤款待就高兴，愚拙的人，看他平等待客也觉得舒畅。他颇有真正的民主作风，毫无社交方面或才智方面的势利眼。"（温源宁）"在女子前献殷勤，打招呼，入其室，必致候夫人，这是许多学者所不会而是适之的特长。见女生衣薄，必下讲台为关课室窗户，这是适之的温柔处，但是也不超过盎格罗撒逊所谓'绅士'的范围。"（温源宁《胡适博士》）

胡适愿意结交人，不光是表现在口头上，而是付诸实践。为了做到这一点，他甚至每周在百忙中抽出周日一天专门在家里接待各行各业熟悉不熟悉的来访者，不论贫富贵贱来者不拒，这成了当时北京文化圈里的一道风景。

"胡博士每礼拜日会客，无论何人，概不拒之门外。不管来客是学生或共产主义者，是商人或强盗，他都耐心倾听，耐心叙谈。穷困的人们，他援助。求职的人们，他给写介绍信。有人在学术问题上求救，他尽全力予以启发。也有人只是去问候他，他便报以零零碎碎的闲谈。"（温源宁《胡适博士》）

胡适这种好客作风保持了一生。一九五〇年，胡适自美国返中国台北南港定居，仍沿袭当年在北京大学时周日接待客人的习惯。一九五九年十月二十三日，台北一卖麻饼的小贩袁瓞写信向他请教英美政治制度问题，胡认为一个小贩都能关心国家大事，大为高兴，约请他到胡宅面谈，并成为忘年交，得知他鼻孔患瘤，无钱医治，便主动给台大医院院长写信承担有关费用。此事一时传为佳话。

胡适执教北大后，先后搬过多处寓所，随着地位越来越高，房子也越来越大。最初住在南池子缎库后身 8 号，后搬至钟鼓寺 14 号，这两处都是普通四合院。不久搬到郭松龄秘书长林长民住宅陟山门 6 号，这里已经是真正的公馆了。一九三〇年底迁到米粮库 4 号。当北大校长后住到东厂胡同一号，据说黎元洪大总统曾在这里住过。

胡适日常生活也很规律，很会合理安排时间。据他亲炙弟子罗尔纲说："他每天的生活如下安排。上午七时起床，七时四十分去北京大学上班。中午回家吃午餐。下午一时四十分去中华教育文化基金董事会上班。晚餐在外面吃。晚十一点回家。到家即入书房，至次晨二时才睡觉。他每晚睡五小时，午餐后睡一小时。……星期天不同，上午八时到十二时在家中客厅做礼拜。他的礼拜不是耶稣祈祷，而是接见那些要见他的不认识的人。"（罗尔纲《胡适琐记》）

胡适虽然长期留美，但生活习惯并没有沾染多少洋气，而是相当中国化。"胡适爱吃徽州锅。……他在家中，不喝咖啡，更不喝可可，只喝绿茶；喝茶也不讲究，一般的龙井。……胡适的饮食都是乡土化，可是他吸纸烟是洋化了。……如听装的白锡包，听装的大炮台等。……胡适夏天戴巴拿马草帽，其他季节则戴呢帽。除天热外，他外出时都戴一条毛线围巾，以防感冒。"（石原皋《闲话胡适》）

一般人印象中，胡适最应该西装革履，其实胡适平时极少穿西装，基本

上都是长袍便装，非常的中国化，在他身上基本上看不到多少洋味儿。这也是一般人最佩服胡适的地方。

胡适在朋友中向来以乐于助人著称，常常做好事不留名，许多人都得到过他无私的帮助。他对林语堂的帮助已经成为文坛佳话。据林语堂后来回忆说："一九二〇年，我获得官费到哈佛大学研究。那时胡适是北大文学院院长。我答应他回国后在北大英文系教书，不料到了美国，官费没有按时汇来，我陷入了困境，打电报告急，结果收到了二千美元，使我得以顺利完成学业。回北平后，我向北大校长蒋梦麟先生面谢汇钱事。将先生问道：'什么二千块？'原来解救了我困苦的是胡适，那笔在当时近乎天文数字的钱是他从自己腰包里掏出来的。他从未对我提起这件事，这就是他的典型作风。"（林语堂《我最难忘的人物》）

梁实秋翻译《莎士比亚全集》，也可以说是在胡适大力支持鼓励下才得以完成的。胡适去世后，梁实秋很深情地说："领导我、鼓励我、支持我，使我能于断断续续三十年间完成莎士比亚全集的翻译者，有三个人：胡先生、我的父亲、我的妻子。"（梁实秋《怀念胡适先生》）

上世纪五十年代台湾，到美国留学进修在签证时要交两千美元的存款保证金，很多人拿不出这笔钱，胡适便把自己一笔存款拿出来供一些人留学，条件是等将来还回来资助其他后面的留学者。有人问他为什么要这样做，他很坦然地说："这是获利最多的一种投资。你想，以有限的一点点钱，帮个小忙，把一位有前途的青年送到国外进修，一旦学所有成，其贡献无法计量，岂不是最划得来的投资？"

胡适最爱写的对联是："大胆的假设，小心的求证；认真的做事，严肃的做人。""做学问要在不疑处有疑，待人要在有疑处不疑。"胡适是这么说的，也是这么做的。他从不在背后说人坏话，也不喜欢听人在他面前说别人的坏话，常说"来说是非者，便是是非人"。梁实秋说："胡先生和其他的伟大人物一样，平易近人。'温而厉'是最好的形容。我从未见他大发雷霆或是盛气凌人。他对待年轻人、属下、仆人，永远是一副笑容可掬的样子。就是遭遇到挫折侮辱的时候，他也不失其常。"（梁实秋《怀念胡适先生》）

胡适的密友、赵元任夫人杨步伟也说他："我知其为人一生忠诚和义气对人，毫无巧妙政治手腕，不宜在政治上活动，常为人利用，而仍自乐。"（《我记忆中的胡适之》）

胡适不仅为人谦和友好，性格也十分豁达幽默。

胡适与赵元任是要好的朋友，一九二〇年九月，胡适请赵吃饭，赵带了

胡适和好友赵元任

杨步伟，这是胡适与杨步伟初次见面。胡适说：元任，你已有女朋友了？杨没想到此公竟是胡适，她是个爱开玩笑的热闹人，便说，原来是你啊，我还听过你报告哩。"去听演讲是因为去瞻仰你的漂亮风采而去的，我并不懂什么哲学。"胡听罢即抱着杨大笑不已。（杨步伟《我记忆中的胡适之》）

据梁实秋回忆，胡适虽名满天下，但并不好名，有一年，胡适与马君武、丁在君、罗努生等人在桂林旅游，每到一处都被人围观，胡适苦笑着对朋友们感叹说："他们是来看猴子！"

一九四六年西南联大复员，清华校庆，胡适在演讲中谈到他与清华的关系，借机调侃说，某年清华请他当校长，他回个电报说"干不了，谢谢！"他解释说："我提倡白话文，有人反对，理由之一是打电报费字，诸位看，这用白话，五个字不是也成了吗？"在场的人都笑了，这口才就是来自聪明。（张中行《胡博士》）

"胡博士不是那种把自己的才能深藏起来的人。他有什么就拿出什么。他是什么人，全都摆在那儿——在他的著作里，谈话里，作风里。"（温源宁《胡适博士》）

唐德刚也说："胡适的伟大，就伟大在他的不伟大。他的真正的过人之处——至少在我这个后辈的看法——是他对上对下从不阿谀。他说话是有高度的技巧的，但是在高度技巧的范围内，他是有啥说啥！通常一个有高度清望的人，对上不阿谀易，对下不阿谀难，而胡氏却能两面做到。"（《回忆胡适之先生与口述历史》）

教学与改革

胡适的教学生涯主要是在北大度过的。

一九一七年九月至一九二五年十一月，胡适任哲学系教授，后任哲学门主任、英文教授、代理教务长、北大组织委员会委员、北大教务长、英文系主任。

一九三〇年二月至一九三七年七月，任北大文学院院长，兼中文系主任、

文科研究所主任等职。

一九四六年八月至一九四八年十二月任北大校长，兼中文系主任。

胡适从事学术研究的生涯主要是从北大开始的，而最早推荐他到北大的，还是他文学革命的盟友陈独秀。

一九一六年十二月二十六日，蔡元培被任命为北大校长当天，便拜访了《新青年》主持人陈独秀，邀请他担任北大文科学长，陈独秀以办杂志为由谢绝了，却推荐了同是安徽人的胡适。那时《文学改良刍议》即将发表。于是蔡元培便请陈独秀写信给胡适，请他回北大执教。陈便给远在哥伦比亚大学读书的胡适写信，告诉胡，蔡请他任北大文科学长，还可做哲学文学教授，月薪三百大洋。而能享受这种待遇的通常只有名教授才有资格。

此时胡适正好因导师杜威等人不懂汉学，看不懂他的博士论文《中国古代哲学方法之进化史》，且对他不安心学习不满，未让他通过口试。如果要想通过，还得再熬两年。胡适考虑再三，决定不再花两年时间，于是直接回了北大。直到十年后，杜威见自己的弟子在中国早已大名鼎鼎，才将博士学位颁给他。此时胡适已经名满天下，"胡博士"的商标也早被提前使用了十年，而他也从来没有出面纠正过，这也是胡适后来遭人诟病的一个软肋。可见即使像胡适这样的人也还是有着一般人都有的虚荣心。

当时胡适在北大主要讲英国文学、英文修辞、中国古代哲学三门课。

还创办了中国第一个哲学研究所，自任主任。胡适新颖的教学内容和研究方法对顾颉刚和傅斯年等人产生了极大影响，不亚于一场地震。著名学者余英时也认为："在中国近代思想史上只有梁启超一八九〇年在万木草堂初谒康有为时的内心震动可以和顾颉刚、傅斯年一九一七年听胡适讲课的经验相提并论。"

胡适上课深受学生欢迎，给许多人留下深刻的记忆：

"我在哲学系听过胡适讲授的中国哲学史、西洋哲学史、中国近世哲学及伦理学。……伦理学……这堂课排在下午一至三点，共两个小时，在北大第一院红楼的第五层，课室最低，时间又在午睡时间，所以他说，这门功课讲不完，也最费力，因为除教书外，还需给你们讲点笑话，来醒醒午睡。"（蒋复璁《追忆胡适之先生》）

当时的学生在一篇文章中写道："胡适之和钱宾四先生的上课，都是采取演讲的方式……胡适之先生的谈吐是可爱的，听说已被列为世界十大演说家之一……胡先生在大庭广众间的演讲之好，不在其演讲纲要的清楚，而在他能够尽量的发挥演说家的神态、姿势，和能够使安徽绩溪话的国语尽量的抑扬顿挫。并且因为他是具有纯正的学者气息的一个人，他说话时的语

气总是十分的诚挚真恳,带有一股自然的傻气,所以特别的能够感动人。"(柳存仁《记北京大学的教授》)

著名作家、胡适弟子苏雪林也对此有深刻印象:"每逢胡先生来上课,不但本班同学从不缺席,别班学生师长也都来听。一间教室容纳不下,图书室隔门打开使两室合并为一,甚至两间大教室都容纳不下,走廊里也挤满了人,黑压压地都是人头,大家屏声静气,鸦雀无声,倾听这位大师的讲解。"(苏雪林《胡适之先生给我两项最深的印象》)

"我只记得珞珈山武汉大学足容三千人的大礼堂,那一天都被听众挤得插针不下。……每篇讲辞都是一篇蕴藏充实、引证广博、具有极大启发性的学术论文。尤其不易者,幽默趣味极其浓厚,每于适当时间,插入几句笑话,引起听众哄堂。"(苏雪林)

胡适上课之所以受人欢迎,除了他知识渊博,善于演讲外,另一个重要原因就是他课前要做大量的准备,胡适自己说他上一小时课,常常要准备四到八小时,绝不苟且。

胡适读书研究有自己一套独特的方法,胡适的得意弟子罗尔纲对此记忆犹新。"胡适不用卡片,他看过的书籍凡有用的地方,都用红、黄、蓝三色纸条夹在那里,到了要用时,一翻就得。"(罗尔纲《胡适琐记》)

据邓广铭回忆:"胡先生平常不上课,想上课时就出个布告,课上讲的大多是较大的问题,如怎样搜集材料等。他曾告诉我们要学会剪裁……这里讲的是方法上的问题,对我很有启发。"(邓广铭《我与胡适》)

胡适成名之后,社会活动繁多,白天黑夜几乎都挤满了,即使这样他每天仍坚持做学问,做学问的时间常常安排在深夜之后,经常做到深夜两点。每天睡觉仅五六个小时。

胡适做事喜欢有条理,一切都安排得井井有条,就连他的书房也不例外。"他的书房卧室总由自己收拾得净无纤尘,案头架上的图书文具,橱柜内的衣服,抽屉中的零碎,乃至于一张名刺,一块纸片,一堆酒瓶烟罐,无一不安放得服服帖帖,整整齐齐。"(沈刚伯《我所认识到的胡适之先生》)

胡适成名很早,但对后进却十分爱护,绝不藏私。他对著名学者罗尔纲的培养便可见一斑。

一九三六年,罗尔纲在《中央日报》史学副刊上发表一篇《清代士大夫好利风气的由来》，胡适写长信批评他不仅题目不成立，而且引用的几个清人的证词也是随口胡说。"你常作文字，固是好训练，但文字不可轻作，太轻易了就流为'滑'，流为'苟且'。我近年教人，只有一句话：'有几分证据，说几分话。'有一分证据只可说一分话。有三分证据，然后可说三分话。治史者可以作大胆的假设，然而决不可作无证据的概论也。"（罗尔纲《煦煦春阳的师教》）

一九三〇年六月，罗尔纲在中国公学毕业后，到上海胡适家，抄写整理其父胡铁花先生遗稿，前后在胡家度过五年。胡适看他文化史论文很好，一方面请他做家庭教师，另一方面收做徒弟，指导他研究史学。"我一入师门，适之师就将'不苟且'三字教训我……"（罗尔纲《煦煦春阳的师教》）罗尔纲后来说："适之师教训我常常如此的严切，他的严切不同夏日那样可怕，好比煦煦的春日一样，有着一种使人启迪的自新的生意，教人感动，教人奋发。"

"对于别人的作品，偶有错误之处，他无论识与不识，亦必很热心地加以指正。他为人极其谦和，处世极能容忍；惟对于做学问，则虽一字之微，也不轻易放过，不随便妥协；他自律如此，对旁人也如此，因无所谓挑剔，亦无所谓客气也。有时人家对他发生误会，发表指责他的言论，他看过之后，反常用'他颇能读书'，'很有才气'，或是'可做研究'这一类的话去赞扬作者。"（沈刚伯《我所认识到的胡适之先生》）

季羡林回忆，他一九四六年回国到北大工作，任系主任，胡此时担任校长红得发紫，但对学校老师拿来求教的文章都认真审读，提出自己的意见，绝不马虎。他自己就有亲身体会："我写的一些文章也拿给他看，他总是连夜看完，提出评价。"（季羡林《为胡适说几句话》）

胡适的非凡之处在于，他不满足仅仅做一个大学教授，同时，他还致力于做一个中国大学的改革者。

他在大学的改革，最初是从中国公学开始的。

据杨亮功回忆，胡适是一九二八年四月三十日担任中国公学校长的。当时学校发生风潮，校长何鲁辞职，校董会推荐胡适来接替，以平息风潮。胡推荐杨亮功任副校长。胡接替校长后，做的第一件事便是根据美国的经验合并院系，原本有文、商、法、理工四院十七个学系，学生却只有三百余人。"故自十七年暑假起裁散工学院与法学院，其余院系也经裁并，改成文理学院及社会科学院，只二院七系。原有之商学院成为社会科学院的商学系，余六系为中国文学系、外国语文学系、数理学系、史学社会学系、政治学系和经济学系。"胡适这样做的目的，一方面是因为学校经费紧张不得不紧缩编制，另一方面"胡先生将理学院与文学院合并而成为文理学院，意在打通文理两科，使学理科者有人文科学之修养，学文科者有数理科学之训练。"（杨亮功《胡适之先生与中国公学》）

胡适在中国公学的改革，对后来培养出吴健雄、饶毓泰等一批优秀学者科学家产生了很大的作用，胡适晚年对此也很是欣慰。

胡适在中国公学做的第二件事，是引进各类人才。梁实秋、陆侃如、冯沅君等既具有旧学根底，同时又具有新知识修养的人才是他的首选。而且他不唯学历，还聘请了只有小学学历的小说家沈从文，不仅请他上课，还为他做媒，玉成了他与张兆和的婚姻，一时传为文坛佳话。

第三件事是鼓励学生参加各种课外活动，鼓励他们从事写作。学校专门办了《吴淞月刊》，学生们也创办了《野马》杂志。此外，还鼓励学生参加各种形式的演讲，锻炼学生的口才和表达能力。总之，他把美国大学的一套教学方法成功地引进到了中国，促进了中国大学的改革与进步。

在他改革后，中国公学学生很快从三百多人，发展到一千三百多人，中国公学面貌焕然一新。

胡适一生中在北大执教时间最长，感情也最深。从他一九一七年九月到北大，到一九四八年十二月十四日离去，实际工作了十八年。

从某种意义上说，从进入北大起，胡适就进行了大学改革的尝试。

一九一七年十月，教育部召集有关人士讨论修改大学章程，胡适建议把分级制改为选科制，获得通过。他亲自拟定了有关章程，一九一九年北大正式改用选科制和分系制。同时他还仿照美国大学做法，建议在各科各门设立研究所，使本科毕业生能继续从事专门的研究。

胡适做的第二件事是提倡男女同校，为此还专门发表了《大学开女禁的问题》，这个倡议得到蔡元培的支持。一九二〇年春，北大招收了首批九名女生文科旁听生，暑假正式招收女生，首开了大学男女同校的先河。

第三件事是广揽学者教授。蒋梦麟上任后，把文、理、法三科改为三院，任命胡适为文学院院长。蒋说："辞退旧人，我去做；选聘新人，你们去做。"胡适凭借其广泛的人脉资源很快为北大网罗了一大批人才，如钱穆、闻一多、马叙伦、俞平伯、魏建功、汤用彤、梁实秋、温源宁、叶公超、陈衡哲、丁文江等知名学者教授，从而奠定了北大崇高的学术地位。

一九四六年十月十日，在北大开学典礼上，胡适指出北大的办学方向："一、提倡独立的，创造性的学术研究；二、对于学生要培养利用工具的本领，做一个独立研究、独立思想的人。……我是一个没有党派的人，我希望学校里没有党派，即使有，也如同有各种不同的宗教思想一样，大家有信仰自由，但切不可毁了学校，不要毁了这个再多少年不容易重建的学术机关。"

即使今天看来，胡适这些观点仍有着积极的意义。

一九六二年二月，胡适因病去世，去世前，胡适特别提出把他离开北大时寄存在北大的一百多箱书捐给北大。胡适对北大的感情于斯可见。

过河卒子

偶有几茎白发，心情微近中年。

做了过河卒子，只有拼命向前。

这是胡适一九三八年写的一首诗，虽然并不是写他与政治的关系，却十分贴切地反映了他那种游走在政治边缘的人生状态。

应该说"五四"运动时期的胡适还是相当进步的，对新文化运动也产生过很大的积极影响，这是不可否认的。作为自由知识分子，胡适一向站在学生一边。"五四"运动爆发不久，胡适回到北大时，蔡元培已辞职南下，胡适当时是站在学生一边支持蔡的，为此还发表《北京大学与青岛》一文，对诬蔑学生运动是"为蔡元培争位置"给予强烈讽刺。六月初，北大一批学生因街头演讲被军警逮捕，胡适与马叙伦、刘半农等二十余位教员召开紧急大会解救学生，并亲自探望，对营救学生不遗余力。他认为北大精神就是自由与宽容。

1920年3月14日，蒋梦麟、蔡元培、胡适与李大钊（从左至右）在北京西山卧佛寺合影

即使二三十年代，胡适对国民党的一些做法也公开表示反对。最著名的就是中国公学风波。"胡适于一九二九年五月间发表《人权与约法》和《知难行亦不易》，七月又发表《我们什么时候才可有宪法》，激怒了当局。他不愿因他个人的思想言论影响学校的立案问题，向校董提出辞职。"（罗尔纲《胡适琐记》）迫于官方压力，胡适不得不辞去中国公学校长一职，以平息事端。但学生坚决支持胡适，表示宁可不立案，也不让胡适辞职。当时规定，凡私立大学未经立案的政府不予承认，学生毕业文凭不能做资格证明。但学生会却形成决议："宁可不立案，不能让胡适校长辞职。"这也可以反映出胡适当时受学生欢迎的程度。

胡适在中国公学时，推行改革，有些做法是相当激进的。对此，他的弟子罗尔纲后来回忆说："进了学校，首先使我痛快的，是不挂国民党旗，星期四上午不做国民党纪念周。学校广场走道旁，竖有许多木牌，给学生贴壁报用。那些壁报，有无党无派的，有国民党员的，有左派的，有国家主义的。胡适一视同仁，任由学生各抒己见。"（罗尔纲《胡适琐记》）

这完全是一副自由知识分子的做派，甚至有些与政府唱反调，自然是不受国民党欢迎的。

胡适与蒋介石的关系也很值得玩味。

根据有关资料，胡适第一次见蒋介石是在一九三二年。一九三二年十一月，胡适应武汉大学校长、老朋友王世杰邀请前往讲学，当时蒋介石正在武汉，由于王世杰的安排，胡适有机会第一次拜访蒋介石。会见时胡送蒋一本《淮南王书》，寓意是希望蒋推行无为政治。

第二次会面是十二月二日，与第一次会面仅隔了一个月。这一次是蒋介石主动约见胡适，二人并作了长谈。这次见面，蒋送了胡一本蒋著的《力行丛书》，以示对胡适的赏识。

应该说，胡适对会见蒋介石还是很高兴的，而且内心对蒋还是有一种期待。胡适并不真的了解蒋，他希望通过与蒋的接触影响到蒋。所以，在一九三三年，当日军继攻占山海关后进攻热河时，胡适便致电蒋要求他北上抗战。这既体现了胡适作为知识分子的良知，也显示了胡适天真的一面。

虽然从三十年代开始，胡适的思想开始向后缩，但他对青年学生始终是十分爱护的。这一点也反映在他致苏雪林信中："关于'左'派控制新文化一点，我的看法稍与你不同。青年思想'左'倾，并不足忧虑。青年不'左'倾，谁当'左'倾？只要政府能维持社会秩序，'左'倾的思想文学并不足为害。青年作家的努力，也曾产生一些好文字。我们开路，而他们做工，这可鼓舞我们中年人奋发向前。他们骂我，我毫不生气。"（胡适一九三六年十二月十四日致苏雪林）

「书生大使」胡适与美国总统罗斯福（左）

由于对国民党心存幻想，胡适一度出任赴美大使。这也体现了他书生报国的情怀，他希望用他一己之力为国家为民族做点力所能及的事。蒋其实也是想借助胡适在美国的影响与名望，为自己争取美国人的支持。客观上，胡适在任美国大使期间还是为国民党政府争取了一些援助的，亦有功于蒋。

"中日战争期间，胡适曾任驻美大使四年，成为罗斯福总统的密友。……罗斯福非常信任这位率直的学者，胡适也因此在出任大使伊始便为中国政府争取到一笔二千五百万美元的贷款。"（林语堂《我最难忘的人物》）

胡适虽然在政治上逐渐靠近国民党政府，对蒋心存幻想，但他对学生的态度始终是关心爱护的。即使到了四十年代中后期，国共斗争已经十分明朗，胡适对学生的态度仍一如既往。这从季羡林的回忆中也能得到证明："我到北大以后，正是解放战争激烈地展开、国民党反动派垂死挣扎的时候。……北大的民主广场号称北京城内的'解放区'。学生经常从这里出发，到大街上游行示威，反饥饿，反迫害，反内战。国民党大肆镇压、逮捕学生。从'小骂大帮忙'的理论来看，现在应当是胡适挺身出来给国民党帮忙的时候了，是他协助国民党反动派压制学生的时候了。但是，据我所知道的，胡适并没有这样干，而是张罗着保释学生，好像有一次他还亲自找李宗仁，想利用李的势力让学生获得自由。"（季羡林《为胡适说几句话》）

在著名的"沈崇事件"中，胡适顶着巨大压力，坚决站在学生一边。

一九四六年正当国民党召开"制宪国大"前夕，发生了北大女学生沈崇被美国大兵皮尔逊强奸事件，史称"沈崇事件"。事件很快影响到全国。胡适对此也十分愤怒。"当我们提到沈崇事件时，老先生这次也被激怒了，'这还得了！真岂有此理！'说着说着，还敲着桌子。……他甚至说：'抗议、游行，有何不可！众怒难犯，伸张民意嘛！'我赶紧说：'适之先生，您这个态度可以捅出去吧？''可以。'"在记者招待会上，他公开表示支持抗暴游行。"当美国法庭审理此案时，北大师生要求胡适出庭做证，惊动了国民党当局，恐事情闹大，蒋授意外交部部长王世杰急电胡适，劝阻他出庭。但胡适这次竟然顶住了压力，毅然出庭做证，迫使美国法庭判处美兵皮尔逊有罪。"（叶由《我对胡适的印象》）

历史并不以胡适的意志为转移，内战打了三年，国民党基本上败局已定。

一九四八年胡适离京前，有人前来告诉胡适，说共产党广播希望他不要跟着国民党走，他还可以留下来当北大校长和北京图书馆馆长。胡适听了只微笑着说了一句："他们要我吗？"这一句话里反映出胡适内心深处太多的无奈。此时的胡适已经感觉到，作为过河卒子，他已经没有回头路了。

一九四九年一月，蒋介石宣布"引退"，四月，胡适在万般无奈中从上海乘克里夫兰总统号轮前往美国，开始了他在纽约的流亡生涯。为生计所迫，胡适一度担任普林斯顿大学东方图书馆管理员，生活十分困顿。即使这样，他也不为五斗米折腰，始终保持着一个知识分子的人格。"一九四九年后，美国有位曾经做过财政部部长的大资本家特在匹兹堡大学捐设一年俸万余的讲座，并新建住房，供胡先生终身使用，胡先生却始终不肯接受。"（沈刚伯《我所认识到的胡适之先生》）

胡适为人大方，热心助人，却不善理财，以致在美国时生活十分拮据。有次他对年轻的唐德刚十分感慨地说：还是要趁年轻时多存点钱啊！

一九六二年二月二十四日，胡适因心脏病发作在台北去世。"他死后，有好几位朋友的太太去帮胡夫人整理他的遗物，才发现他只有一件新衬衫，一双好袜子；剩下一大堆袜子，每只都是补过的，好些衬衫大半均差不多破了。身无长物，一至如此，也可以说是身后萧条了！"（沈刚伯《我所认识到的胡适之先生》）

1962年2月，胡适于台北逝世，众人纷纷前来吊唁

虽然胡适身前困顿，死后却备极哀荣。胡适出殡时，有五万人为他送行，可谓盛况空前。蒋介石还亲往祭吊，并送一副挽联：

新文化中旧道德的楷模
旧伦理中新思想的师表

知胡适者，蒋介石也。这副挽联可以说是对胡适矛盾一生最好的概括。

关于胡适与国民党的关系，季羡林曾经有这样一段评价："他从来就不是国民党员。他对国民党并非一味地顺从。他服膺的是美国的实验主义，他崇拜的是美国的所谓民主制度。只要不符合这两个尺度，他就挑点小毛病，闹着独立性。对国民党也不例外。"（季羡林《为胡适说几句话》）

这样的评价是公允的。

主要参考书目：

《胡适传》（易竹贤著，湖北人民出版社）

《胡适自传》（江苏文艺出版社）

教我如何不想她：

独立不羁的刘半农

其一是半农的真，他不装假，肯说话，不投机，不怕骂，一方面却是天真烂漫，对什么人都无恶意。其二是半农的杂学。他的专门是语言学。但他的兴趣很广博，文学美术他都喜欢，做诗，写字，照像，搜书，讲文法，谈音乐。

——周作人

　　对于今天的读者来说，刘半农是一个陌生的名字，大约只有读中文系的人才知道刘半农是何许人也。就是一般的大学生，对他的了解大约也仅仅知道他是新文学运动的健将而已。其实刘半农是个多面手，多才多艺，虽然是以文学家名世，却是职业语言学教授，一个颇有建树的语言学家。刘半农只活了四十三岁，但在这短短的一生中，却创造了许多人间传奇。

少年才子刘寿彭

　　刘半农，原名寿彭，后改名复，号半农。一八九一年五月二十七日，生于江苏江阴西横街。父亲刘宝珊，曾中过秀才，后与人创办江阴最早的小学翰墨林小学。一九〇五年，十七岁的刘半农从翰墨林小学毕业，以江阴考生第一名的成绩考取由八县联办的常州府中学堂。同期录取的还有后来蜚声海内外的国学大师钱穆。刘半农天资聪颖，每次考试各科成绩平均都在九十分以上，深受学监（校长）屠元博的喜爱。一次，刘半农到屠家拜访，结识了屠元博的父亲屠敬山。屠敬山是远近闻名的史学家，交谈中，屠敬山发现这个少年学子才识双全，可堪造就，于是破例将他收为弟子，此事在当地一时传为佳话。枪打出头鸟，出于嫉妒，有人说他好钻营取巧，这让他心里很不是滋味。他没有理睬别人的造谣，决心用实力证明自己。不久机会就来了。一次，知府到学堂视察，临时出了一道命题作文，想考察一下学生的成绩。结果刘半农又以第一名的成绩再夺魁首，并得到知府亲自嘉奖。这样一来，连原先嫉妒他的人也心服口服。

刚入常州府中学堂第一年，刘半农每次考试几乎都名列第一，被学校"列入最优等"，一时声名大噪。钱穆晚年回忆说："不三月，寿彭连中三元，同学争以一识刘寿彭为荣。"

就这样，刘半农才子的名声一下子传开了。

传奇婚姻

一九一〇年六月，中学还没有毕业，刘半农就与未婚妻朱惠结婚了。刘半农与朱惠的结合，很有些传奇色彩。

刘半农的母亲是一个虔诚的佛教徒，逢年过节经常到离家不远的一处小庵堂里烧香拜佛，时间一久，就与邻村来拜佛的朱家女人成了无话不谈的好朋友。刘半农十一岁那年，母亲带他到庵堂里烧香，碰巧朱家女人也带着自己的两个女儿来庵里玩。这次见面让双方有了意外的惊喜。十一岁的刘半农相貌端正，聪明灵活，朱家女人看了满心欢喜，便萌生了将长女许配给他为妻的念头。巧的是刘半农的母亲也相中了朱家的长女朱惠。朱惠比刘半农大三岁，十四岁的朱惠已经出落成一个婷婷玉立的美丽少女。刘半农的母亲对朱家长女十分喜欢，回家就把朱家意思与丈夫说了，丈夫极力反对，认为朱家与刘家门不当户不对，便以女方年长儿子三岁为由拒绝了。朱家却认准了这门亲事，诚恳地说，如果嫌老大大了，就把老二许配刘家。话说到这个地步，刘家便答应了这门亲事。然而好景不长，不久，朱家二女儿竟患病去世了，刘家很叹息了一阵子。本来这门亲事算黄了，但朱家又提出把老大许配给刘家，刘半农的父亲被对方的诚意感动了，最终同意了这门亲事。

那个时代的习俗，男女双方订婚后很少见面。刘半农却不管这个规矩。

早在庵堂里他就悄悄地喜欢上了朱家的长女，只是当时碍着旧俗不好表现出来。现在订婚了，就不必顾忌了，一有机会就悄悄地往朱家跑。一次，朱惠在井台上打水，无意中露出长裙下的一双用红布裹着的三寸金莲，看着心上人走路一瘸一拐的样子，他很是心痛。回家后坚决反对未婚妻缠脚，经不住他的软磨硬缠，后来两家达成一个折中的协议，白天朱惠继续缠脚，晚上就悄悄放开。刘半农的体贴深深地打动了少女的心，两人感情也一天天加深。

刘半农到常州府学堂读书后，考虑到家务事多，父母便将朱惠接到家中做了童养媳。毕业前一年，母亲突然犯病，为了冲喜，家人让两人匆忙结了婚。婚后，朱惠吃苦耐劳，由于过度劳累，先后两次流产，父亲极为不满，为了刘家香火，父亲决定为儿子纳妾。此刻接受新思潮影响的刘半农，对父亲的决定十分反感，为了避免正面冲突，他悄悄地把妻子带到了上海。一九一六年，他们第一个女儿出生了，考虑到家乡重男轻女的观念，女儿刘小蕙一直女扮男装，直到一九二〇年出国前才恢复了女儿身。

礼拜六派小说家

　　在常州府学堂毕业前一年，出于对学校保守教育体制的不满和失望，刘半农做出了一个惊世骇俗的决定，放弃到手的大好前程，毅然从学校退学。

　　刘半农的退学在家乡引起了一场轩然大波，不仅父亲大为震惊，家乡人也议论纷纷。刘半农决定离开家乡到外地发展。一九一二年，刘半农只身前往上海，经朋友介绍，在《时事新报》和中华书局谋到了一份编辑工作，并业余在《小说月报》《时事新报》《中华小说界》和《礼拜六》周刊上发表译作和小说。为了迎合读者口味，他给自己起了几个艳俗的名字，如半侬、寒星、范瑞奴等，而用得最多的笔名就是半侬。由于国文功底好，悟性高，再加上勤奋和才情，刘半农很快成为上海滩文坛上一个十分活跃的小说新秀，拥有了一批读者。五年时间发表了四十多篇艳情小说，内容包括言情、警世、侦探、滑稽、社会等有闲阶级阅读的消遣小说，如《失魂药》《最后

之跳舞》等，他的名字经常出现在《小说月报》《小说大观》《礼拜六》等杂志上，受到许多读者的追捧。苏雪林晚年回忆说："半侬的小说我仅拜读过三数篇，只觉得滑稽突梯，令人绝倒。"

经过几年奋斗，刘半农在上海滩声名鹊起，被人称为"江阴才子""文坛魁首"，他已经可以靠着每月几十元的稿费维持一家人的生活。而且约他写稿的杂志越来越多，就连赫赫有名的报人和小说家严独鹤都来向他组稿，刘半农终于用一支笔为自己闯出了一片新天地。

中学肄业的北大教授

一九一七年夏，刘半农从上海返回江阴，一方面在家中赋闲，一方面思考着自己未来的人生道路。由于没有固定收入，只好靠变卖家中物品度日，经常穷得揭不开锅，最困难的时候连猫食都无钱购买，妻子不得不经常到娘家去借贷。就在一家人贫困潦倒的时候，忽然接到了一封北京大学蔡元培校长寄来的聘书，正式聘请他担任北京大学预科国文教授。一个连中学

任北京大学国学研究所主任兼国文系教授的
刘复（刘半农）

都没有毕业的人突然接到全国最高学府的聘书，不仅妻子难以相信，他自己也不敢相信。只有弟弟刘天华相信，他一向佩服哥哥的才华，相信以哥哥的天资早晚会出人头地，做出一番大事，现在机会终于来了。开始刘半农还有些丈二和尚摸不着头脑，怎么也不相信这样一步登天的好事会落到他的头上，想了半天才想到不久前在上海与《新青年》主编陈独秀的一次难忘的会面，现在看来一切都是那次会面的结果。事实正是如此，那次会面，陈独秀慧眼识珠，不仅看出刘半农身上的锐气，更看出他是一个可造之才，北大正需要这样的人，于是向不拘一格选人才的蔡元培先生作了大力推荐。就这样，一个籍籍无名的连中学都未毕业的乡村青年鲤鱼跃龙门，跨入了全国最高学府北京大学。

随着一纸聘书，刘半农一步跨入了北大这个全国最为显赫的高等学府。同时执教的还有钱玄同、周作人、胡适等人。最初他教授诗歌、小说、文法概论和文典编纂法等。虽然连中学都没有毕业，好在他国学功底并不逊于他人，而且又长于写作，阅读广泛，上课又认真准备，不久就站稳了脚跟，得到了学生的认可。很快人人都知道北大来了一个中学肄业的国文教授刘半农。

《新青年》杂志演"双簧"

一个偶然的机会，醉心于通俗小说创作的刘半农在《新青年》杂志上看到胡适的《文学改良刍议》，大受震动，决定与旧文学决裂，投向新文学。一九一八年起，刘半农开始向《新青年》杂志投稿，表达自己文学改革的愿望。署名时斟酌再三，觉得自己以前用那种香艳媚俗的笔名"半侬"十分可耻，毅然去掉了偏旁，改为"半农"，以示与过去决裂。一九一八年一月在《新青年》杂志上发表《应用文之教授》一文时，正式署名"半农"，从此"半农"成了他正式的名字。

北大是新文化运动的发祥地，也是新文化的中心，进入北大后，刘半农变成了新文化运动的急先锋。仅在《新青年》杂志上写写文章，他觉得还不过瘾，他希望与复古派守旧派来一次彻底的对决，给他们迎头痛击。在上海时他曾进剧团做过编剧，所以他首先想到了双簧戏。觉得这是一个十分理想的形式。他把自己的想法告诉了好友钱玄同。钱和他一样，也是个大炮筒子性格，曾经骂"桐城巨子"和"选学名家"为"桐城谬种""选学妖孽"。由于两人性情相近，在教授圈子里一向过从甚密，无话不谈。刘提议两人合演一出双簧戏，一个扮演顽固的复古分子，封建文化的守旧者，一个扮演新文化的革命者，以记者身份对他进行逐一驳斥。用这种双簧戏的形式把正反两个阵营的观点都亮出来，引起全社会的关注。一开始，钱玄同觉得主意虽不错，但手法有些不入流，不愿参加。但刘半农坚持说，非常时期只有采取非常手段，才能达到目的。经他反复动员，最后钱玄同才同意与他一起演一出"双簧"戏。

一九一八年三月十五日，《新青年》杂志第 4 卷 3 号上，忽然发表了一篇写给《新青年》杂志编辑部的公开信《给新青年编者的一封信》，署名"王敬轩"。信是文言的，全信四千多字，不用新式标点，以一个封建思想和封建文化卫道者的形象，列数《新青年》和新文化运动的所有罪状，极尽谩骂之能事。而就在同一期上，发表了另一篇以本社记者半农之名写的观点与之针锋相对的文章《复王敬轩书》，全信洋洋万余言，对王敬轩的观点逐一批驳。这一"双簧"戏旗帜鲜明，在文坛引起强烈反响，不仅真的引来了"王敬轩"那样的卫道士，如林琴南等人的发难，更多的却引起了青年学子和进步人士的喝彩。鲁迅对此也持肯定的态度。这一正一反两篇文章同时出现，结果"旧式文人的丑算是出尽，新派则获得压倒性的辉煌胜利"。（苏雪林）一些原来还在犹豫的人都开始倾向新文化了，连朱湘和苏雪林都说他们是看了这"双簧"戏才变成新派的，可见"双簧"戏影响之大。

刘半农导演的这出"双簧"戏已经成为现代文学史上一个富有戏剧性的插曲。关于刘半农对新文化的贡献，苏雪林认为："虽不足与陈、胡方驾，却可与二周并驱。事实上，他对新文学所尽的气力，比之鲁迅兄弟只有多，不会少。"作为《新青年》的健将，刘半农对新文学的贡献是很大的，但若说超过鲁迅兄弟，这样的评价就未免过誉了。

发奋读博士

　　刘半农到北大后，自知资历浅，所以十分勤奋，讲课很受学生欢迎，创作也十分活跃，但在北大这个学院派占统治地位的地方，像他这样一个连中学都没有毕业的大学教授依然被一些人视为"下里巴人"，对他能否胜任教学工作常常表示怀疑。一次在《新青年》编委组成人选上，胡适就直接提到了人选的学历问题，这对刘半农无疑是一个很大的刺激。同时，刘半农在上海滩染上的才子气，包括衣着打扮等做派也遭到一些人的诟病。鲁迅后来在《忆刘半农君》中也指出："那些人批评他的为人，是：浅。""但这些背后的批评，大约是很伤了半农的心，他的到法国留学，我疑心大半就为此。"

　　人说愤怒出诗人，对于刘半农则是发奋读博士。在蔡元培的支持下，刘半农考上了官费赴英留学的资格。一九二〇年二月七日携夫人朱惠和女儿小蕙自上海启程，乘坐日本货轮"贺茂丸"赴英留学。

刘半农夫妇与女儿小蕙在欧洲

当时伦敦生活费昂贵，一家三口仅靠他一个人的官费生活十分拮据。半年后，又生下一对龙凤胎，刘半农因地取名，把"伦敦"一拆为二，男孩先生名育伦，女孩后生名育敦。家里又多了两张嘴，经济压力更大了，穷得连摇篮都买不起，只好把从国内带去的柳条包拆成两截，做成两个简易的摇篮。穷则思变，听朋友说法国国家图书馆藏书丰富，生活费用也比英国便宜，于是一九二一年六月全家迁居法国，转入巴黎大学学习。

巴黎的生活费虽比伦敦便宜，但对一个仅靠官费养活五口之家的人来说也是居不易。在给友人信中，刘半农这样写道："我近来的情形，真是不了！天天闹的是断炊！……留学费也欠了三个月不发……我身间有几个苏，便买只面包吃吃，没了便算。"穷且益坚，刘半农出国时本来准备研究文学和语言学的，到了国外才知道鱼与熊掌不可兼得，于是忙把文学舍去，专攻语言学。经过一段时间的摸索，决定专攻实验语音学。出国前，刘半农有一个宏大理想，希望从理论上弄清从齐梁以来沈约等人提出的四声原理。此前国人一直知其然不知其所以然。他决心揭开这个千古之谜。巴黎的名胜古迹，他无暇顾及，塞纳河风光他无意欣赏，他几乎把所有的时间都花在了巴黎图书馆里。业余时间，他还得给国内杂志翻译写稿，挣钱养家。他的《扬鞭集》《瓦釜集》中许多作品都写于这一时期。

实验语音学需要一些记音仪器，记音仪器不仅价贵且无处购买，于是他就自己动手，从废旧市场买来各种材料自己组装。凭着顽强的毅力，他硬是发明了研究语音学必需的仪器音高推算尺和音鼓。法国的博士学位一向要求极严，没有过硬的高水平论文想都别想，所以他一点也不敢马虎。所有的语音实验都一丝不苟，为了用科学的方法测验中国语音的有关数据，光是一篇两百多字的文章，就用了三个月的时间！经过三年的努力，他终于完成了《汉语字音实验录》，首次对四声原理作出了科学的论述。指出决定汉语四声的主要因素是高低。一九二四年冬天，刘半农终于通过了巴黎大学的各项预试科目，获得了参加国家博士考试的资格。

一九二五年三月十七日，刘半农参加博士学位答辩的日子。这一天，全家人早早地起来了，朱惠给全家准备了丰盛的早餐，又给三个孩子穿上了最漂亮的衣服。赵元任一家和蔡元培夫妇也前来助阵。考场设在阶梯教室，台上坐了一排身穿深黑色长袍、肩披彩色绶带的巴黎语音学专家。考试分

两场，上午口试，接受教授专家的提问；下午做实验示范演示。答辩一共进行了七个小时，最后专家组宣布："刘先生做了一番惊人的科学工作，经过认真的讨论以后，我们一致认为应该授予他国家博士学位！"一位青年教师给刘半农戴上了圆形的博士帽。仪式结束，刘半农从台上走下来时，已经精疲力竭，几乎被人扶着走了出去。

刘半农的博士论文于一九二五年获得康士坦丁·伏而内语言学专奖，因成绩突出，刘半农还被吸收为巴黎语言学会的会员。这是中国人乃至亚洲人第一次获得这种法国国家博士学位，刘半农对此十分自得，经常得意地称自己是"国家博士"。寒窗苦读，总算有了扬眉吐气的一天。

业余摄影家

刘半农是个典型的江南才子，多才多艺。刘半农去世后，周作人特别撰文回忆说："其一是半农的真。他不装假，肯说话，不投机，不怕骂，一

方面却是天真烂漫，对什么人都无恶意。其二是半农的杂学。他的专门是语音学。但他的兴趣很广博，文学美术他都喜欢，作诗，写字，照相，搜书，讲文法，谈音乐。"

　　刘半农不仅写一手好文章，工诗书，而且还是中国现代早期的一位业余摄影家。这一点知道的人并不多。他最早的摄影活动可以追溯到他从常州府中学退学之后。他从中学退学后，一时没有找到工作，为了生计，就买了一台照相机在家乡代人照相，这要算是江阴历史上第一家照相馆。由于只此一家，生意还不错，多少可以补贴家用。到欧洲留学，是他业余摄影的第二个阶段，真正投入精力从事业余摄影是留学归国后。从法国回来，刘半农加入了北京大学摄影爱好者组织的摄影团体北京光社。这是中国历史上第一个业余摄影团体。刘半农最喜欢照风景照，经常与同人一起切磋技艺，先后参加了四五次摄影展览。当时摄影展通常都在中山公园举办，每次他都动员全家人参加布置，精心挑选他满意的作品参赛。他认为摄影是一门艺术，所以平常选景造型都十分讲究，常以诗人的视角选景构图，创作了许多摄影佳作，如《莫干山之云》《卖花姑娘》《平林漠漠烟如织》《捣衣》等。他的作品"画中有诗，诗中有画"，被大家公认为业余摄影中的顶尖高手。刘半农不仅长于实践，而且还进行理论探讨，在朋友们鼓动下，他还根据自己的摄影经验撰写了一本《半农谈影》，这本摄影专著可以算作中国历史上第一部较有影响的摄影理论专著，对早期摄影产生了较大影响。

为赛金花作传

刘半农虽是北大名教授，但绝不是一个学究。从骨子里，刘半农是一个洒脱达观敢作敢为的人，有几件小事可以证明。

一九三〇年五月，刘半农被教育部任命为北京大学女子学院院长，到任不久，刘半农就针对学生中存在的不良习气，颁布了《禁止女生入公共跳舞场布告》，禁止学生跳舞，同时还禁止女生间互相称密斯，而要改称姑娘。禁令一出，沸沸扬扬，但他坚持不为所动。

刘半农身为名作家名教授，许多报纸都以能刊登他的作品为荣。一次，老友成舍吾见面时抱怨他很久不给他的报刊写文章。刘半农半开玩笑半认真地说，我写的都是骂人的，你敢登吗？成说，只要你敢写我就敢登。刘半农就真的写了一篇讽刺考试院院长戴传贤的文章《南无阿弥陀佛戴传贤》，文章讽刺戴只念佛不做事。《世界日报》收到就发了，戴看到后大为光火，他不敢拿刘半农出气，只好拿报纸开刀，结果报纸被停刊三天。

刘半农去世前最"出格"的举动，就是采访名妓赛金花。堂堂的北大名教授去采访一个名声不佳的妓女，这样的事情也只有刘半农做得出来。早在几年前，刘半农就从报上了解了有关赛金花的事迹，但众说纷纭，蒙在她身上的迷雾一直让人不辨真假，有人把她说成"民族英雄"，有人认为她就是一个出卖肉体和灵魂的妓女。刘半农觉得她是一个值得研究的传奇人物，应该趁她活着时调查清楚，揭开事情真相。于是便带着自己的得意门生商鸿逵前往北平居仁里的"江西魏寓"亲自采访。风烛残年的赛金花没有想到大名鼎鼎的刘半农会来采访她这样的人，非常激动，决定接受采访，公开讲述自己的生平事迹。通过多次采访，结合研究历史，刘半农基本拂去了蒙在她身上的历史迷雾。刘半农采访名妓赛金花的事件再次引起了轰动，赛金花一时又成了社会热门话题。投桃报李，刘半农去世后，赛金花一袭黑衣专门前往追悼，一时传为奇谈。刘半农去世后，《赛金花本事》才由他的学生整理出版。

"教我如何不想他"

刘半农从法国学成归国，受到北大热烈欢迎。在蔡元培的关心支持下，成立了我国第一个语音实验室。他制订了一个宏大的计划，决定完成一部《四声新谱》、一部《中国大字典》和一部《中国方言地图》。

一九三四年六月十九日，刘半农带着学生白涤洲、沈仲章等五人，携带大量语音设备利用暑期前往内蒙古和山西一带考察方言和民间习俗。原定计划一个月左右，途经包头、呼和浩特、百灵庙、大同、张家口。此行主要任务是完成瑞典地理学会为纪念瑞典考古学家斯文赫定七十诞辰而征集的论文，同时为他的《四声新谱》和《中国方言地图》补充资料。一路上采访十分顺利，收获颇丰，不料在绥远中学演讲时，被当地一种毒虱咬了一口，不幸感染上回归热，体温一度升到三十八度五。就在这种情况下，他还坚持叫来一名学生，亲自记录了他的发音。回到北京后，多方医治无效，刘半农于七月十四日下午二时病逝于协和医院。时年四十三岁。

像这样因公殉职的名教授，刘半农差不多要算北大历史上第一人，因此学校破例在其遗体上覆盖了北大三色校旗，以示哀荣。校长蒋梦麟及马幼渔、胡适等北大名教授及全体师生员工几乎都参加了他的葬礼，规格之高据说在北大历史上没有第二人。蔡元培亲自为他撰写了碑铭："朴学隽文，同时并进；朋辈才多，如君实仅；甫及中年，身为学殉；嗣音有人，流风无尽。"这是对刘半农一生忠实的评价。老友赵元任的挽联是："十载凑双簧，无词今后难成曲。数人弱一个，叫我如何不想他！"亦庄亦谐，更令人称绝。

临老三回值乱离，蔡威泪尽血犹存：

"教授之教授"陈寅恪

宓于民国八年在美国哈佛大学得识陈寅恪。当时即惊其博学，而服其卓识，驰书国内诸友谓："合中西新旧各种学问而统论之，吾必以寅恪为全中国最博学之人。"今时阅十五六载，行历三洲，广交当世之士，吾仍坚持此言，且喜众之同于吾言。寅恪虽系吾友而实吾师。

——吴宓

　　一九六九年十月七日，一代大师陈寅恪先生悄然离开了人世。我们这代人认识陈寅恪，多数始于陆键东的那本风行一时的传记《陈寅恪的最后二十年》。甚至可以说，是这本传记复活了陈寅恪，如今陈寅恪已经成了一代学人的象征与符号。然而，即使在今天，对于大多数人来说，陈寅恪仍然是一个谜，一个偶像。

"教授之教授"

　　早在三十年代，陈寅恪已经名满天下，为士林景仰。最早发现并竭力向国人推崇陈寅恪的，当推与陈寅恪相知最深的好友、著名教授吴宓。关于这件事，在《吴宓文集》中，吴是这样说的："宓于民国八年在美国哈佛大学得识陈寅恪。当时即惊其博学，而服其卓识，驰书国内诸友谓：'合中西新旧各种学问而统论之，吾必以寅恪为全中国最博学之人。'今时阅十五六载，行历三洲，广交当世之士，吾仍坚持此言，且喜众之同于吾言。寅恪虽系吾友而实吾师。"以吴宓当时的地位之尊，学术之博，对一个相知不久

青年陈寅恪

的人如此评价，可谓推崇备至。抗战时期在重庆时，学界颇负盛名的傅斯年也对陈寅恪的受业弟子陈哲三说："陈先生的学问近三百年来一人而已。"这话出自傅斯年之口，自然并非虚言。就连大名鼎鼎的胡适也在一九三七年二月二十二日的日记中称："寅恪治史学，当然是今日最渊博、最有识见、最能用材料的人。"

陈寅恪，江西修水人，生于湖南长沙。祖父陈宝箴，曾官至湖南巡抚。父亲陈三立，进士出身，曾任吏部主事，后为晚清诗歌大家。陈寅恪幼承庭训，打下深厚国学功底。一九〇二年随长兄衡恪东渡日本求学，一九〇五年秋回国。一九一〇年转赴欧洲，先后在德国柏林大学、瑞士苏黎世大学、法国巴黎大学等校求学，一九一四年回国。一九一八年冬赴美，入哈佛大学，学习梵文巴利文两年。一九二一年由美再度赴欧，重回柏林大学，研究梵文及东方古文字学，一九二五年回国。前后十四年时间，陈寅恪游学日、欧、美，精通英、法、德、日、蒙、藏、满、梵、巴利、波斯、突厥、西夏、拉丁、希腊等十余种文字（一说二十余种文字，包括一些已经死亡的文字）。等到陈寅恪回国时，仅就所掌握的外国文字的数量已经没有什么人超过他的了。

有意思的是，陈寅恪当年虽遍求名师，广泛涉猎，回国时却没有拿什么文凭。以他的聪明及才识，按说拿一个文凭应该易如反掌，可据有关资

料，他确实没有拿过什么过硬的文凭，更不用说博士之类的头衔了。关于他的文凭方面的情况并没有留下多少可信的资料，他本人对此更是不屑一顾。这一点在那个年代也显得十分特别。关于陈寅恪是否得过洋文凭，有几种版本。一般认为，陈寅恪虽留学欧美十多年，却未拿一个文凭，关于这一点，他的受业弟子陈哲三是这样解释的："因先生读书不在取得文凭或学位，知某大学有可以学习者，则往学焉，学成则又他往。故未得一张文凭。"（陈哲三《陈寅恪先生轶事及其著作》）另有一种说法是，陈寅恪曾得到一个学士学位。还有一种说法，是他的侄儿陈封怀在《回忆录》中提出来的，称陈寅恪曾得过三个学士学位："在那时，我们叔侄二人经常谈论欧洲，特别是对英、德、法语言文字学术，有了深入的理解。他在这三个国家得了三个学士学位。"至于是一个学位，还是三个学位，是什么学位，都没有得到更详细的资料证明。关于学位的事，陈寅恪本人从来没有提到过，因为他求学的目的从来就不是学位，所以关于其学位的争论也就显得毫无意义。这也正是陈寅恪的大师风范和他不同于常人的地方。

陈寅恪不注重学位，但并不表示别人也不重视。事实上那个年代学位，尤其欧美的学位对大部分人来说还是一块十分重要的敲门砖。所以陈寅恪当初到清华国学院做导师时就碰到了这样的尴尬："十五年春，梁先生推荐陈寅恪先生，曹说：'他是哪一国博士？'梁答：'他不是学士，也不是博士。'曹又问：'他有没有著作？'梁答：'也没有著作。'曹说：'既不是博士，又没有著作，这就难了！'梁先生气了，说：'我梁某也没有博士学位，著作算是等身了，但总共还不如陈先生寥寥数百字有价值，好吧！你不请，就让他在国外吧！'接着梁先生提出了柏林大学、巴黎大学几位名教授对陈先生的推誉。曹一听，既然外国人都推崇，就请。民国十五年秋天陈先生到校。"（陈哲三《陈寅恪先生轶事及其著作》）这里记录的是当年梁启超与清华校长曹云祥之间的一段对话，很耐人寻味。梁启超当时已是学界巨擘，他和外国著名学者如此推崇的人物自然令人刮目。可见，陈寅恪还没有回国，就已经名扬海内外了。

清华大学国学院创办于一九二五年。清华校长曹云祥原本聘请胡适为导师，胡适坚辞不就，胡适建议仿照中国古代书院及英国牛津导师制，办清华研究院，并称："非第一流的学者不配做研究院的导师，我实在不敢当。"他推荐了梁启超、王国维和章太炎三人，但章太炎以他与梁之间有矛盾坚辞不就。梁启超推荐陈寅恪为导师，认为陈寅恪通晓欧洲及东西方多种文字，修养深厚，足堪大任。后清华又聘请吴宓担任研究院主任，李济为讲师。一九二五年陈寅恪从欧洲回国时，清华研究院正招收第一届研究生。

梁启超对陈寅恪的推荐完全是因为陈寅恪的学术影响及成就。陈寅恪并非浪得虚名，其学问之大，在海外影响之广，有几件事很说明问题。

据陈寅恪的受业弟子陈哲三说："俄人在外蒙发掘到了三个突厥碑文，学者纷纷研究，但均莫衷一是，不懂不通，陈先生之翻译解释，各国学者毫无异辞，同声叹服。唐德宗与吐蕃之唐蕃会盟碑，许多学者，如法国之沙畹、伯希和等人均无法解决，陈先生之翻译也使国际学者满意。"（陈哲三《陈寅恪先生轶事及其著作》）面对已经死亡的突厥文，几个世界知名的学者都无法破译，只有陈寅恪能解释，且让人心服口服，这就不能不令人刮目。

陈寅恪在海外影响之大，陈哲三还有一个亲身经历。一九三三年，他到日本，一次饭间遇到日本史学界大名鼎鼎的学者白鸟库吉，刚见面时白鸟对他十分傲慢无礼，后得知他是陈寅恪的弟子，便执礼甚恭，态度发生了一百八十度的大转弯。白鸟为什么对陈寅恪如此敬佩呢？原来"他研究中亚问题，遇到困难，写信请教奥国学者，复信说向柏林大学某教授请教，而柏林的复信说应请教陈教授，当时钱稻孙度春假来日，正住隔房，他说可以代为求教陈教授，钱的春假未完，陈教授的复信已到，而问题也解决了。他说如无陈教授的帮助，可能至死不解"。（陈哲三《陈寅恪先生轶事及其著作》）

抗战时期，陈寅恪曾接受英国牛津大学邀请主讲东方汉学，全欧汉学家云集奥格司佛城，著名作家兼史学家陈衡哲女士曾感叹道："欧美任何汉学家，除伯希和、斯文赫定（地理考古）、沙畹等极少数外，鲜有能听得懂寅恪先生之讲者。不过寅公接受牛津特别讲座之荣誉的聘请，至少可以使今日欧美认识汉学有多么个深度，亦大有益于世界学术界也。"

仅此三例，陈寅恪学问之精深便可见一斑。

陈寅恪治学也经历了几个阶段。早年治欧洲诸国文字、梵文及西域文字，回国后，主要研究魏晋南北朝至唐的制度，以及南北朝和唐代历史。主要著作有《隋唐制度渊源略论稿》和《唐代政治史论稿》。此外，在宗教、史学、语言学、人类学、校勘学、文学、敦煌学等方面都有重大建树，尤以中古史研究闻名世界。单就所掌握的外语一项，就多达二十余种，而且有多种还是已经死亡的，就在其所在国，也少有人认识。

陈寅恪后来谈到他学会多种外语的经验，只强调一个"诚"字。到清华执教时，虽然已经名满天下，可他并不满足。就在他任清华导师后，仍然坚持跟人学西夏文和蒙古文，每个星期进城学两天，向钢和泰学梵文。

在清华时，陈寅恪是中文系和历史系合聘的教授。由于他名气大学问深，不光许多学生慕名而来，就连许多教授都赶来听课，当年吴宓、朱自清、浦江清等人都听过他的课。也许正因为这样，曾任北大文科研究所所长的郑天挺先生称他为"教授之教授"。当时历史系教授姚从吾先生说："陈寅恪先生为教授，则我们只能当一名小助教而已。"在西南联大时，一向自视甚高的刘文典教授对陈寅恪的学问也佩服得五体投地，认为西南联大文学院真正的教授只有"两个半"，陈寅恪便是其中的一个，他自己只能算半个。他甚至公开说："陈寅恪才是真正的教授，他该拿四百块钱，我该拿四十块钱……"可见陈寅恪当年完全是以学服人。

由于一心求学，陈寅恪到三十九岁才结婚，而且还是赵元任夫妇做的媒。

据说，因为陈寅恪名声太大了，连斯大林都知道中国有这么一个"国宝"，并且还在他的著作中引用过陈寅恪的一些研究成果。新中国成立后，毛泽东访问苏联，签订中苏友好条约时，斯大林还专门向毛提到陈寅恪，问起他的行踪。这样一来，陈寅恪才引起高层的关注。

虽然陈寅恪早已名扬四海，为人却十分谦逊。据他的学生王永兴回忆，一九四六年到一九四八年，学校和历史系三次要陈寅恪填表，表的栏目为"教课研究专业范围"。陈寅恪口授王永兴只填了一项内容：中国中古文史之学，对他熟悉的二十多种外语，包括一些已经死亡的语种，他也从不炫耀。在履历表上"懂何种外语"一栏，只简单地写着"德语"二字。关于历史，陈寅恪自称："寅恪不敢观三代两汉之书，而喜谈中古以降民族文化之史。"

方豪曾谈到亲身经历的一件事："另一个印象是他太谦虚，我那时常以后辈自视，因为听说他研究过梵文和几种中亚古文字，也通拉丁文，一心想向陈先生请教……我便一连串提出许多中西交通史方面的疑问，请求解答，陈先生是一问九不知，一再谦称对此实在毫无所知云云。"（方豪《陈寅恪先生给我的两封信》）这正反映出一代宗师严谨的治学态度。

陈寅恪还有一个特点，就是从不批评别人。弟子姜亮夫在清华研究院读书时，一次写了篇批评容庚的文章，送到《燕京学报》，容庚又送给陈寅恪看。事后陈寅恪对姜说："你花这么大的精力批评别人，为什么不把这精力集中在建立自己的研究工作上！"这件事对姜震动很大，从此专事研究，再不写批评文章。

独立精神与自由意志

陈寅恪精于治学，却不善理财，主要收入大多用来买书购药，所以一直十分拮据。他女儿陈美延回忆说，在柏林求学期间，由于"经济来源断

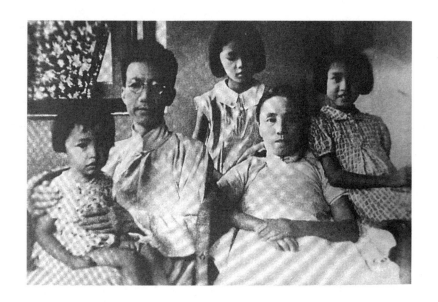

绝，父亲仍坚持学习。每天一早买少量最便宜的面包，即去图书馆度过一天，常常整日没正式进食"。这在赵元任夫妇的回忆中也得到了证实：一九二四年他们游学德国时，陈寅恪与傅斯年请他们客，陈寅恪每次都叫炒腰花，他们以为他喜欢，后来在清华，陈寅恪寄住在他们家时，他们经常炒腰花，陈寅恪却不动筷子。杨步伟不解地说，你在德国不是总是叫腰花吃吗？陈寅恪笑答，那是因为腰花便宜。

陈寅恪热爱传统文化却不相信中医，由于长期购买昂贵的西药治病，经济上十分困顿，抗战时期一度连旅费都有困难。一九三九年，陈寅恪被英国皇家学会授予研究员称号，特聘他为牛津大学汉学教授，据说这是三百年来第一人。陈寅恪准备赴任，都拍好了全家护照相片。但因欧洲战事，地中海不能通航，只好羁留香港大学执教。一九四一年十二月八日，由于珍珠港事件，引发太平洋战争，日本占领香港，陈寅恪被困香港，生活艰难，常将衣物换食。据说有位日本学者写信给日本军方，要日军不要为难陈寅恪，鉴于陈寅恪的国际影响，当时日本宪兵不仅没有骚扰他，还常常送去面粉，但陈寅恪宁可挨饿也拒不食日食，夫人每每将面粉拖出户外，表现出非凡的民族气节和骨气。陈氏一家被困香港的消息传到国内，引起国内学术界关注，一九四二年春天，朱家骅派人在一个暴风雨之夜把陈寅恪一家四口

悄悄接到广东。

四十年代，国民党政府经济崩溃，币制越改越乱。到了冬天，陈寅恪连买煤取暖的钱都没有了，季羡林把这种情况反映到北大校长胡适那儿，胡适表示要赠陈寅恪一大笔美元，陈寅恪坚辞不受，最后陈寅恪决定把一部分藏书卖给胡适，以换取美元。于是胡适就派汽车跟季羡林到陈家装了一车关于佛教和中亚古代语言的极为珍贵的西文书。陈寅恪只象征性地收了两千美元。据季羡林的看法："在这一批书中，仅一部《圣彼得堡梵德大词典》市价就远远超过这个数目了。这一批书实际上带有捐赠的性质。而寅恪师对于金钱的一介不取的狷介性格，由此也可见一斑了。"（季羡林《回忆陈寅恪先生》）此事，他的弟子蒋天枢在《陈寅恪先生编年事辑》中也有记载："先生生活窘苦，不能生炉火。斥去所藏巴利文藏经及东方语文各书，如蒙古文蒙古图志、突厥文字典等，卖与北京大学东方语文系，（此师昔年所告）用以购煤。闻仅一室装火炉而已。"这里记录的是一九四六年陈寅恪五十岁时的事，更加准确可靠。

陈寅恪也是学术界一个有名的奇人怪人，凡事都有自己的原则，所作所为非一般人所能理解。冯友兰回忆说："我于一九二〇年，到美国哥伦比亚大学毕业生院做研究生，同学中传言：哈佛大学的中国留学生中有一个奇人陈寅恪，他性情孤僻，很少社交，所选功课大都是冷门。"（冯友兰《怀念陈寅恪先生》）

一九二七年六月，王国维自沉昆明湖。在王遗体告别会上，一般同学教师都是行三鞠躬礼，只有陈寅恪一人行三跪九叩大礼，给人留下很深的印象。这也可见陈寅恪的独特个性。

一九四六年十月，陈寅恪因到英国治眼无效，回到国内。校长梅贻琦劝他休养一两年，他却主动提出要在中文系和历史系各讲一门课，因为他是两系合聘的教授。当时担任他助教的弟子王永兴担心他身体吃不消，认为他在历史系开就可以了，中文系就不一定要开了，陈寅恪却不以为然地说："我拿国家的薪水，怎能不干活！"

一九四八年平津战役前，南京国民政府派青年部部长陈雪屏用专机到北平迎接陈寅恪南下，被陈寅恪坚决拒绝了。十二月，胡适通知他一同南撤时，他才勉强同意。对此陈寅恪是这样解释的："陈雪屏曾专机来接我。他是国民党的官僚，坐的是国民党的飞机，我决不跟他走！现在跟胡先生一起走，我心安理得。"因为接胡适的专机是教育部的，而胡适不是政府官员。这就是陈寅恪的做人原则。

作为一个著名学者教授，又受过西方文化的熏陶，陈寅恪一生追求独立之精神，自由之意志，从不媚俗，从不随波逐流。一九五三年十一月，中国科学院院长郭沫若、副院长李四光函请陈寅恪担任第二历史所所长，陈寅恪作《对科学院的答复》，称："我的思想，我的主张完全见于我所写的王国维纪念碑中。……碑文中所持之宗旨，至今并未改易。……我认为研究学术，最主要的是要具有自由的意志和独立的精神。"并提出担任所长的两个条件，答应他，他就做，不能答应，他就不做。这封信在圈子里的影响是相当大的，鉴于当时的情况，陈寅恪的要求自然无法满足，他也就没有就任第二历史所所长。

严谨而幽默的一生

一九二六年五月起，陈寅恪到清华讲学，在清华的授课内容主要分三个时期，国学研究院及早期，主要讲授：西人之东方学之目录学、梵文、唐代西北史料、魏晋南北朝隋唐史、高僧传研究、佛经翻译文学、文学专家研究、蒙古源流研究等。罗家伦执掌清华后，陈寅恪在清华授课内容还有：世说新语研究、唐诗校释、魏晋南北朝史专题研究、隋唐五代史专题研究；西南联大时，主要讲魏晋南北朝史、隋唐史，以及为研究生开设的"白居易"。

陈寅恪的外貌也很有个性，"寅恪先生身材瘦削，并且也不高大。加上具有神采的双目和高耸的鼻子，的确有些像'甘地型'的人物"。据说，当年还真有人把他当成了甘地。

陈寅恪留给学生的印象，大都是他在课堂授课时的形象。"北方的冬天酷寒，寅恪师不喜欢穿大衣，他总是在棉袍外再穿上一件皮袍子，有时候还在皮袍子外加上一件皮马褂，讲课时讲得兴奋而感到有些燥热，先脱去皮马褂，有时候更脱去皮袍子，等到下课又一件一件穿了上去。"（许世瑛《敬悼陈寅恪老师》）

陈寅恪虽然留学欧美十多年，但骨子里却十分传统，并没有多少洋味。这从他上课带的包就可以看出。他平时上课装资料的，都是布包为主。而且很有意味的是，凡是与佛教有关的资料，他都一律用黄色的布包装着。"陈师每次上课，必携带要引用的书籍多种，以黄布包裹，拿到课室，放在讲台。遇须引证的重要文句，亦必写在黑板。陈师夏秋季常穿蓝布长衫，冬春季常穿长袍马褂。来校，常夹黄布书包，进入课室，就提出要讲的专题，逐层阐释，讲至入神的地方，往往闭目而谈，至下课铃响，还在讲解不停，真是海语谆谆，从无倦容。"（罗香林《回忆陈寅恪师》）

罗香林只笼统地说包，陈寅恪的许多学生后来都清楚地记得，陈寅恪的布包也是分得很清楚的，一般涉及到佛教典籍的，都用黄色布包。"此时方在初春，余寒未尽。陈寅恪先生穿的厚袍加上马褂，携着一大包书，用橙黄的包袱包着。清瘦的面庞夹着神情奕奕的目光,给人一个清晰的联想,想到这位盖世的奇才。"(劳榦《忆陈寅恪先生》)这是一九二八年的事。而陈寅恪系由清华聘来北大讲"佛经翻译文学",可见讲佛经课用黄布包是准确的。这样的记录不止一个。学生许世瑛也有这样的记载。"他讲授佛经文学、禅宗文学的时候,一定用一块黄布包了许多那堂课所要用的参考书,而讲其他课程,则用黑布包了那些参考书,他很吃力的把那些书抱进教室,绝对不假手助教替他抱进来。下课时,同学们想替他抱进教员休息室,他也不肯。每逢讲课讲到要引证的时候,他就打开带来的参考书把资料抄在黑板上,写满一黑板,擦掉后再写。"(许世瑛《敬悼陈寅恪老师》)

陈寅恪授课,都是经过认真准备的,注重启发与发现,而不讲究形式,这在清华教授中,也是别具一格。这一点大约是受西方教育方式的影响。"陈师讲学,注意自然启发,着重新的发现。对学生只指导研究,从不点名,从无小考;就是大考,也只是依照学校的规章举行,没有不及格的。他常说:问答式的笔试,不是观察学问的最好办法。"(罗香林《回忆陈寅恪师》)"寅恪先生讲课,同他写文章一样,先把必要的材料写在黑板上,然后再根据材料进行解释、考证、分析、综合,对地名和人名更是特别注意。他的分析细入毫发,如剥蕉叶,愈剥愈细愈剥愈深,然而一本实事求是的精神,不武断,不夸大,不歪曲,不断章取义。……他被海内外学人公推为考证大师,是完全应该的。"(季羡林《回忆陈寅恪先生》)据季羡林回忆,当时清华的留学生大多数西装革履,发光鉴人,只有陈寅恪终年长衫朴素无华,腋下夹着个布包,装满了上课的书籍,不认识他的人很容易把他当成琉璃厂来清华送书的老板。大多数时候,他总是写满两黑板,然后闭着眼睛讲课。这种方式很特别,一是因为他在思考,另一个原因可能与他患眼疾有关。

就是这样一个终日埋首书斋的大学者,却不失风趣的一面,有时甚至相当幽默。一九二四年,清华办研究院时,邀请赵元任回国执教,赵此时在哈佛执教,哈佛答应只有他找到一个相当资格的人来代替才放他走。于是赵写信给远在德国的陈寅恪,推荐他接替自己在哈佛的职位,陈寅恪回信道:"我不想再到哈佛,我对美国留恋的只是波士顿中国饭馆醉香楼的龙虾。"这封委婉俏皮的婉拒信,多年后仍为赵氏夫妇津津乐道,认为这正是

陈寅恪性格中可爱的一面。

一九三二年夏，清华大学国文系主任刘文典请陈寅恪拟定国文招生试题，作文题是《梦游清华园记》，外加对对子。一年级为"孙行者"，"少小离家老大回"，二三年级为"莫等闲白了少年头"等，一时引得舆论大哗，一些人认为此是无用之旧套。陈寅恪先沉默不答，后见议论纷纷，遂于《学衡》杂志上发表《与刘叔雅论国文试题书》，提出之所以让学生对对子的四条理由：一、对子可以测试应试者能否分别虚实字及其应用。二、对子可以测试应试者能否分别平仄声。三、对子可以测试读书之多少及语藏之贫富。四、对子可以测试思想条理。认为这其实是最简单的测验应试者基本功的一个好办法。并称："凡能对上等对子者，其人之思路必贯通而有条理，故可藉以选拔高才之士。"虽然这只是一种教学之争，却多少反映出陈寅恪性格中幽默不羁的一面。据说后来在西南联大时，陈寅恪一时兴起，还作了一副"见机而作，入土为安"的对联，也算是对当年师生跑警报生活的一种生动记录。

作为一代宗师，陈寅恪治学为人十分严谨，但也有例外。早年在清华时，一次，陈寅恪正在家中给众弟子上课，一时兴起，突然开玩笑地说，"我有个联送给你们：南海圣人再传弟子，大清皇帝同学少年。"意思是，梁启超是康有为的弟子，他们又是梁启超的弟子，而王国维曾任南书房行走，做过溥仪的老师，现在他们又是王国维的弟子，自然与大清皇帝是同学了。于是众弟子哄堂大笑。更妙的是，北伐成功后，罗家伦执掌清华，罗去看陈寅恪，罗送陈寅恪一本他编的《科学与玄学》，陈寅恪翻了翻说，"我送你一联：不通家法科学玄学，语无伦次中文西文。匾额：儒将风流。"又说："你在北伐军中官拜少将，不是儒将吗？你讨了个漂亮的太太，正是风流。"众人大笑不止，罗亦大笑。（事见陈哲三《陈寅恪先生轶事及其著作》）

治学之余，陈寅恪还喜欢张恨水的小说，称得上是张恨水的小说迷。由于视力不好，他通常听人读张恨水的小说，听得十分入迷。此外，研究之余，他还写下了大量诗作。尤其是旧体诗方面成就很高，得到业内高度评价。这些都反映了作为一代大师性格的丰富性，也是陈寅恪先生的可爱之处。

养生未羡嵇中散，疾恶真推祢正平：

名士刘文典

古今真懂《庄子》者，两个半人而已。第一个是庄子本人，第二个是我刘文典，其余半个……

——刘文典

合肥刘叔雅先生以所著《庄子补正》示寅恪，曰："姑强为我读之。"寅恪承命读之竟，叹曰，先生之作，可谓天下之至慎矣。……然则先生此书之刊布，盖将一匡当世之学风，而示人以准则，岂仅供治《庄子》者之所必读而已哉！

——陈寅恪

在民国教授中，校勘学大家刘文典的"狂"与"傲"是十分出名的，也在学坛留下了不少奇闻轶事，从一个方面显示了一代学人的风采。他曾自我评价说："我最大的缺点就是骄傲自大，但是并不是在任何人面前都骄傲自大。"如果说，号称章门"天王"的黄侃的狷狂有点近乎"疯"，而刘文典的狂傲则多少带有几分名士风度和派头，但基本上还在常人可以理解的范围内。

狂人风骨

刘文典，生于一八八九年，字叔雅，安徽合肥人，祖籍怀宁。因父亲以经商为业，家境较好，所以从小就被送到教会学校接受了良好的外文教育，后通晓英、德、日等多门外语，这在民国学人中也是较少见的，这大约也是他后来倨傲的一个原因。一九〇六年，刘文典以优异的成绩考入芜湖安徽公学。这是一所新式学校，当时，陈独秀、刘师培正受聘于这所学校，担任学校教师，民主气氛十分浓厚。在民主思想的影响下，同年，刘文典在安徽公学加入了同盟会。一九〇九年，刘文典赴日留学，进入早稻田大学。当时许多青年学子和学术精英留学日本，刘文典正是在东京结识了流亡日本的国学大师章太炎，不久师从章太炎学习文字音韵学，成为章门弟子，并在章太炎等人影响下开始反清活动。

一九一二年，刘文典学成回国，与于右任、邵力子等人创办《民立报》，任编辑和翻译，经常发表文章宣传革命思想。一九一三年三月二十日，宋教仁在上海火车站遭暗杀，在场的刘文典也手臂中弹受伤。同年再次流亡日本，并担任孙中山的秘书。一九一六年，刘文典回国，残酷的现实使他产生了深深的失望与不满，决定专事治学之道。一九一七年，陈独秀出任北京大学文科学长，聘请刘文典任北大中文系教授，主攻校勘学，从此踏上治学之路。在陈独秀等人影响下，刘文典积极参与《新青年》杂志的编辑工作，担任英文编辑和翻译，翻译了大量西方学术著作，名重一时。

一九二八年，刘文典出任安徽大学文学院长兼预科主任，相当于校长一职。十一月二十三日，安大附近省立第一女中校庆，安大学生在看戏过程中与女中校长程勉发生冲突，程诬蔑学生捣乱，请军警弹压，遂引发一场学生风潮。时值蒋介石路经安庆，蒋对此十分恼怒，召见刘文典训话。刘文典对蒋直接介入学校具体事务十分不满，这次见面自然很不愉快，"刘先生入室，不脱去帽子，昂然坐下，不向主席行礼致敬。老蒋见了已大不高兴，又见他打开烟盒拿出一根香烟，擦着火柴猛抽，就斥他为人师表，又是国立大学校长，如此无礼，刘先生只顾仰天喷出烟圈，然后以极鄙夷的态度，哼了一声。"（高伯雨《刘文典与蒋介石》）据说，见到蒋介石时，刘称蒋为先生而不称主席，引起蒋的不满，蒋让他交出闹事的共产党员名单，并严惩肇事的学生，刘却拒不执行，并当面顶撞说："我不知道谁是共产党。你是总司令，就应该带好你的兵；我是大学校长，学校的事由我来管。"甚至斥蒋为"新军阀"。蒋介石听了十分恼怒。还有一种说法，说蒋曾当场打了刘两记耳光，定了个"治学不严"的罪名，将刘关押起来，并宣布解散安徽大学。消息传出，群情激愤，安大师生组织了"护校代表团"，到省政府请愿，要求立即释放刘文典，同时致电教育部部长蒋梦麟以及蔡元培、胡适等人，请求援助。在社会各界舆论的压力下，蒋迫不得已，最后同意保释，但要求刘文典即日离开安大。刘文典被关押七天后，于十二月五日获

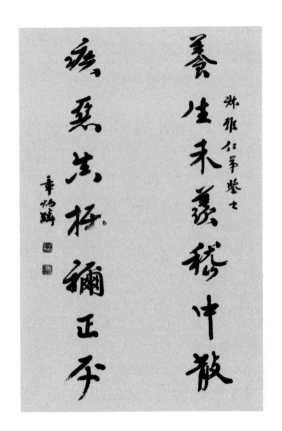

释。此事曾轰动一时，刘文典也因敢于直接顶撞蒋一时名声大噪，为士人景仰。

老师章太炎听到此事后，对刘文典的书生骨气十分欣赏，亲自手书一联相赠："养生未羡嵇中散，疾恶真推祢正平。"这副对联一直为刘所珍藏，至今还保存在刘文典次子刘平章家中，从一个侧面十分贴切地反映出刘疾恶如仇正直善良的品质。

事后，刘文典在北京遇到"小年同门，中年同事"的鲁迅，谈及此事，鲁迅十分感慨，为此还专门以佩韦的名义于一九三一年十二月十一日在《十字街头》第一期上发表了一篇《知难行难》的文章，文中写道："安徽大学校长刘文典教授，因为不称'主席'而关了好多天，好容易才交保出外……"并注释道：刘文典，一九二八年十一月，他因安徽大学学潮被蒋介石召见时，称蒋为"先生"而不称"主席"，被蒋以"治学不严"为借口，当场拘押，同年十二月获释。对这件事，周作人是这样说的："北伐成功后曾在芜湖，不知何故触怒蒋介石，被拘数日，时人以此重之。"（《北京大学感旧录》）只是事情发生的地点，不是芜湖，而是安庆（安徽大学所在地），周作人显然记错了地方。

刘文典的硬骨头在后来与日本人的斗争中也表现得十分明显。九一八事变后，北平的青年学生，为敦促政府抗日，曾发起卧轨请愿。刘文典的长子当时在辅仁大学读书，也参加了这一活动，后因连夜在外受寒患病而死。刘文典对此十分悲痛，也更加痛恨日本人。以后每次上课都要讲一段"国势的阽危"，激发学生的爱国热情。对此，他当年的学生曾有过一段生动的记录："然尚有一事更可以使我们对于刘先生表示极大的敬意的，就是刘先生爱国心的热烈，真是校内无二人！去年长城战事闹得极凶的时节，刘先生每次上国文班，必花一部分的时间，哭丧着脸向我们伸说国势的阽危，并且告诉我们赶快起来研究日本。"（佚名《教授印象记》）刘文典不仅号召别人研究日本，自己也全力以赴翻译日本陆军大臣荒木贞夫氏的《告日本国民书》，想让国人更多地了解日本这个民族，常常要译到深夜三时。由于过度劳累，第二天上课时常常连说话的力气都没有了，只好如实向学生道出实情，听了此事，班上的学生不仅毫不抱怨，反而被他的爱国热情感动得连"眼泪真要夺眶而出了"。

刘文典学问精深，但长得却其貌不扬，当年的学生对此曾作了生动的记录："可是铃声响后，走进来的却是一位憔悴得可怕的人物。看啊！四角式的平头罩上寸把长的黑发，消瘦的脸孔安着一对没有精神的眼睛；两颧高耸，双颊深入；长头高举兮如望空之孤鹤，肌肤瘦黄兮似僻谷之老衲；中等的身材羸瘠得虽尚不至于骨子在身里边打架，但背上两块高耸着的肩骨却大有接触的可能。状貌如此，声音呢？天啊！不听时犹可，一听时真教我连打几个冷噤。既尖锐兮又无力，初如饥鼠兮终类寒猿……"（佚名《教授印象记》）

七七事变后，刘未能及时南下，鉴于他的名望，日本人通过周作人来做他工作，请他出来做伪事，遭到他断然拒绝。刘文典对周作人说："国家民族是大节，马虎不得，读书人要爱惜自己的羽毛。"日本人被他的态度激怒了，闯进刘家翻箱倒柜，刘愤然作色，拒绝回答日本人的任何问题，翻译官责问道：你是留日学生，太君问话，为何不以日语作答？刘称"以发夷声为耻"，拒不说日语。一九三八年，在朋友帮助下，刘文典化装逃出北平，由天津搭外轮，经香港、海防，辗转来到昆明。他后来在给西南联大校长梅贻琦信中说："典往岁浮海南奔，实抱有牺牲性命之决心，辛苦危险，皆非所计。"其爱国行为与周作人形成鲜明对比。

国学大家

在三十年代清华园中，刘文典是最有学术声望、最受学生欢迎的教授之一。这在很大程度上是由于他的学术成就。刘文典的狂傲是以博大精深的学问做功底的，这一点是学生公认的，"说到刘先生的学问的渊博精深，这个更使我这不学无术的小伙子惊异得如同刘姥姥进大观园，除了拍手嗟叹之外不能赞一辞"。（佚名《教授印象记》）

刘文典的治学生涯始于一九一六年。由于对国内现实的失望，刘文典转而把全部精力投入到治学上。到北大之后，他把主要精力放在《淮南子》校勘上，经过多年努力，一九二三年《淮南鸿烈集解》由商务印书馆出版，皇皇二十一卷，刘文典一时声名大振，由此奠定了他在学术界的地位。胡适破例为其作序："叔雅治此书，最精严有法……其功力之艰苦如此，宜其成就独多也。"此后胡适又在《中国思想史长编》中给予高度评价："近年刘文典的《淮南鸿烈集解》，收罗清代学者的校著最完备，为最方便实用的本子。"晚年周作人也曾回忆说："他（指刘文典）实是一个国学大家，他的《淮南鸿烈集解》的著书出版已经好久，不知道随后有什么新著，但就是那一部书也足够显示他的学力而有余了。"刘文典并没有就此满足，此后又开始了《庄子》和《说苑》等经典的校勘工作，在校勘界声誉日隆。

鉴于刘文典的名声，罗家伦执掌清华后，一心想聘请刘来清华任专职教授，但北大拒不放人，几经磋商，最后双方达成妥协。刘到清华执教，但仍兼北大教授。两全其美。此事也可见刘当年炙手可热的程度。一九三九年《庄子补正》（共十卷）出版，陈寅恪为之作序说："合肥刘叔雅先生以所著

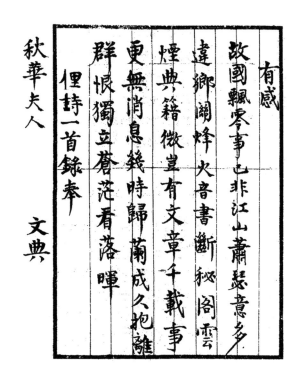

有感

故國飄零事已非，江山蕭瑟意多

違鄉闊烽火音書斷秘閣雲

煙典籍微堂有文章千載事

更無消息幾時歸蘭成久抱離

群恨獨立蒼茫看落暉

俚詩一首錄奉

秋華夫人　　文典

《庄子补正》示寅恪，曰：'姑强为我读之。'寅恪承命读之竟，叹曰，先生之作，可谓天下之至慎矣。……然则先生此书之刊布，盖将一匡当世之学风，而示人以准则，岂仅供治《庄子》者之所必读而已哉！"以陈寅恪的名声与地位，这样的评价不可谓不高。刘文典自己对此也十分自得，曾在不同场合毫不掩饰地说："古今真懂《庄子》者，两个半人而已。第一个是庄子本人，第二个是我刘文典，其余半个……"另外半个一直有各种说法，一说是某日本学者，一说是冯友兰或马叙伦，因为他们仅从哲学角度讲庄子，只能算半个。刘文典这番话还有一个版本："全世界真正懂得《庄子》的人，总共两个半。一个就是庄子自己，中国的《庄子》学研究者加上外国所有的汉学家，唔，或许可以算半个。"另外一个显然就是指他自己。（事见郭鑫铨《初识刘文典先生》）张中行晚年在回忆文章中记录了一件有趣的事。刘文典在西南联大讲庄子时，一次大名鼎鼎的吴宓教授也去旁听，"他讲书，吴宓（号雨僧）也去听，坐在教室内最后一排。他仍是闭目讲，讲到自己认为独到的体会的时候，总是抬头张目向最后看，问道：'雨僧兄以为如何？'吴宓照例起立，恭恭敬敬，一面点头一面答：'高见甚是，高见甚是。'惹得全场人为之暗笑。"（张中行《刘叔雅》）吴宓一向自视甚高，但对刘文典的学问却是十分佩服的，一九四二年他在日记中记录："听典讲《红楼梦》并答学生问。时大雨如注，击屋顶锡铁如雷声。"又一次写道："听典露天演讲《红楼梦》。"可见刘文典盛名不虚。

刘文典虽然语言有些放诞，身上多名士派头，但治学之严谨广博却是不容置疑的。据钱穆弟子李埏回忆，四十年代他在昆明时曾借阅过刘文典一本大唐三藏法师取经的书，书中刘的批注，除了中文外，还用日文、梵文、波斯文、英文等作了注疏，其知识之渊博，治学之严谨，令人叹为观止。这便是明证。

刘文典自视甚高，佩服的学者极少，陈寅恪就是其中的一个。刘文典认为西南联大文学院真正的教授只有"两个半"，陈寅恪便是其中的一个，他自己只能算半个，也足见其对陈的敬佩之情。刘文典自己是从事国学研究的，却很看不起搞新文学创作的，认为新文学创作不是学问。不知出于什么原因，刘文典在西南联大时最看不起的人居然是赫赫有名的大作家沈从文。当时沈从文是联大副教授，已经出版了几十种作品，在文坛上名声很大，所教的"语体文写作"等课，也很受学生欢迎，但刘始终对他抱有偏见。一九四三年七月，听说西南联大拟聘请沈为教授时，刘居然勃然大怒，不屑地说："陈寅恪才是真正的教授，他该拿四百块钱，我该拿四十块钱，沈从文该拿四块钱。可我不会给沈从文四毛钱！他要是教授，那我是什么？"这实际上反映了刘文典对新文学的偏见。在刘文典眼里，他认为国学才是真正的学问，至于新文学根本上还算不得什么学问，甚至公开提倡用文言文，反对使用新式标点符号。其实当时许多人都抱有这种想法，只是刘文典公开说出来了而已。

正是基于这种学术上的歧见，他对从事新文学教学写作的沈从文一直很是不屑。在西南联大时，有一个段子流传甚广。一九三九年至一九四〇年，日本飞机经常到昆明轰炸，师生看到五华山上红球升起，便放下手中的活，开始跑警报，到防空洞里躲避日机轰炸。一次刘文典看到沈从文夹在人流中跑警报，很是不屑地说："我跑是为了保存国粹，学生跑是为了保留下一代的希望，可是该死的，你干什么跑啊！"（黄延复《刘文典轶事》）从这个故事，也可见刘文典当年对沈从文的成见有多深。出于性格上的原因和对刘文典的尊敬，沈从文对此事一直保持着沉默。

正因为肚里有货，所以刘文典对自己的学问是相当自负的。当年在西南联大开"红楼"讲座的人有两个，一个是大名鼎鼎的吴宓，另一个便是刘文典。马逢华在《教授写真》中记录了刘当年讲座时的盛况："其时天尚未黑，但见讲台上面灯光通亮，摆着临时搬来的一副桌椅。不久，刘文典身穿长衫，登上讲台，在桌子后面坐下。一位女生站在桌边，从热水瓶里为他斟茶。刘文典从容饮了一盏茶，然后霍然站起，像说'道情'一样，有板有眼地念出他的开场白：'只、吃、仙、桃、一、口，不、吃、烂、杏、一、筐！仙桃只要一口就行了啊……我讲《红楼梦》嘛，凡是别人讲过的，我都不讲，凡是我讲的，别人都没有说过！'"寥寥数语，从一个侧面形象地刻画了刘文典恃才傲物的狂狷性格。

"二云居士"与磨黑风波

在昆明西南联大时期，素有名士之称的刘文典有一个雅号，人称"二云居士"。"二云"指的是"云腿"（云南的宣威火腿）和"云土"（云南产的鸦片）。刘文典嗜食"二云"，故得"二云居士"之雅号。周作人在《北京大学感旧录》中称："叔雅人甚有趣，人称之谓'二云居士'，盖言云腿与云土皆名物，适投其所好也。"

据说当时国民党政府虽明令禁烟，但对两个人却是例外，一个是云南王龙云，另一个便是刘文典。这也足见刘文典名气之大。

刘文典染上烟瘾，一说起因于长子之死。因失子之痛，为打发排遣内心伤恸，麻醉自己，吸上了大烟。到云南后，因地产云土，便又烟瘾复发。刘在清华的同事、国学大师钱穆也证实："后因晚年丧子，神志消沉，不能自解放，家人遂劝以吸鸦片。其后体力稍佳，情意渐平，方立戒不再吸。及南下，又与晤于蒙自。叔雅鸦片旧瘾复发，卒破戒。及至昆明，鸦片瘾日增，又曾去某地土司家处蒙馆，得吸鸦片之最佳品种。又为各地土司撰神道碑墓志铭等，皆以最佳鸦片为酬。云南各地军人旧官僚皆争聘为谀墓文，皆

馈鸦片。叔雅遂不能返北平，留教云南大学，日夕卧榻上，除上课外，绝不出户。"（钱穆《师友杂忆》）

磨黑是滇南著名的茶、盐和鸦片的集散地，距昆明有千里之遥，当时为大豪绅张孟希控制，张希望从昆明聘请一位有名望的大学教授到磨黑小住，为他母亲撰写墓志铭，以光耀门楣。因地处遥远，路上又危险，一般人不肯前往，最后选定了刘文典，因为知道他嗜食鸦片，而当时物价飞涨，一般教授生活都很困难，根本无力购买鸦片。刘文典除了治学，于生计完全是门外汉，生活非常拮据，在最困难的时候，常向亲友求救，"李鸿章之孙李广平那时在昆，与先生是同乡，又有瓜葛之亲，二人最为投契。有时先生断炊，便书纸条一张，只写四字：'刷锅以待'，使人送交与李。李得字知先生'难以为炊'了，便送钱给他救急"。（李瑞、傅来苏《刘文典先生轶闻》）这段描写很能反映刘当时的困境。这样的情况下，光靠几个有限的薪金自然无法再过烟瘾。聘请的人正是抓住了刘的这个弱点。

鉴于刘文典当时的名声地位，张孟希表示除供给鸦片，还愿承担刘一家三口费用，回昆明时再送五十两（一说十两）"云土"作为酬谢。这样的条件在战时算是十分优厚了，所以刘便接受了这个邀请。刘特立独行的名士派头这时再次体现出来，他似乎并不太在意别人的议论。从昆明到磨黑路途遥远，风险极大，为此张一路上做了妥善安排，甚至派专人保护。刘文典是坐滑竿去的磨黑。到磨黑后，张很讲信用，对刘一家十分客气。刘的工作除了替张母撰写墓志铭，偶尔为当地教师讲讲《庄子》和《文选》及简单应酬外，大部分时间都躺在鸦片床上吞云吐雾，很过了一回烟瘾，四个月后被张礼送回昆明。刘文典在磨黑虽然也做了一些于当地教育有益的事情，但磨黑之行还是引起了许多物议，其所作所为多为时人诟病，成了他一生中的一个瑕疵。

刘回到昆明后，中文系代主任闻一多拒不发给聘书。虽然刘到磨黑事先与蒋梦麟、罗常培等人打过招呼，但他在联大的课还是受到了影响。而且刘此行目的主要在鸦片，因此学校内议论纷纷，虽然学校聘任委员会准备聘任他，但性格耿直的闻一多坚持认为刘的行为不足以为人师表，拒不发给聘书。事情闹大了，刘文典给清华校长梅贻琦写信申诉，但闻一多坚持不肯通融，而刘在此事上确实授人以柄，梅贻琦也爱莫能助。回到昆明

后，刘文典找到闻一多，二人为此还吵了一架，以闻一多的性格，做出的决定自然不会改变，最终刘文典未能回到西南联大，改去了云南大学。得到了刘文典这样的知名教授对云南大学来说确是意外之喜，清华大学复员时，刘仍然留在云大，直到解放。

刘对同辈人很狂，十分倨傲，但平时对学生却十分亲切，平易近人，没有一丝架子。当年弟子这样描述他在昆明时的行状："先生身材不高，晚年体弱瘦削，虽为一级教授，日常均身着青布长衫，脚着布面圆口鞋，不修边幅，却飘逸自如，不失学者风度。上课时则用一块蓝布包着讲义或教材，夹在腋下，慢慢走进会泽院，走入教室。""先生读书或与朋友学生交谈时，喜抽香烟，爱喝清茶。我们去看望或有所请教时，他总是打开烟盒，递给我们一支烟，而后他一支接一支地吸着，此时谈风甚健，说古论今，厚积薄发，虽体虚气弱，常常手之舞之，神采飞扬。"（傅来苏《是真名士自风流》）

除了抽烟，刘文典另一大雅好是看滇戏。滇戏以丝弦、襄阳和胡琴三种声腔为主。带他进入滇戏的是他的学生、著名古典文学学者陶光。据说人到中年的陶光看中了一位才貌双全的滇戏女艺人，便想请刘文典做媒。于是经常拉着刘去看滇戏，结果刘渐渐迷上了滇戏，而陶也成全了好事。此事一时传为佳话。刘甚至认为能真正保持中国之正统者，唯有滇戏。四十年代，他几乎天天泡在滇剧场中，"光华剧场的头排两个座位被他常年包下，届时风雨无阻，偕夫人每晚必到。尤对著名老生栗成之的演唱艺术极为倾倒，曾誉为'云南叫天'，并赠以诗'檀板讴歌意蓄然，伊凉难唱艳阳天。飘零白发同悲慨，省食憔悴李龟年'"。（任道远《题诗赠滇伶》）

全国解放后，刘文典响应政府号召，下决心把鸦片戒了，改抽大重九。有时一天两包，当时能抽得起大重九的人并不多。那时学生抽的是旧币一千五百元一包的大公烟，刘抽的是三千元一包的大重九，所以学生有时便到他烟盒里摸一支烟，刘也毫不为意，因此深受学生爱戴。仅仅几年时间，刘文典思想发生了很大变化，他对自己的进步十分高兴，兴奋地说："今日之我，已非昔日之我！我'再生了'！"

一九五八年七月，刘文典因病去世，享年六十九岁。

可为文学界浮一大白：

钱玄同二三事

口才好，立着讲，总是准时开始，准时结束。……钱先生不然，用普通话讲，深入浅出，条理清晰，如果化声音为文字，一堂课就成为一篇精炼的讲稿。记得上学时期曾以口才为标准排名次，是胡适第一，钱先生第二，钱穆第三。

——张中行

一九一七年一月《新青年》第 2 卷 5 号发表了胡适的《文学改良刍议》，胡适第一次提出文学改良的八大主张，在沉寂的中国文学界顿时引起轩然大波，其影响之大不亚于一场强烈地震。最先积极响应胡适主张的，一个是陈独秀，另一个便是钱玄同。

陈独秀在一九一七年二月一日出版的《新青年》第 2 卷 6 号上发表了《文学革命论》，钱玄同发表了《对文学改良刍议和大学文科中国文学门课程表的反应》的公开信，首次提出了"选学妖孽，桐城谬种"八字。钱文一出，陈独秀大受鼓舞，认为"以先生（指钱玄同）之声韵训诂学大家，而提倡通俗的新文学，何忧全国之不景从也"？当"可为文学界浮一大白"；胡适更觉得遇到了知音，"钱氏原为国学大师章太炎（炳麟）的门人。他对这篇由一位留学生执笔讨论中国文学改良问题的文章，大为赏识，倒使我受宠若惊"。又说，"钱教授是位古文大家。他居然也对我们有如此同情的反应，实在使我们声势一振"。（《胡适口述自传》）钱锺书的父亲钱基博也认为胡适提倡新文学，因有钱玄同的声援而"声气腾跃"。钱玄同既是国学大师章太炎的得意弟子、著名古文大家，又是北大名教授，其地位及社会声望自然非同一般，由此可见，钱玄同当时地位之尊，影响之大。

作为《新青年》杂志的中坚力量，钱玄同对提倡白话文、推动新文学运动作出过重大贡献，今天我们熟知并广泛运用的标点符号、阿拉伯数字及汉字横排等，都是钱玄同率先提出的，正是钱玄同"提倡白话文的努力"的结果（蔡元培语）。然而，时光流逝，白云苍狗，今天的读者大多很难再想起这位"疑古先生"。

与刘半农合演"双簧戏"

　　作为《新青年》杂志的重要一员，钱玄同不仅撰写文章声援新文化运动，而且还以自己的行动参与其间，这就是他与刘半农一起在《新青年》杂志上合演的那出著名的"双簧戏"。在北大同人中，钱玄同与刘半农都属于大炮筒子性格，由于性情相近，两人过从甚密，经常在一起探讨白话文改革的事宜。为了扩大新文化运动的影响，打破沉寂的空气，两人决定合演一出"双簧"戏。一个扮演顽固的复古分子，封建文化的守旧者；一个扮演新文化的革命者。用这种"双簧"戏的形式把正反两个阵营的观点都亮出来，引起全社会的关注。

　　谈到演"双簧"戏的原因，郑振铎这样解释："从他们打起了'文学革命'的大旗以来，始终不曾遇到过一个有力的敌人。……因之，有许多见解他们便不能发挥尽致。旧文人们的反抗言论既然竟是寂寂无闻，他们便好像是尽在空中挥拳，不能不有寂寞之感。所谓王敬轩的那一封信，便是要把旧文人们的许多见解归纳在一起，而给以痛痛快快的致命一击的。"（郑振铎《钱玄同与五四以来文学上的论争》）

　　一九一八年三月十五日，《新青年》杂志发表了一篇"王敬轩"写给《新青年》杂志编辑部的公开信《给新青年编者的一封信》，以一个封建思想和封建文化卫道者的形象，列数新青年和新文化运动的罪状，极尽谩骂之能事。同一期上，发表了刘半农写的观点与之针锋相对的《复王敬轩书》，对《给新青年编者的一封信》的观点逐一批驳。鲁迅在《忆刘半农君》中，称这个"双簧"戏是打了个"大仗"，对此持肯定的态度。这一正一反两篇文章同时出现，用苏雪林的话说："旧式文人的丑算是出尽，新派则获得压倒性的辉煌胜利。"

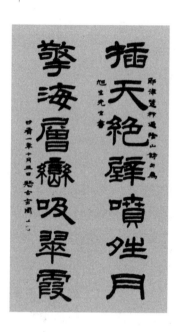

朱湘说："是刘半农的那封《答王敬轩书》，把我完全赢到新文学这方面来了。"

与此同时，这出"双簧"戏也引来了"王敬轩"那样的卫道士林琴南等人的发难。一九一九年二月十七日至十八日，林琴南在上海《新申报》上发表了一篇文言小说《荆生》，以"田其美""金心异"和"狄莫"影射陈独秀、钱玄同和胡适三人。"金心异"便是影射钱玄同，讽刺他"姓金者性亦嗜金"。借书中伟丈夫荆生指责"金心异"的主张为"伤天害理之言"。后来鲁迅在《呐喊·自序》里称钱玄同为"金心异"便是典出林琴南的这篇小说。"金心异"也便成了钱玄同的别名。

与鲁迅从朋友到陌路

一九一八年《新青年》第四卷一号上，发表了一篇署名鲁迅的白话短篇小说《狂人日记》，小说一发表便引起强烈反响。这便是现代文学史上第一篇白话小说。这篇小说的诞生，还应归功于钱玄同。

钱玄同与鲁迅是留学日本的老同学老朋友，教学之余，他经常到宣武门外南半截胡同绍兴会馆的补树书屋，找周氏兄弟一起聊天、吃饭。有时下午三四点钟就去了，一直聊到半夜十一二点才回师大宿舍。在钱氏看来，周氏兄弟的思想在国内是数一数二的，又有写作才能，为给《新青年》摇旗呐喊便竭力怂恿他们给《新青年》写文章。在钱玄同的鼓动下，周作人的文章早送来了，但鲁迅迟迟没有动笔，于是钱玄同便常常去绍兴会馆催稿。一天，钱玄同穿着长衫拎着一只黑色皮包来到绍兴会馆，看到鲁迅正在屋里埋头抄录古碑，便不解地问：

"你抄这些碑有什么用？"

"没有什么用。"

"那么，你抄它有什么意思呢？"

"没有什么意思。"

"我想，你可以做点文章……"

在钱玄同一再催促下，鲁迅终于松口了。"于是我终于答应他也做文章了，这便是最初的一篇《狂人日记》。从此以后，一发而不可收……"（《呐喊·自序》）这件事，周作人在《知堂回想录》中也作了证实："……鲁迅个人，从前那么隐默，现在却动手写起小说来，他明说是由于金心异的劝驾，这也是复辟以后的事情。""这篇《狂人日记》不但是篇白话文，而且是攻击吃人礼教的第一炮，这便是鲁迅、钱玄同所关心的思想革命问题，其重要超过于文学革命了。"

"五四"时期，鲁迅与钱玄同过从甚密，不仅常常一起吃饭喝酒聊天，还经常书信往还。据沈尹默回忆，当年鲁、钱二人在一起高谈阔论，常常占据了说话的中心，别人只有洗耳恭听的分儿，没有插嘴的余地。鲁迅在日本时曾给钱玄同起了个"爬来爬去"的绰号，简称"爬翁"，钱玄同也给鲁迅起了个"猫头鹰"的绰号，可见两人关系非同一般。

然而，就是这样一对朋友，后来却因种种原因逐渐疏远了。

思想上的分野是他们彼此疏远的主要原因。"五四"以后，钱玄同钻入了当年自己所反对的故纸堆中，满足于当文字学家和音韵学家，潜心做学问，当年的战斗激情渐渐消失了。一九二四年《语丝》创刊，虽然钱玄同、鲁迅、周作人、林语堂等人都是创办人，但同人聚会时鲁迅却很少参加。鲁迅对钱玄同的不满主要是因为"他们已忘记了《新青年》时代的精神而成了学者了"。(苟目《钱玄同与鲁迅》)等到一九二六年鲁迅南下厦门时,二人关系已经十分疏远。

一九二七年九月十二日,钱玄同四十岁生日,他的几个朋友胡适、周作人、刘半农等人准备在《语丝》上为他编一本"钱玄同先生成仁专号",以文人独特的方式为他祝寿,此事几乎弄假成真。这显然属于文人的雅玩。鲁迅认为这种名士做派十分无聊,非常反感,认为在当时情况下很不合时宜,便写了一首《教授杂咏》加以讽刺:"作法不自毙,悠然过四十;何妨赌肥头,抵当辩证法。"因为钱玄同身体肥胖,又曾发过"人过四十,便该枪毙"的怪论。鲁迅对钱玄同的不满已经跃然纸上。

一九二九年五月,鲁迅回北平省亲,与钱玄同偶遇,结果不欢而散。鲁迅在致许广平信中记录了这次见面:"往孔德学校去看书,遇金立因,胖滑有加,唠叨如故,时光可惜,默不与谈。"金立因便是指钱玄同。后来回上海与老友许寿裳谈到这次会面仍耿耿于怀:"我为了要看旧小说,至孔德学校找隅卿,玄同忽然进来,唠叨如故,看见桌上放着一张我的名片,便高声说:'你的名字还是三个字吗?'我便简洁地答道:'我的名片从来不用两个字的,或四个字的。'他大概觉得话不投机,便出去了……"(许寿裳《亡友鲁迅印象记》)隅卿即马廉,时任孔德学校校务主任。关于这一次会面,钱玄同后来在文章中是这样描述的:"我也在隅卿那里边谈天,看见他的名片还是'周树人'三个字,因笑问他,'原来你还是用三个字的名片,不用两个字的。'我意谓其不用'鲁迅'也。他说,'我的名片总是三个字的,没有两个字的,也没有四个字的',他所谓四个字的,大概是指疑古玄同吧!我那时喜效古法,缀'号'于'名'上,朋友们往往要开玩笑,说我改姓'疑古',其实我也没有这四个字的名片。他自从说过这句话之后,就不再与我谈话了,我当时觉得有些古怪,就走了出去。……我想,'胖滑有加'似乎不能算做罪名,他所讨厌的大概是唠叨如故吧。……但这实在算不了什么事,他既要讨厌,就让他讨厌吧。不过这以后他又到北平来过一次,我自然只好回避他了。"(《我对周豫才君之追忆与略评》)

钱玄同的老友黎锦熙说钱玄同确实署过"疑古玄同",也印过这样的名片,但钱玄同后来没有承认。关于钱、鲁在孔德学校的偶遇,黎锦熙有一

段文字很有意思："钱先生不悦，适有一客来，是钱先生最要好的而鲁迅先生最不喜欢的，因此两人更愣住了。不久鲁迅匆匆离平，以后两人就更无说话的机会了。"（黎锦熙《钱玄同先生传》）这多少透露了二人疏远的某些信息。

黎锦熙提到的这个不速之客，就是顾颉刚。谈到顾颉刚，就不能不谈到顾颉刚与鲁、钱二人关系。因为共同的爱好，钱玄同与顾颉刚成了一对密友，两人经常一起讨论学术问题，顾颉刚后来的成名与钱玄同有一定的关系，至少得益于与钱玄同的探讨。正是在《与钱玄同先生论古史书》（《读书》杂志第9期）的公开信中，顾颉刚第一次提出"层累地造成的中国古史"说，用顾颉刚的话说："……信一发表，竟成了轰炸中国古史的一个原子弹。"顾颉刚也因此一夜成名，后来二人一直相与甚密。而鲁迅与顾颉刚因为种种矛盾与误解，先是在厦门大学与顾颉刚交恶，到中山大学时二人几乎闹到对簿公堂的地步，鲁迅对顾颉刚的不满是尽人皆知的。这从苟目文章中也得到印证："迅翁在北方的学者群中，却对有一人是十分深恶痛绝的，就是'两地书'中说到的朱山根。朱山根即顾颉刚……"而钱玄同与顾颉刚交好，以鲁迅的性格对钱玄同不满而疏远也就不难理解了。二人最后一次见面是在钱玄同的家中。据钱玄同夫人回忆，那次鲁迅到钱玄同家中访问，钱夫人去端一杯茶，钱、鲁二人因一言不合，起了争执，鲁迅竟至绝裾而去，从此断了往来。据分析，争执的问题仍是"学匪"，多少与顾颉刚有关。

以鲁迅性格，心有不满必诉诸文字。一九三五年五月二十日出版的《鲁迅全集·集外集拾遗补编》中说："今年，北平的马廉教授正在教书，骤然中风，在教室里逝去了，疑古玄同教授便从此不上课，怕步马廉教授的后尘。"就连其弟周作人都认为这话过于刻薄了。

对于鲁迅的刻薄，钱玄同一向是保持沉默。鲁迅去世后，钱玄同写了一篇悼文《我对周豫才君之追忆与略评》，发表于一九三六年十月的师大月刊上，把他与鲁迅的交往分为三个时期："尚疏"（1907—1916），"最密"（1917—1926），"极疏"（1927—1936）。在文章中，认为鲁迅的长处有两点：一、治学最谨严；二、读史与观世眼光犀利，能发现社会痼疾。短处有三点：一、多疑；二、轻信；三、迁怒。

与黄侃的师门恩怨

章太炎是"五四"时期公认的国学大师，影响广远，桃李天下。其间分为门人、弟子和学生三种。据周作人称，一九三二年章太炎北游时，章门弟子印《章氏丛书续编》共有十四人参加，大约算是章太炎认可的弟子，其中最受章太炎器重的一个是黄侃，另一个便是钱玄同。"弟子中自然当以黄季刚居首，太炎也很看重他，可是说到真是敬爱老师的还须以钱玄同为最，虽然太炎曾经戏封他为翼王，因为他'造过反'，即是反对古文与汉字。"（周作人《琐忆钱玄同》）

钱玄同是在日本留学时认识章太炎的。钱玄同一九〇六年赴日留学，当时章太炎流亡日本，在东京创办同盟会机关报，钱玄同在《民报》社结识章太炎，因为此前就读过章太炎的文章，对章太炎极为佩服，遂对章执弟子礼。据周作人回忆："钱玄同从太炎先生听讲，最初是在东京大成中学的国学讲习所，后来在《民报》社特别听讲《说文》，有时便留下不走，与太炎'抵足而眠'，彻夜谈论文字问题，结果逼得先生承认写字非用篆字不可。"可见章、钱师生关系十分亲密，第二年在章太炎介绍下钱玄同加入同盟会，不久为反清，给自己取名夏，意"中国之人也"。

钱玄同与黄侃虽同出章门，但志趣并不一致。回国后，钱玄同参加了新文化运动，主张白话文，与黄侃分道扬镳。一次，黄侃在一本杂志上填了一首词《北海怀古》，其中有："故国颓阳，环宫芳草，秋燕似客谁依？笳咽严城，漏停高阁，何年翠辇重归？"同人认为这首词有点"遗老""遗少"的味道，流露出复辟的意思。钱玄同对此有不同看法，为此写了一篇随感录："我知道这位某先生当初做革命党，的确是真心的；但是现在也的确没有变节。不过他的眼界很高，对于一般创造民国的人，总不能满意，常常要讥刺他们。"文章并未点黄侃名，还有替黄侃辩析的意思，黄侃看到后仍大怒不已，骂他们连词都看不通。钱、黄早年关系很好，也互相尊重，在音韵学方面合作也很成功，但"黄侃的脾气比较乖僻，有时说话随便，甚至在课堂上骂街。钱玄同虽然个性也很强，但和黄的性情、思想很不一样，两人'时有违言'（钱玄同语）"。（曹述敬）

一九二六年，钱玄同因妻子患重病，请假半年，请黄侃来师大国文系任教授。当时系主任是吴承仕先生，吴承仕也是章门弟子。吴、黄二人相处并不融洽，一次黄侃在课堂乱说话，女学生很有意见，吴承仕向他委婉指出了，黄侃与吴承仕遂生冲突，黄侃愤而写了一首诗讽刺，其中二句是"芳湖联蜀党，浙派起钱疯"，"钱疯"即指钱玄同。当初在日本留学时，黄侃曾戏称钱玄同为"钱二疯子"。黄、吴吵架，居然捎上了钱玄同，这正是黄侃性格乖僻的地方。

第二年，黄侃辞职南下。一九三二年，黄侃与章太炎复来京。一天，黄侃与钱玄同在章太炎住处相遇，几个人正在等老师出来，忽然黄侃叫道："二疯！我告诉你，你很可怜呀，现在先生来了，你近来怎么不把音韵学的书好好读，要弄什么注音字母，什么白话文……"钱玄同听了勃然大怒，拍着桌子吼道："我就是要弄注音字，要弄白话文！混账！"于是双方吵了起来。章太炎听了赶紧出来笑着替两个高足排解，劝二人以国事为重。

据说黄侃去世后，《立报》曾刊登了一篇《黄侃遗事》，上面一则《钱玄同讲义是他一泡尿》，中间有一段文字："黄以国学名海内，亦以骂人名海内，举世文人除章太炎先生，均不在其目中也。名教授钱玄同先生与黄同师章氏，同在北大国文系教书，而黄亦最瞧钱不起，尝于课堂上对学生曰，

汝等知钱某一册文字学讲义从何而来？盖由余溲一泡尿得来也。当日钱与余居东京时，时相过从。一日彼至余处，余因小便离室，回则一册笔记不见。余料必钱携去。询之钱不认可。今其讲义，则完全系余笔记中文字，尚能赖乎？是余一尿，大有造于钱某也。此语北大国文系多知之，可谓刻毒之至。"

周作人曾把这篇文章寄给钱玄同，钱玄同复信说："披翁（按：黄侃在旧同门中，别号为披肩公）轶事颇有趣，我也觉得这不是伪造的，虽然有些不甚符合，总也是事出有因吧。例如他说拙著是撒尿时偷他的笔记所成的，我知道他说过，是我拜了他的门而得到的。夫拜门之与撒尿，盖亦差不多的说法也。"（周作人《钱玄同的复古与反古》）黄侃恃才傲物，性格乖张，他有一句名言"八部书外皆狗屁"，经常"泼妇式骂街，特别是在讲堂上尤其大放厥词"，他"不但是章太炎门下的大弟子，乃是我们的大师兄，他的国学是数一数二的，可是他的脾气乖僻，和他的学问成比例，说起有些事来，着实令人不能恭维"。（周作人《知堂回想录》）

一九三五年十月八日，黄侃因纵酒过度死于南京量守庐，时年五十岁，被认为是国学一大损失，章太炎更是慨叹"天丧我也"！黄侃去世后，钱玄同并未因为二人之间过节而意气用事，仍满怀深情写下一首挽联："小学本师传，更细绎韵纽源流，黾勉求之，于古音独明其真谛。文章宗六代，专致力深思翰藻，如何不淑，吾同门遽丧此隽才。"可谓情真意切，也显示了钱玄同宽以待人的胸襟。

永葆清操的晚年

钱玄同于一九一三年八月离开杭州，前往北京，时年二十七岁。九月，任国立北京高等师范学校中学教员，不久由北京大学任教的黄侃推荐，兼北大预科文字学教员，一九一五年任北京高等师范学校国文部教授，兼北大文字学教授，一九一七年至一九二七年兼北大研究所国学门导师。一九三三年，北师大对执教二十年以上的教员每人赠送一只银盾，钱玄同得的一只银盾上刻着四个字：诲人不倦。

钱玄同不仅是新文化运动健将，还是名教授。关于钱玄同当年名声之大，黎锦熙的一段回忆很有意思：当年他和两个朋友"打听在北京的有一位钱夏先生，浙江吴兴人，得章太炎之真传，而且能综合顾（炎武）江（水）孔（广森）段（玉裁）戴（震）严（可均）诸家之长，所得超过于其师，可是

崖岸甚高，脾气颇大，若要拜他做老师，非具备红纸门生帖子，正式'拜门'并奉'挚敬'数百元不可……"后来一个偶然的机会才知道钱夏即钱玄同，与想象中的钱玄同相去甚远。

钱玄同身材不高，戴着近视眼镜，夏天穿件竹布长衫，头戴白盔，腋下夹着一个黑皮包，穿着黑色圆口鞋。钱玄同有一个习惯，就是喜欢找朋友聊天。钱玄同的老友顾颉刚说："他是一个心直口快的人，有话决不留在心头，非说得畅尽不止。不过他有一个毛病，就是白天上课之外，专门寻朋友谈天，晚上回到宿舍时便专心看友人的信札和新出版的书报，直看到黎明才就枕，可是那时已接近上课时间了。"(《我与古史辨》)钱玄同到朋友家谈天叫"生根"，说是到了不走，屁股生了根了。钱玄同的学生魏建功说，他生根的习惯"是早在下午四时，晚或六时，先生提了他的皮包、手杖进了各家的客厅（多半就是书房），坐下了以后，海阔天空的谈起。我所得益于先生的'知人论世''言道治学'种种方面，全是在这些时间里"。

其实钱玄同爱聊天的习惯早在日本留学时就有了。据周作人回忆："当时玄同着实年少气盛，每当先生（指章太炎）讲了闲谈的时候，就开始他的'话匣子'（这是后来朋友们送他的一个别号，形容他话多而急的状态），而且指手画脚的，仿佛是在坐席上乱爬，所以鲁迅和许寿裳便给他起了'爬

1936年9月，钱玄同（左三）与友人周作人、马裕藻、沈士远、朱希祖、沈兼士、许寿裳（左起）合影

来爬去'的雅号。"（周作人《钱玄同的复古与反复古》）又说："玄同善于谈天，也喜欢谈天，常说上课很困倦了，下来与朋友们闲谈，便又精神振作起来，一直谈上几个钟头，不复知疲倦。其谈话庄谐杂出，用自造新典故，说转弯话，或开小玩笑，说者听者皆不禁发笑，但生疏的人往往不能索解。"在《知堂回想录》中，周作人说："老朋友中玄同和我见面时候最多，讲话也极不拘束而且多游戏，但他实在是我的畏友，浮泛的劝诫与嘲讽虽然用意不同，一样的没有什么用处。玄同平常不务苛求，有所忠告必以谅察为本，务为受者利益计算，亦不泛泛徒为高论，我最觉得可感，虽或未能悉用，而重违其意，恒目警惕，总期勿太使他失望也。"

身为大学名教授，地位显赫，但钱玄同并不是一个道学家。钱玄同性格中也有许多喜剧成分。除了早年与刘半农演"双簧"，他平时也十分幽默，有时甚至幽默得过了头。钱玄同有感于中年以上的人多固执而专制，曾说过一句过激的名言："人到四十就该死，不死也该枪毙。"这句话在朋友熟人中流传很广。一九二七年，钱玄同四十岁时，他几个"幽默"的朋友跟他开玩笑说，你说人到四十就该死，现在你已到了该死的年龄，我们准备给你出个"成仁"专号。钱玄同觉得挺好玩便欣然同意。他还把这个主意告诉了朋友黎锦熙，黎锦熙觉得这玩笑未免开大了，"谑而虐"，很不赞成。但几个朋友仍打算在《语丝》周刊上发一期"钱玄同先生成仁专号"，讣告挽联挽诗之类都预备好了，都是"幽默"作品，准备大大热闹一下。后来因为时局关系，怕引起军阀张作霖的误会，这个专号没有正式出成。但南方一些交换刊物上却把有关要目预告登了出来，传得沸沸扬扬，一些不明真相的学生朋友误以为真，纷纷写信来吊唁。钱玄同看到这些吊唁信大笑不已。

钱玄同对待年轻人非常民主，常与学生称兄道弟，他的朋友黎锦熙说："他写给学生们的信，每称对方为'先生'，自己称'弟'，说'先生'只是男性的通称，犹英文的 Mr.，但有些学生倒起了误会，说钱先生不认他为弟子，是摒之门墙之外，所以他后来就改称某某'兄'了。"

钱玄同对子女婚姻也主张绝对自主，从不干涉，大儿子秉雄到三十岁才订婚。他约了百余客人在中山公园来今雨轩，为儿子举行订婚仪式，并亲自发表演讲："我是向来反对包办式的婚姻的！"他还请客人在儿子的订婚纪念册上写白话诗并签名留念。

钱玄同最为人称道的,还是他的师风。据其弟子张中行回忆,钱先生"口才好,立着讲,总是准时开始,准时结束。……钱先生不然,用普通话讲,深入浅出,条理清晰,如果化声音为文字,一堂课就成为一篇精炼的讲稿。记得上学时期曾以口才为标准排名次,是胡适第一,钱先生第二,钱穆第三。"

徐铸成回忆也很类似:"每次上课,他总先在课堂外等候了,钟声一响,立即走上讲坛,用铅笔在点名簿上一'竖',就立即开讲。讲起来真是口若悬河,滔滔不绝。……他上课从不带一本书一张纸,只带一支粉笔,而讲每一个字的起源,从甲骨、钟鼎、大小篆、隶,源源本本,手写口谈,把演变的经过,旁及各家学说,讲得清清楚楚,使这样一门本来很沉闷的功课,讲得非常生动。"钱玄同有血压高的毛病,犯病时,他就戴着金属箍上课,学生们请他坐着授课,他却执意站着,后来病情重了,为了不影响学生课业,他请罗常培、魏建功代授。他很少请客人到家中,却经常让学生到他家中听课。

钱玄同上课主张学生来去自由,点名只是象征性的,"钱玄同先生每次上课时,从不看一眼究竟学生有无缺席,用笔在点名簿上一竖到底,算是该到的学生全到了。"钱玄同平时上课认真,期终考试却轻描淡写。学校规定要期考,但钱玄同期考却不阅卷。张中行说:"后来才知道,期考而不阅卷，是钱先生的特有作风，学校也就只好以特有应对，刻个'及格'二字的木戳，一份考卷封面盖一个，只要曾答就及格。"徐铸成的回忆更有意思："每学期批定成绩时，他是按点名册的先后，六十分，六十一分……如果选这一课程的学生是四十人，最后一个就得一百分，四十人以上呢？重新从六十分开始。"

当时除了在北大、北师大上课，钱玄同还在燕大兼职，钱玄同这一套无为而治的方法在燕大却行不通。据说在燕大兼课时，他仍故伎重演，试卷不改就交到学校。学校退了回来，他仍不改就退回，一连三次。美国人办事较真，校方说依学校规定，不改试卷就扣发薪金，钱玄同一气之下把钞票和试卷一起退回，并附信说：薪金全数奉还，判卷恕不从命。

一九三七年七月，国民党宋哲元部队撤出北平。不久日本军队侵占北平，许多教授都离开了，钱玄同原准备回南方的，但因为高血压，腿又不好，未能成行。为了笼络北平文化界知名人士，一天日本人想方设法把一封信送到钱玄同的手中，邀请钱玄同去怀仁堂开会，钱玄同接到了信后当即又退给送信人说："钱玄同回南去了，没有在家。"后来魏建功要去长沙，钱玄同对他说："我想你替我刻一方图章，现在我恢复旧名了——就刻'钱夏玄同'四个字。"一九三八年钱玄同恢复旧名"夏"，表示是"夏"非"夷"，决不做顺民。

七七事变后，钱玄同拒绝伪聘，读书养病，闭门明志，并告诉来访的西南联大的朋友汪如川说："请转告诸友放心，钱某决不做汉奸！"后来终因忧愤交加，于一九三九年因脑溢血病逝，终年五十三岁。

同年七月，国民政府明令褒扬："国立北平师范大学教授钱玄同，品行高洁，学识湛深。抗战军兴，适以宿疾不良于行，未即离平。历时既久，环境益艰，仍能潜修国学，永保清操。卒因蛰居抑郁，切齿仇雠，病体日颓，赍志长逝。溯其生平致力教育事业，历二十余载。所为文学，见重一时，不仅贻惠士林，实亦有功党国。应予明令褒扬，以彰幽潜，而昭激劝。"

随行带着一口棺材：

国学狂人黄侃

他的国学是数一数二的，可是他的脾气乖僻，和他的学问成正比例，说起有些事情来，着实令人不能恭维。

——周作人

在民国学人中有三个著名的"疯子"，一个是被黄兴称之为"章疯子"的章太炎，一个是刘师培，还有一个就是被称作"黄疯子"的黄侃。有意思的是，这三人不仅都是民国时期名重一时的国学大师，而且章太炎、刘师培与黄侃还有着师生关系。这三个人的共同特点是，学问大、脾气怪。其中黄侃的脾气之大、性格之怪更是青出于蓝，闻名学界，几与他的学问成正比。

章门"天王"

黄侃素有章门第一高足之称。

一九〇三年，十八岁的黄侃以优异成绩考入武汉文普通学堂，这所学校是湖广总督张之洞创办的新式中学。因父亲与张之洞有旧，一九〇五年，黄侃被官费派往日本早稻田大学留学。

一九〇六年，章太炎流亡日本，担任《民报》总编辑。章太炎是晚清和民国时期著名的国学大师，被胡适誉为"清代学术史的压阵大将"，于右任称之为"中国近代之大文豪，而亦革命家之巨子也"。听说章太炎流亡日本，许多中国留学生慕名前来求学，为满足广大留学生的要求，章太炎创办了"国学讲习所"，宣讲国学。钱玄同、朱希祖、周树人（鲁迅）、周作人、许寿裳、

汪东、马裕藻、沈兼士等人都是他日本讲学时的弟子。黄侃就是在这个时期认识章太炎并投身章门的。

关于黄侃与章太炎的相识，有不同的版本，有种说法很有戏剧性——据说一天晚上，章太炎正在民报寓所写作，忽闻窗外响起哗哗之声，接着从窗外飘进一股难闻的尿臊味，章太炎遂对着楼上破口大骂：哪个王八蛋，这么没教养，往楼下撒尿？骂声未止，楼上竟冲出一青年与他对骂，两人各不相让，吵成一团。骂了不久，两人居然停下来互相攀谈起来。交谈后楼上的青年才知道对方竟是大名鼎鼎的章太炎，忙致歉意，两人由此相识。

比较可信的一种说法是，一次黄侃随众人往章太炎住所拜谒，看到章在墙上用大字写着东汉戴良的四句话："我若仲尼出东鲁，大禹长西羌，独步天下，谁与为偶？"黄觉得章为人太狂，恐难接近，萌生退意。后章在报上看到黄的文章，惊为奇才，投书约见，二人遂得以相识。

两人相识后不久，因生母周氏病危，黄侃拟归国侍亲。章太炎对黄侃说："务学莫如务求师。回顾国内，能为君师者少，君乡人杨惺吾（守敬）治舆地非不精，察君意似不欲务此。瑞安孙仲容（诒让）先生尚在，君归可往见之。"见黄侃并未首肯，章太炎接着说："君如不即归，必欲得师，如仆亦可。"黄侃听罢此言当即叩拜，遂对章太炎执弟子礼，受业于章氏，从此学业日益精进。章太炎对黄的学识也十分激赏，曾夸道："恒言学问进益之速，如日行千里，今汝殆一日万里也。"

一九一四年二月，章太炎从日本回国后因反对袁世凯称帝，遭到软禁，先囚于北京本司胡同，后又被软禁于东城钱粮胡同。此时黄侃正接受北大之聘来京担任教授之职，辗转打听到章氏下落，冒着生命危险前往探视。见章寂寞一人，主动要求留下来伴宿，同时请他讲文学史。此时一般人避之唯恐不及，黄却主动前来做伴问学，章深为感动。一连数月，黄早出晚归，白天外出教书，晚上师生秉烛谈学，其乐融融。一天深夜，警察却强行把黄侃驱逐了出去，且不准其他客人来访。章氏见黄被逼走，见客自由又被剥夺，愤而绝食，后在马叙伦巧妙劝说下才放弃绝食。

黄侃虽师从章太炎，却并不拘泥，他认为："治学第一当恪守师承，第二当博综广揽。"黄侃有一句经典名言：五十之前不著书。这句话半个世纪后还在武汉大学校园中广为流传，成为他治学严谨的证明。黄侃生前，章太炎曾多次劝他著书立说，但黄不为所动。

章氏门人无数，但最得意的弟子也仅几人。据章门弟子吴承仕回忆，章晚年在苏州时，一日闲话，说道："余门下当赐四王"，即"天王"黄侃、"东王"汪东、"北王"吴承仕、"翼王"钱玄同。半年后又封朱希祖为"西王"，合称"五大天王"。几大天王中黄侃最得章氏青睐，章称其"清通之学、安雅之词，举世罕与其匹……"罗常培二十世纪四十年代就把黄侃与章太炎并称，认为"周秦古音之研究导源于宋，昌明于清，至章炳麟、黄侃乃总集前人之大成"。

黄侃虽自视甚高，目中无人，但对老师章太炎却执礼甚恭。这一对师生惺惺相惜，留下许多趣闻。"前中大教授黄季刚先生，为章氏最得意弟子，季刚先生事章氏恭谨又倍于他人，黄有弟子陈君，亦能传其衣钵，主章家为西席，章氏以西席礼待之。每逢新年，季刚先生必诣章宅叩贺，至必行跪拜礼，黄叩章，陈又叩黄，章又向陈行礼。坐定，陈举茶敬黄，黄敬章，章又敬其西席，如此循环不绝，家人传为笑谈。"（周黎庵《记章太炎及其轶事》）章氏《新方言》出版时，不请同辈，却请黄侃为他写《后序》，也足见其对黄的看重。

黄侃英年病逝，章太炎不胜悲痛，亲为弟子撰写墓志铭，称其"尤精治古韵。始从余问，后自为家法，然不肯轻著书。余数趣之曰：'人轻著书，妄也。子重著书，吝也。妄不智，吝不仁。'答曰：'年五十当著纸笔矣'"。

神童·革命家·孝子

　　黄侃，祖籍湖北蕲州，一八八六年四月三日生于四川成都浙江会馆。名侃，字季刚，晚年自称量守居士。父黄云鹄，字翔云，进士出身，曾做过四川盐茶道、成都知府，后官至四川按察使，为清二品大员和著名学者，一生著述繁多。黄父一生为官清廉，人称黄青天。黄侃系庶出，其生母周氏原是黄家女仆，后被收为副室。黄云鹄六十七岁时才生下黄侃，所以对这个小儿子视若掌上明珠。三岁就开始发蒙，教他背唐诗宋词。四岁便延师教读四书。黄侃从小聪颖好学，显示出过人的才气。黄云鹄当年为生计到江宁尊经书院教书时，母亲命他给父亲写信要钱养家，写完信，黄侃在信后即兴附了一首诗：

　　　　父作盐梅令，家存淡泊风；
　　　　调和天下计，杼轴任其空。

　　当时黄云鹄的朋友山西布政使王鼎丞正客居江宁，无意中见到这首七岁孩子的诗作，大为惊叹，当即将自己的爱女许配给了他。这便是黄侃的原配王夫人。黄父见到幼儿写的家书，既激动又惭愧，遂和诗一首（转引自邓恩贤《黄侃传》）：

　　　　昔曾司煮海，今归食无盐；
　　　　惭愧七龄子，哦诗奉父廉。

　　此后，父子之间经常诗书唱和。九岁时，黄侃读经已日逾千言，且过目不忘，一时被乡人视为神童。父亲给他写信告诫道："尔负圣童之誉，须

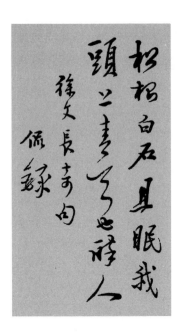

松根白石且具眠我
颈已青青了也醒人

徐文长寿句

侃录

时时策励自己，古人爱惜分阴，勿谓年少，转瞬即壮老矣。读经之外，或借诗文以活天趣，亦不可忽。"十岁时，黄侃已读完四书五经。

父亲虽四处奔波，但对他的教育却特别重视，把自己从四川带回来的几十箱书集中在一个屋子里，作为他读书的地方，上题"归学处"三个字。黄侃正是在这间小屋里打下了坚实的国学功底。十三岁时，父亲病逝，母承父志，仍请人在"归学处"课业，上完课时常常已是深夜，母亲仍秉烛在外面等着。此时家中偏门已锁，常常要翻山从小径绕到大门回家，辛苦之极。母亲恐他有畏难情绪，问道："汝亦知求生之道乎？"黄侃深知母亲苦心，慨然答道："读书而已。"

一九〇三年，黄侃以优异成绩考入武汉文普通学堂。在孙中山等人影响下，此时的武汉已成为一个思想重镇，《湖北学生界》和《汉声》杂志，成了宣传进步思想、反抗清朝统治的重要阵地，文普通学堂则聚集了董必武、宋教仁、田桐等一批思想进步的热血青年。近朱者赤，黄侃的思想也发生了巨大变化。尤其邹容的《革命军》和陈天华的《猛回头》《警世钟》等进步书籍，给了他很大的触动，他很快成为学生活动的积极分子，后终因参加反清的革命活动被学校开除。张之洞念他是故人之子，又是个难得的人才，

黄侃全家量守庐合影

便派他公费去日本留学。在日本期间，黄侃加入了中国同盟会。一九〇八年因生母周孺人病危还家探亲，遭到清政府通缉，次年逃回日本，继续在报上鼓吹革命，先后发表《哀贫民》《哀太平天国》《专一之驱满主义》和《讨满洲檄》等文章。一九一〇年，在湖北革命党人邀请下，黄侃回到老家蕲春组织孝义会，发表演说，鼓动革命，响应者达万人。因系名门之后，又善演讲，大家推他为首，称他为黄十公子，俨然一名年轻的革命活动家。

一九一一年七月，黄侃应约为《大江报》撰写了一篇时评《大乱者，救中国之妙药也》，引起广泛震动，结果导致《大江报》被封，主编詹大悲被捕。十月十日，武昌首义，黄侃与黄兴等人会于武昌，并参加军政府工作。武昌首义失败后，黄侃返蕲春老家组织"崇汉会"义兵，人数达两三千人，拟从背后袭击冯国璋，解武汉之围。因乡绅告密，黄侃被迫再次出走。

一九一二年一月八日，南京临时参议院成立，黄侃当选为参议员。同年，黄侃出任上海《民声日报》总编辑，边办报边研究小学、经史等。旅居上海时，黄侃对辛亥革命后袁世凯的篡权进行了深刻反思，认为"……革命功成，实由民气。民气发扬，端赖数千载姬汉学术典柯不绝，历代圣哲贤豪精神流注，俾人心不死，种姓不亡。是以国祚屡斩而不殊，民族屡危而复振。且以已承父师之业，将欲继绝学，存国故，植邦本，固种姓。故自光复后，不欲与政事。平生兴国爱族之心，一寄于文辞。欲持此为报国自请之具"。（黄焯《黄季刚先生年谱》）从此弃政从文，埋头国学。这是黄侃一生的转折点。

黄侃既是年轻的革命家，又是有名的孝子。

生母周孺人去世后，因思念深切，黄侃特地请老友苏曼殊画了一幅《梦谒母坟图》，自撰了一篇沉痛的悼文。章太炎在后面写了一段文字："蕲州黄侃少承父学，读书多神悟，尤喜音韵，文辞澹雅，上法晋宋。虽以师礼事余，转相启发者多矣。颇好大乘，而性少绳检，故尤乐道庄周。昔阮籍不循礼教，而居丧有至性，一恸失血数升。侃之念母，若与阮公同符焉……"

为生计所迫，黄侃经常四处奔波教学，随行都会带着一口棺材，一时成为时人谈资，黄侃却依然我行我素。这口棺材是黄父当年在四川做官时自制的，上面刻着他亲撰的铭文，铭曰："为子有一念忘亲，为臣有一念忘君，为官有一念忘民，天地鉴察，鬼神式凭。俾尔后嗣，不能载寝载兴。"这口棺材后因棺制太小留给了田夫人。田夫人系黄父正室，黄侃对田夫人视若生母，山西大学曾经请他做教授，但考虑到田夫人不服北方水土，不到一年时间便辞去了教席。一九二二年夏，田夫人去世，黄侃专门在日记中撰写了慈母生平事略。文末曰："孤苦苍天，哀痛苍天！孤黄侃泣血谨述。"后每逢生母慈母生日忌日，黄便伤恸不已，必率家人设供祭祀。

乖僻性格

黄侃学问既大且博，经、史、子、集几乎无所不通，尤其在音韵、文字和训诂方面学问精深，他在段玉裁十七部和章氏古音二十三部的基础上，第一次提出古韵二十八部、古声十九纽之说，并得到广泛认可。一九三四年十二月十七日，钱玄同在师大月刊上发表《古韵二十八部音读之假定》的论文，认为论古韵"截至现在为止，当以黄氏二十八部之说为最当"。

黄侃学问大，脾气也大，这一点很为时人诟病。周作人谈到这位大师兄时，也颇有微词："他的国学是数一数二的，可是他的脾气乖僻，和他的学问成正比例，说起有些事情来，着实令人不能恭维。"

一九〇八年前后，陈独秀到东京民报社章太炎寓所造访，钱玄同和黄侃二人到隔壁回避。陈章二人闲谈时，谈到清代汉学的发达，陈独秀列举戴、段、王诸人多出在苏皖，颇为苏皖人自豪。后来话题转到湖北，便说湖北没有出什么大学者。正在隔壁屋子里的黄侃突然跳出来反诘道："湖北固然没有学者，然而这不就是区区；安徽固然多有学者，然而这也未必就是足下。"陈独秀听了默然而去。十年后，黄侃到北大执教，陈独秀时任文科学长，办《新青年》，提倡新文学运动，风靡一时。一次在北大的章门弟子集体作诗，咏古今名人，陈独秀说一句："毁孔子庙罢其祀"，黄侃则对："八部书外皆狗屁"。所谓八部书指《毛诗》《左传》《周礼》《说文解字》《广韵》《史记》《汉书》和《文选》。这句话流传甚广，以陈当时地位之尊，无端受此嘲弄自然大为不快，两人从此结怨甚深。

黄侃属于守旧派，向来看不惯胡适等一批新派人物的做法，一有机会便冷嘲热讽。一次黄侃当面责难胡适："你口口声声要推广白话文，为什么偏叫胡适？而不是叫往哪里去？"弄得胡适十分尴尬。另一次，二人在宴会上相遇，胡大谈墨学，黄侃甚为不满，跳起来说："现在讲墨学的人，都有些混账王八！"胡适大窘。黄又接着说："便是胡适之尊翁，也是混账王八！"胡适正要发作，黄却笑道："我不过是试试你，墨子兼爱，是无父也。你今有父，何以谈论墨子？我不是骂你，聊试之耳！"胡适一时气得说不出话来，只得忍气吞声。（事见邓恩贤《黄侃传》）

即使对待同门好友，黄侃亦如此。周作人说他"攻击异己者的方法完全利用谩骂，便是在讲堂上的骂街"。（周作人《北京大学感旧录》）一九二六年，钱玄同因妻子患病请假，临时请黄侃来师大国文系任教授。当时系主任是吴承仕，后吴、黄二人因小事发生龃龉，黄写了一首讽刺诗，其中有"芳湖联蜀党，浙派起钱疯"之句，无端迁怒钱玄同。一九三二年，黄、钱二人在章太炎北京寓所相遇，黄侃因不满钱玄同与胡适等人搞新文化运动，指着钱玄同道："二疯！我告诉你，你很可怜呀，现在先生来了，你近来怎么不把音韵学的书好好读，要弄什么注音字母，什么白话文……"钱听了勃然大怒，拍着桌子吼道："我就是要弄注音字，要弄白话文！混账！"双方吵成一团，经老师章太炎一番劝解才作罢。

对这件事，钱玄同后来在文章中是这样写的："与季刚自己酉订交，至今已二十有六载，平时因性情不合，时有违言……二十一年之春，于余杭师座中一言不合，竟至斗口。"

更有甚者，黄侃甚至说钱玄同剽窃他的文章。黄侃去世后，《立报》曾

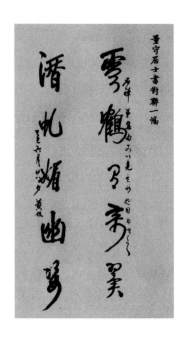

刊登了一篇《黄侃遗事》，中间有一段文字："黄以国学名海内，亦以骂人名海内，举世文人除章太炎先生，均不在其目中也。名教授钱玄同先生与黄同师章氏，同在北大国文系教书，而黄亦最瞧钱不起，尝于课堂上对学生曰，汝等知钱某一册文字学讲义从何而来？盖由余溲一泡尿得来也。当日钱与余居东京时，时相过从。一日彼至余处，余因小便离室，回则一册笔记不见。余料必钱携去。询之钱不认可。今其讲义，则完全系余笔记中文字，尚能赖乎？是余一尿，大有造于钱某也。此语北大国文系多知之，可谓刻毒之至。"

周作人曾把这篇文章寄给钱玄同，钱复信说："披翁（按黄侃在旧同门中，别号为披肩公）轶事颇有趣，我也觉得这不是伪造的，虽然有些不甚符合，总也是事出有因吧。例如他说拙著是撒尿时偷他的笔记所成的，我知道他说过，是我拜了他的门而得到的。夫拜门之与撒尿，盖亦差不多的说法也。"（周作人《钱玄同的复古与反古》）

以常人观点看，黄侃有些做法简直难以理喻。在北大执教时，黄侃曾借住在吴承仕家，二人既是章门弟子，又是朋友。黄侃恃才傲物，在课堂上经常放言无忌，一次被女生告到系主任吴承仕那里。吴知道黄的脾气，委婉地请他注意，一言不合，两人便闹翻了。不幸的是，这年七月，黄侃在北大读书的长子念华突然病逝，念华年仅十九，"性行和厚，能读父书"，黄侃闻讯后悲痛欲绝，"思避地以杀其悲"（黄焯语）。也许因为悲伤过度，黄从吴宅搬走时，不仅不付房租，还在白色墙壁上用毛笔写满了许多带"鬼"字旁的大字，画了许多黑色叉叉，并在房梁上写下"天下第一凶宅"几个大字。吴向他索要房租时，他不仅拒不支付，还理直气壮地说，再要房租，须还我儿来！吴见他如此不讲理又有丧子之痛，只得作罢。

关于黄侃的怪僻性格，冯友兰说过一件趣事。一次，黄侃有个学生在"同和居"请客，恰巧那天黄侃也在隔壁请客，听到老师说话，学生赶紧过去打招呼，黄侃一见便对他批评起来。学生请的客人都到齐了，黄侃还不放他走，学生情急之下，便把饭店的人叫来，说今天黄先生在这里请客的钱全都记到我的账上。黄侃听了大乐，便对学生说，好了，你现在可以走了。

一九二九年冬，黄侃的老同学居正因参加反蒋活动被捕入狱，软禁于南京汤山。因担心受牵连，许多朋友都借故躲开了，只有黄侃经常携儿子去探望他。后来居正获释，当上了司法部部长，黄侃反而避之不见，倒是居正经常到黄家探望。一天，居正不解地说，你怎么不来我家了？黄侃说，朋友落难应该帮助，朋友得势，何必相求。（事见《黄侃传》）

黄侃脾气坏，自视高，自然得罪不少人，但唯独对恩师章太炎执礼甚恭，汪辟疆说他"二十余年间执弟子礼始终甚谨"。"'于并世老宿多讥弹'，惟于太炎先生，则始终服膺无间。有议及章先生者，先生必盛气争之，犹古道也。"章太炎也称他"性虽俶异，其为学一依师法，不敢失尺寸"。黄侃平时爱写诗，经常请章审阅，黄侃对章的字纸都特别珍视，每获得章信，便裱起来珍藏。章知道黄有此爱好，有时还特地为黄写几幅字，写几首诗，黄每有所获便如获至宝。一九二九年一月十二日，章太炎六十大寿。当时章住上海，为祝贺老师生日，黄侃特地提前几天赶往上海做准备，可见其至诚之心。

黄侃信服的老师，除了章太炎，还有一位刘师培。刘师培生于扬州经学世家，两岁开始就在父亲督促下读四书五经，二十岁就开始著书立说，成绩斐然。黄侃对他一度曾替袁世凯鼓吹复辟很不齿，但对他在经学上的成就十分钦佩。一九一六年刘师培与黄侃在北京见面时，刘将其关于《左传》的研究著作出示给黄侃，黄读后十分佩服，认为刘乃"旷代奇才"，对其过目成诵的才能尤为推崇。一次侄子黄焯问黄侃，刘师培与章太炎哪一个读书较多，

　　黄侃不悦道："汝何知？刘先生之博，当世殆无其匹。其强记复过绝人。"

　　有一段时间刘师培失业在家，黄侃向蔡元培推荐他到北大任教，蔡以他曾经依附过袁世凯不肯聘任，黄侃则坚持说："学校聘其讲学，非聘其论政。何嫌何疑？"最终蔡接受了黄的意见，聘请了刘。

　　刘师培三十多岁便患了肺病，一九一九年，刘肺病加剧，感到来日无多，一天凄然地对黄侃说："吾家四世传经，不意及身而斩。"黄侃安慰说："君今授业于此，勿虑无传人。"刘说："诸生何足以当此。""然则谁足继君之志？""安得如吾子而授之。"黄侃起身道："愿受教。"第二天果真带着礼物前去拜师，扶服四拜，刘立而受之。（黄焯《黄季刚先生年谱》）从此黄侃便成了刘的入门弟子。

　　刘师培去世前对黄侃说："我一生应当论学而不问政，只因早年一念之差，误了先人清德，而今悔之已晚。"刘师培去世次年，黄侃在武昌写了一篇悼文《先师刘君小祥奠文》，中有"悲哉小子，得不面墙，手翻继简，涕泪浪浪"之句。

　　当时黄刘二人名气相差无几，且刘仅年长二岁，黄拜刘为师令许多人不解，连章太炎也不以为然："季刚小学文辞，殆过申叔（即刘师培），何遽改从北面？"黄答："予于经术，得之刘先生者为多。"这也足见黄侃的好学精神。

别具一格育英才

黄侃特立独行的性格也体现在教学方法和选拔弟子上。当年杨伯峻在北大求学时，向叔叔杨树达请教如何学到真经。杨树达对他说，要想学到真学问，一定要拜名师，还指名要他拜黄侃。并对他说，要拜黄侃为师，一定要用红纸包上十块大洋作为拜师礼，而且要当面给他叩头。受到新思潮影响的杨伯峻实在不习惯这种老派做法，显得犹豫不决。叔叔便教训他，过去拜师都这样，只有这样才能表示诚心，否则谁愿意把自己十年苦读学到的真学问教给你？后来杨伯峻照叔叔教的做了，黄侃果然十分高兴，对他说，从今天起，你就是我的门生了。（事见《黄侃传》）据说这样拜黄侃为师的有十多人，黄侃也认真地给他们传道授业解惑。

据当时的北大学生冯友兰回忆，黄侃"在堂上讲书，讲到一个要紧的地方，就说，这里有个秘密，专靠北大这几百块钱的薪水，我还不能讲，你们要我讲，得另外请我吃饭"。（冯友兰《我在北京大学当学生的时候》）这则故事虽然有些夸张，但却颇能反映黄侃的豁达性格。

黄侃教学不拘一格，常常利用郊游吃饭喝酒的机会，畅谈学问，海阔天空，于闲谈中给学生莫大启发。他讲学也是天马行空，没有章法，讲到哪里算哪里，但又处处都是学问，非一般人能理解。黄侃在北京时，经常陪同他游玩的有孙世扬、曾缄二人，人称"黄门侍郎"。孙世扬曾说："先生好游，而颇难其侣，惟扬及慎言无役不与，游踪殆遍郊坼，宴谈常至深夜。先生文思骏发，所至必有题咏，间令和作，亦乐为点窜焉。"

陆宗达因能喝酒能抽烟，深得黄侃喜爱，常和他一边吃一边论学，有时一顿饭要吃四五个小时，陆从中学到许多在课堂上学不到的东西。著名的古典文学学者程千帆对此也有同感："老师晚年讲课，常常没有一定的教学方案，兴之所至，随意发挥，初学的人，往往苦于摸不着头脑。但我当时已是四年级的学生，倒觉得所讲胜义纷纭，深受教益……"（《黄季刚老师逸事》）

黄侃讲课内容丰富，语言幽默，深受学生欢迎。金陵大学也慕名请他兼课。一位获得美国博士头衔的农学院院长，对此很不服，便在学校贴出海报，称某日在学校本部礼堂表演"新法阉猪",与黄侃打擂台争学生。结果该院长把猪肚子剖开,却怎么也找不到卵巢,阉猪变成了杀猪,弄得十分尴尬。黄侃据此吟成一首讽刺词:

> 大好时光,莘莘学子结伴来都。佳讯竞传,海报贴出:明朝院长表演阉猪!农家二彘牵其一,捆缚按倒皆除。瞧院长,卷袖操刀,试试功夫。渺渺卵巢知何处?望左边不见,在右边乎?白刃再下,怎奈他一命呜呼!看起来,这博士,不如生屠。

"老师不是迂夫子,而是思想活泼、富于生活情趣的人。他喜欢游山玩水,喝酒打牌,吟诗作字,但是有一条,无论怎样玩,他对自己规定每天应做的功课是要做完的……"弟子程千帆这番话可谓知人善论。

一九三五年十月五日,黄侃因饮酒过度,胃血管破裂,经抢救无效于八日去世。就在去世前一天,虽吐血不止,黄仍抱病点毕《唐文粹补编》,并披阅《桐江集》五册。章太炎听到噩耗后,恸哭不已,连呼:"这是老天丧我也!这是老天丧我也!"

黄侃去世时年仅五十,虽未出版任何著作,却成为海内外公认的国学大师。程千帆说:"但老师是中外学术界公认的大师之一。……大师之大,大在何处?……我觉得季刚老师的学问是既博且专的。无论你用经、史、子、集、儒、玄、文、史,或义理、考据、词章来分类,老师都不仅有异常丰富的知识,而且有非常精辟的发明。他在文字、音韵、训诂诸方面的成就是空前的……"

这样的评价是中肯的。

主要参考书目:

《黄侃传》(邓恩贤著)

《黄季刚先生年谱》(黄焯著)

《北京大学感旧录》(周作人著)

《黄季刚老师逸事》(程千帆著)

时光误会流年，往事如烟：

鲁迅与顾颉刚的恩恩怨怨

我一生中第一次碰到的大钉子是鲁迅对我过不去。

——顾颉刚

我真想不到，在厦门那么反对民党，使兼士愤愤的顾颉刚，竟到这里来做教授了，那么，这里的情形，难免要变成厦大，硬直者逐，改革者开除。而且据我看来，或者会比不上厦大，这是我新得的感觉。我已于上星期四辞去一切职务，脱离中大了。

——鲁迅致孙伏园

作为古史辨派创始人和国学大师，顾颉刚一生与同时代许多名人学者过从甚密，有的关系非同一般，其中与鲁迅的关系最富戏剧性，也最值得玩味。这里的是是非非、恩恩怨怨自也是十分复杂，难以一言以蔽之。

顾颉刚与鲁迅之间真正的冲突发生在厦大共事期间，在此之前，两人虽同在北京，并没有多少直接的接触，如果说两人之间有什么联系，顾颉刚至多是因为鲁迅与胡适、陈源的论战，间接受到一些波及。两人真正接触，是在一九二六年应聘厦门大学，成为同事之后。二人成为厦大同事之后，各种因素凑合到一起，冲突也就在所难免，最后竟发展到分道扬镳甚至势同水火的地步，这不仅是顾颉刚没有想到的，大约也是鲁迅始料未及的。顾颉刚后来在自传中感慨地说："我一生中第一次碰到的大钉子是鲁迅对我过不去。"虽是一家之言，却足见此事对他影响之深。

厦门大学是爱国华侨陈嘉庚捐资兴建的，一九二一年正式开办，到一九二六年秋，学校已拥有师生四百多人。当时，担任校长的是英籍新加坡华人医学博士林文庆。考虑到林语堂是福建人，兄弟又多在厦门，林氏便聘请林语堂回厦门大学担任文科主任和国学研究院总秘书，筹备厦大国学研究院。林氏聘请林语堂到厦大，目的是想借助林语堂的影响网罗一批名教授，扩大厦大的影响。林语堂到厦大后，果然不负众望，做的第一件事便是替厦大从北京聘请了沈兼士、鲁迅、孙伏园、顾颉刚等一批知名教授。

当时北京正处于北洋军阀的高压统治，北大又经常欠薪，头一年的薪水第二年还发不下来，许多教授生活十分困顿。此时，厦大根据陈嘉庚的意思，对名教授薪水从优，条件也远比北京丰厚，因此对一些教授还是有一定诱惑力的。这也是一些人愿意南下的一个原因。当时厦大给鲁迅的薪水大约是每月四百元，主要讲中国文学史和小说史。鲁迅接受聘请后于九月四日到厦门。

鲁迅到厦大，除了不满北京的政治气氛外，主要是因为林语堂的关系。林语堂是语丝社成员，虽比鲁迅小十四岁，两人却一向关系不错，鲁迅可以说是出于朋友间的帮忙才来的。这一点从鲁迅的朋友川岛（章廷谦）文章中也得到证实："我们怎么忽然会从北京路远迢迢地赶到厦门大学去的呢？主要是因为林语堂的关系；他要回到厦门大学去做文科主任，并且厦门大学要创办国学研究所，就把我们拉去了。"（川岛《和鲁迅先生在厦门相处的日子里》）

顾颉刚接受厦大的邀请，主要是出于经济上的原因。由于学校欠薪加各种借贷，此时顾颉刚已经欠下了各种债务近三千元，正为生计发愁，忽然接到厦大聘书，且薪水从优，便答应了。也就是他自己说的"受了衣食的逼迫，浮海到厦门"。一九二二年，顾颉刚第一次提出"层累地造成的中国古史"说，一鸣惊人，成为史学界新星，各大学争相聘请。厦大聘请顾颉刚主要也是看中了顾当时在史学界的名声。这里还有一个小插曲，开始林语堂发给顾颉刚的是普通教授聘书，八月下旬顾到学校时，因其主编《古史辨》出版，声名大噪，林语堂临时又改聘他为研究教授，任国学研究院导师兼国文系教授。研究教授比教授还要高一级，这样年仅三十四岁的顾颉刚在厦大就等于与鲁迅平起平坐，享受同等待遇了。这对于一个从未喝过洋墨水，毕业才六年，年仅三十四岁的人来说，这种晋升确实是够快的了，所以自然引起了一些人的嫉妒。

刚到厦大时，顾颉刚与鲁迅还是相处不错的，因为都是国学研究院的同事，所以同在一个办公室办公，同在一处吃饭。同年九月顾颉刚还送了鲁迅一本宋濂的《诸子辨》，鲁迅也请日本友人为顾颉刚查找《封神榜》有关资料（顾颉刚并不是自己要而是帮胡适忙）。但这种表面的平静并没有维持太久。

矛盾的直接导火索是顾颉刚推荐了几个熟人。顾一向缺少心机，乐于助人，同学朋友求他推荐工作基本上来者不拒。到厦大后，碍于同乡和同学关系，顾先后推荐了潘家洵、陈乃乾、容肇祖等人。这种荐人方式在那个年代其实很通行，问题是顾颉刚忽视了此前鲁迅与现代评论派之间的芥蒂。而且，这些人不是顾颉刚北大同学就是朋友同乡，因有北京时的嫌隙，自然引起了鲁迅的误会。这一点在鲁迅致许广平等人信中多有反映。一九二六年九月二十日，鲁迅致许广平信："在国学院里的，顾颉刚是胡适之的信徒，另外有两三个，好像都是顾荐的，和他大同小异，而更浅薄……"九月二十五日致许广平的信中又说："看厦大的国学院，越看越不行了。顾颉刚是自称只佩服胡适陈源两个人的，而潘家洵、陈万里、黄坚三人，似皆他所荐引……"随着矛盾的加深，鲁迅怀疑日深，在九月三十日致许的信中指责顾颉刚说："这人是陈源之流，我是早知道的，现在一调查，则他所安排的羽翼，竟有七人之多，先前所谓不问外事，专一看书的舆论，乃是全都为其所骗。他已在开始排斥我，说我是'名士派'，可笑。"从这封信看，鲁迅当时情绪已经到了愤怒的边缘。十一月一日致许的信中说："……顾颉刚之流已在国学院大占势力，周览（鲠生）又要到这里来做法律系主任了，从此现代评论色彩，将弥漫厦大。"十二月十五日致许的信中又说："惟顾颉刚是日日夜夜布置安插私人。"在鲁迅致许广平信中，至少有六七次提到顾颉刚在厦大荐人的事，他对这一点是极为不满的，认为这是顾颉刚有意在厦大扩大现代评论派的势力。事实上，鲁迅信中提到的有些人并非是顾所荐，也看不出顾主观上要在厦大扩大现代评论派势力的意思，但由于当时厦大各种矛盾错综复杂，顾也没有很好地与鲁迅沟通，所以很难消除鲁迅的疑虑。

表面看来，两人之间的矛盾是因顾荐人引起的，但从鲁迅信中的几个关键词胡适、陈源及现代评论派来看，仍然透露出一些深层的信息。在鲁迅看来，顾是现代评论派的，或者说是胡适、陈源的人，意思都是一样的。顾在北大时曾师从胡适，毕业后一度为胡适的《红楼梦考证》搜集过资料，胡适对顾也很关照，胡顾师生关系密切，这是谁都知道的事实，鲁迅自然不会没有一点看法。更为不满的还因为陈源的关系。一九二四年年底，北京女师大发生学生运动，校长杨荫榆无理开除三名学生引发一场风潮。一九二五年五月二十七日，鲁迅与沈尹默、钱玄同、沈兼士、周作人、马裕藻、李泰芬等七名教员在《京报》发表《对于北京女子师范大学风潮宣言》，声援学生，陈源在《现代评论》上以"闲话"名义，发表《粉刷毛厕》等文章，为校长杨荫榆开脱，指责鲁迅暗中挑动风潮，由此引发一场激烈论战。随着论战深入，论战变成了人身攻击。一九二六年一月三十日，陈源在《晨报副刊》上发表《闲话的闲话之闲话引出来的几封信》，公开指责鲁迅："他常常挖苦别人家抄袭……可是他自己的《中国小说史略》却就是根据日本人盐谷温的《支那文学概论讲话》里面的《小说》一部分，其实拿人家的著述做你自己的蓝本，本可以原谅，只要你书中有那样的声明，可是鲁迅先生就没有那样的声明……"又在《剽窃与抄袭》一文中指责"思想界的权威"鲁迅"整大本的剽窃"。这种人身攻击自然引起鲁迅激烈反击。一九二六年二月八日，鲁迅在《语丝》周刊第 65 期上发表《不是信》，针锋相对地反驳说："盐谷氏的书，确是我的参考书之一，我的《小说史略》二十八篇的第二篇，是根据它的，还有论《红楼梦》的几点和一张《贾氏系图》，也是根据它的，但不过是大意，次序和意见就很不同。其他二十六篇，我都有我独立的准备，证据是和他的所说还时常相反。"

事实上，陈源的攻击完全是误听人言的无中生有，用胡适后来的话说，陈源"误信一个小人张风举之言，说鲁迅之小说史是抄袭盐谷温的，就使鲁迅终身不忘此仇恨"！（《胡适致苏雪林信稿》）顾颉刚虽没有参与陈源与鲁迅的论战，可是顾当时也认为鲁迅有抄袭之嫌，并在一次与陈源的谈话中流露出来，后来这纯属私下谈话的内容被陈源在报上公开发表出来（顾潮《我的父亲顾颉刚》），这自然开罪了鲁迅，以鲁迅的性格这种人身攻击自是不能原谅的，鲁迅把顾颉刚划到陈源一派也就不难理解了，这就为二人以后在厦大的矛盾埋下了伏笔。事隔多年之后，一九三六年十二月十四日，胡适在致苏雪林信中谈及此事时，比较公允地说："凡论一人，总须持平。……鲁迅自有他的长处。如他的早年文学作品，如他的小说史研究，皆是上等工作。……说鲁迅抄盐谷温，真是万分的冤枉。盐谷一案，我们应该为鲁迅洗刷明白。"胡适这封信算是为这起公案做了一个定论。

鲁、顾矛盾，除了历史原因，也有因顾不谙世事造成的。川岛（章廷谦）来厦大，便是一例。川岛是语丝派的同人，与鲁迅交好，鲁迅开始并不赞成他来厦大。顾最初也反对他来厦大，曾劝林语堂不要聘他，"孰知这一句话就使我成了鲁迅和川岛的死冤家"。（顾颉刚致胡适信一九二七年四月二十八日，转引自顾潮《我的父亲顾颉刚》）后来听说林语堂有意聘川岛来厦大任国学院出版部干事兼图书馆编辑，顾又写信通知了他；在川岛到厦大当天，"又有顾先生派人给我们送来一大碗红烧牛肉和一碗炒菜花"（川岛语）。如此一来，便给鲁迅留下了口实，觉得顾是一个口是心非的阴谋家。同时，由于顾颉刚不善于处理人际关系，也给人留下了一些话柄，进一步扩大了他与鲁迅之间的裂痕。但两个人在厦大时并没有发生直接公开的冲突。

与顾颉刚等人的矛盾是鲁迅决定离开厦大的一个主要原因。鲁迅离开厦大还有另外一个原因。林文庆任用化学博士刘树杞担任教务长、校长秘书，兼任国学院顾问，刘不懂国学，却掌握财权，权欲很重，经常干涉国学院工作。一九二六年，陈嘉庚在南洋经营受损，厦大经费也受到影响，学校开支减少，国学研究院出版计划也受到波及。刘在经费分配上又欠公平，引起了林语堂、鲁迅等人的不满。用鲁迅的话来说"校长有些掣肘"，林语堂的工作处处受到影响，鲁迅对林语堂也开始感到失望。不久，学校当局又开始克扣教师薪金，引起更多的人不满。由于以上种种因素，一九二六年十二月三十一日，鲁迅向林语堂提出辞职。开始学校和林语堂竭力挽留，但鲁迅执意要走，学校和林语堂最后也只能同意。林语堂后来在《悼鲁迅》一文中谈及此事时说："我请鲁迅至厦门大学，遭同事摆布迫逐，至三易其厨……""鲁迅顾我，我喜其相知，鲁迅弃我，我亦无悔。"其无奈也是可以想见的，鲁迅辞职后，林语堂不久也辞职了。

鲁迅的去职在厦大引起很大振动，学生发起留鲁运动，几成学潮。为了转嫁矛盾，林文庆故意向媒体放风说鲁迅离开是因为胡适派排挤，这一点在川岛文章中也得到证实："学校当局则推得一干二净，说鲁迅先生的要走，是因为从北京来的一伙人当中，有胡适派和鲁迅派，他们自己内部闹开了，学校留不住，与学校无干。"（川岛《与鲁迅先生在厦门相处的日子里》）而胡适派的人则认为鲁迅"他是因为'月亮'在广东，厦大的生活太苦，所以要去的"。（川岛《与鲁迅先生在厦门相处的日子里》）这个月亮即指许广平。鼓浪屿上的《民钟日报》也刊登了同样的消息。见鲁迅去意已决，

"于是校方就宣布说，鲁迅之来厦门，原是来捣乱的，不是为了来教书"。（川岛《与鲁迅先生在厦门相处的日子里》）在鲁迅看来，校方与现代评论派的人（主要指顾颉刚）已经站在同一条战线上了，他在致许广平的信中说："'现代评论'派势力，在这里我看要膨胀起来，当局者的性质，也与此辈结合。"因此更不值得留恋，一月十六日，鲁迅离开厦门从水路前往广州。跟随他走的还有十几个厦大学生。

一月十五日，顾颉刚还到鲁迅住处为他送别，甚至鲁迅临行前，顾还到船上与鲁迅话别。这至少有两种解释：一是此时两人矛盾并未公开化；一是顾颉刚出于对鲁迅的尊敬，还是想极力缓和二人之间的矛盾，作为晚辈，他也无意得罪鲁迅。现在看来后一种可能更大一些。

虽然看起来，两人还维持了一种表面上的礼貌，但事实上，鲁迅对顾内心的反感和嫌恶是很深的，这在他当时致川岛和许广平的信中多有反映。多年之后，在一九三四年七月六日致郑振铎的信中，鲁迅对此仍念念不忘："此公遍身谋略，凡与接触者，定必麻烦……"甚至不忘刻薄一下，"嘴亦本来不吃，其呐呐者，即因虽谈话时，亦在运用阴谋之故。在厦大时，即逢迎校长以驱除异己，异己既尽，而此公亦为校长所鄙，遂至广州……"从这些当时并未公开的信中可以看出，鲁迅在厦大时对顾颉刚的成见已经很深，到了难以容忍的地步，只是顾颉刚自己并没有完全察觉。或者说就是察觉了一点也没有认识到两人之间矛盾的尖锐程度。这也可以看出顾颉刚书生的一面。

鲁迅离开后，顾颉刚与林文庆的矛盾并没有消除，觉得厦大虽钱多，但并非做学问之地，于是也产生了离开厦大的念头。恰好此时，接到燕大和武昌中山大学的聘书。正在犹豫不决，又接到广州中山大学的聘书。此时广州中山大学改建，戴季陶为校长，朱家骅为副校长。为扩大实力，学校聘请了鲁迅、傅斯年、罗常培、杨振声等一批名教授。这次聘请顾颉刚的是他的朋友傅斯年。

傅斯年于一九二六年十二月自德国返国，应聘中山大学文科学长（后改文学院长）兼国文史学两系主任。鲁迅任文科教务主任兼中文系主任。傅主持文科学长后，力主网罗一批知名学者充实师资，作为朋友和史学界新星，顾颉刚便是他力主聘请的名教授之一。从一些资料看，傅斯年未到中大前，学校已经聘请过顾，而且是与鲁迅一起聘请的。这里还有一个插曲，据顾颉刚回忆，当时广州中大并不知道厦大风潮中，顾、鲁二人之间的矛盾，中山大学委员会决定聘请他与鲁迅，当时孙伏园到广东参观，学校把两份聘书交孙转交，孙却没有将聘书交顾颉刚，"他回到厦大，和鲁迅商量的结果，把我聘书销毁了，鲁迅独自前往。我蒙在鼓里，毫不知道。……不久，中大来信催我了，我才知道有聘我这一回事，便束装前往"。（《顾颉刚自传》）从资料看，后来中大来信催他，显然是傅斯年的邀请。

鲁迅对顾颉刚的不满，已经是公开的秘密，顾显然是知道的。且鲁迅已先行一步到中大，以鲁迅之性格，顾若接受聘请前去中大二人必然再起冲突，以常理，顾颉刚避之唯恐不及，为什么偏偏还要去中大呢？且以顾当时的地位名声，并不愁没有地方去。分析起来，顾之所以坚持去广州中大，一方面是因为老友傅斯年的力邀，另一方面用他自己的话来说："如我不离开厦大，鲁迅更要宣传我是林文庆的走狗，攻击起来更加振振有词，我也更没有法子洗刷。我现在到中大，他至少不能说这句话了，看他用什么方法对我。"（《顾颉刚自传》）在致傅斯年信中也说："兄如不来，分明是站在林文庆一边了，将何以答对千秋万世人的谴责？"他天真地以为自己去了中大，至少鲁迅不会认为他是林的死党了。

然而事实证明顾颉刚到底还是书生。他认为自己到了中大，就证明了自己的清白，根本没有想到此时鲁迅与他的矛盾已经不能调和。听说顾颉刚要来中大，鲁迅便对人说，顾颉刚一到他就走，态度十分坚决。从顾颉刚对来中大这件事的处理，也可以看出顾颉刚性格的复杂性：一方面性格倔强，明知鲁迅未必乐意与他共事，他还是执意来中大；另一方面也反映顾阅人不深，不谙世事，更不了解鲁迅。

四月十八日（一说十七日），顾到广州。第二天，鲁迅知道顾颉刚来了，便对学生说："顾颉刚来了，我立刻走。"便不上课了。当时中大学生是把鲁迅当作"思想界的权威者"来欢迎的，鲁迅初到时还为他召开了盛大的欢迎会，可见鲁迅在学生中受欢迎程度。学校和傅斯年做鲁迅工作希望他留下来，但他表示与顾势不两立，坚决要走。"他以不愿和顾颉刚同校授课的理由，突然辞职带着那时尚是助教的许广平去上海了。"（钟贡勋《文科重要与教授形形色色》）

这件事还可以从鲁迅的好友许寿裳那里得到印证。傅斯年说顾颉刚将来任

教，"鲁迅听了就勃然大怒，说道：'他来，我就走。'态度异常坚决"。（许寿裳）

顾颉刚十七日到广州，鲁迅真的不上课，二十日就辞职。当时鲁迅在学生中的影响很大，学生为此罢课三天。为了缓解矛盾，学校决定派顾到外地给学校购书，但鲁迅还是辞职了。不久在孙伏园编的武汉《中央日报》副刊上登出一封鲁迅致孙的信，信中说："我万想不到那个攻击民党使兼士愤愤的顾颉刚竟到中大来了！中山大学是国民党的大学，会得延请了顾颉刚，真是'天下老鸦一般黑'，所以我只得退了出来。"信中还把顾、傅说成"反动势力的生力军"。一九二七年五月十二日，《中央日报》副刊第四十九号刊登孙伏园《鲁迅先生脱离广东中大》的文章，上面有鲁迅学生谢玉生给孙伏园的信，其中说："迅师此次辞职的原因，就是因顾颉刚忽然本月十八日由厦来中大担任教授的原故。原来迅师所以要去职者，即是表示与顾不合作的意思。原顾去岁在厦大造作谣言，诬蔑迅师……"

鲁迅致孙伏园信中说："我真想不到，在厦门那么反对民党，使兼士愤愤的顾颉刚，竟到这里来做教授了，那么，这里的情形，难免要变成厦大，硬直者逐，改革者开除。而且据我看来，或者会比不上厦大，这是我新得的感觉。我已于上星期四辞去一切职务，脱离中大了。"

一九二七年五月十五日致章廷谦（川岛）信中说："傅斯年我初见，先前竟想不到是这样人。当红鼻到此时，我便走了；而傅大写其信给我，说他已有补救法，即使鼻赴京买书，不在校；且宣传于别人。我仍不理，即出校。"这里的鼻及红鼻都是指顾颉刚，信中不仅看出他对顾颉刚的不满，甚至已经有了人身攻击的嫌疑。此后信中"鼻"这个字眼频频出现。不仅如此，还不忘顺便刻薄一下顾颉刚："现已知买书是他们的预定计划，实是鼻们的一批大生意，因为数至五万元。"

一九二七年五月三十日，鲁迅致章廷谦信中说："当红鼻到粤之时，正清党发生之际，所以也许有人疑我之滚，和政治有关，实则我之'鼻来我走'与鼻不两立，大似梅毒菌……"六月二十三日致章廷谦信中说："中大又聘容肇祖之兄容庚为教授，也是口吃的。广东中大，似乎专爱用口吃的人。"这已明显有人身攻击之嫌了。

当时顾颉刚正在杭州购书，看到报纸大怒，给鲁迅写了一封信表示"要在法庭上辩一个黑白"，通过法律解决彼此争端。一九二七年七月二十四日，顾颉刚给鲁迅写了一封信：

鲁迅先生：

颉刚不知以何事开罪于先生，使先生对于颉刚竟作如此强烈之攻击，未即承教，良用耿耿。前日见汉口《中央日报》副刊上，先生及谢玉生先生通信，始悉先生等所以反对颉刚者，盖欲伸党国大义，而颉刚所作之罪恶直为天地所不容，无任惶骇。诚恐此中是非，非笔墨口舌所可明了，拟于九月中回粤后提起诉讼，听候法律解决。如颉刚确有反革命之事实，虽受死刑，亦所甘心，否则先生等自负发言之责任。务请先生及谢先生暂勿离粤，以俟开审，不胜感盼。

敬请大安，谢先生处并候。

顾颉刚

鲁迅回信说：

颉刚先生：

来函谨悉，甚至于吓得绝倒矣。先生在杭盖已闻仆于八月中须离广州之讯，于是顿生妙计，命以难题。如命，则仆尚须提空囊赁屋买米，作穷打算，恭候偏何来迟，提起诉讼。不如命，则先生可指我为畏罪而逃也；而况加以照例之一传十，十传百乎哉？但我意早决，八月中仍当行，九月已在沪。江浙俱属党国所治，法律当下粤不异，且先生尚未启行，无须特别函挽听审，良当如请即就近在浙起诉，尔时仆必到杭，以负应负之责。倘其典书卖裤，居此生活费綦昂之广州，以俟月余后或将提起诉讼，天下那易有如此十足笨伯哉！《中央日报》副刊未见；谢君处恕不代达，此种小傀儡，可不做则不做而已，无他秘计也。此复，顺请

著安！

鲁迅

鲁迅这封回信十分调侃，充满了讽刺意味。一九二七年八月二日，鲁迅在致江绍原信中又谈到此事："鼻盖在杭闻我八月中当离粤，昨得一函，二十四写，二十六发，云：九月中当到粤给我打官司，令我勿走，'听候开审'。……实则他知我必不恭候，于是可指我畏罪而逃耳。因复一函，言我九月已在沪，可就近在杭州起诉云……鼻专在这些小玩意上用工夫，可笑可怜，血奔鼻尖而至于赤，夫岂'天实为之'哉。"

一九二七年八月十七日，鲁迅致章廷谦信中再次提到此事："遥想一月以前，一个獐头鼠目而赤鼻之'学者'，奔波于'西子湖'边而发挥咱们之'不好'，一面又想起诉之'无聊之极思'来，湖光山色，辜负已尽，念及辄为失笑。"又在信中讽刺道："近偶见该《古史辨》，惊悉上面乃有自序一百多版。……今该学者不过鼻子红而已矣，而乃已浩浩洋洋至此，殆真所谓文豪也哉。"又说："好在近来鼻之起诉计划，当亦有所更改或修下，我亦无须急急如律令矣。"

十月，顾颉刚返校时，鲁迅已经离开，官司也就不了了之，但两人恩怨并没有至此结束。一九三五年十一月，鲁迅创作小说《理水》时（后收入《故事新编》），仍不忘对顾颉刚进行暗讽。鲁迅在小说中虚构了一个大学，"然而他们里面，大抵是反对禹的，或者简直不相信世界上真有这个禹。""又一个学者吃吃的说，立刻把鼻尖胀得通红。'你们是受了谣言的骗的。其实并没有所谓禹，"禹"是一条虫，虫虫会治水的吗？……'""至于禹，那可

一定是一条虫，我有许多证据，可以证明他的乌有，叫大家来公评……"小说中的鸟头先生、口吃、鼻红等与鲁迅此前的信联系起来看，显然便是影射顾颉刚。后来鲁迅大约也觉得这样做有些过分，曾对人承认自己《故事新编》中的一些小说不免失之油滑。

其实，这并不是鲁迅第一次在作品中影射顾颉刚，最早的可以追溯到一九二一年发表的《阿Q正传》。在小说第一章序里就阿Q的名字，到底是阿桂还是阿贵，鲁迅借题发挥，稍带讽刺了胡适及顾颉刚，"……只希望有'历史癖与考据癖'的胡适之先生的门人们，将来或者能够寻出许多新端绪来"。当时胡适在写《红楼梦考证》，刚刚大学毕业的顾颉刚正为胡适搜集曹雪芹身世的有关资料。鲁迅当时为什么要在小说中稍带一笔呢？据顾颉刚看："而彼所以致此讥讽者，只因'五四'运动后，胡适以提倡白话文得名过骤，为北大浙江派所深忌，而我为之辅佐，觅得许多文字资料，助长其气焰，故于小说中下一刺笔。"（顾潮《我的父亲顾颉刚》）

一九三六年十月十九日，鲁迅病逝于上海。至此，顾颉刚与鲁迅之间的恩恩怨怨也便画上了一个句号。

最是人间留不住：

文化殉道者王国维

他对于社会，因为有冷静的头脑，所以能看得很清楚；有和平的脾气，所以不能取激烈的反抗；有浓厚的情感，所以常常发生莫名的悲愤。积日既久，只有自杀之一途。

——徐中舒

作为清华国学研究院四大导师之一，王国维的学术地位和学术贡献，已经成为定评，得到世人公认。王国维去世虽然已大半个世纪，关于他的身世仍给后人留下很多疑团，有的甚至成了学术史上一个谜。

众人眼中的一代儒宗

据有关史料，王国维到清华，最早还是胡适推荐的。而始作俑者却是胡适弟子顾颉刚。据顾颉刚回忆，出于对一代学人王国维的尊敬与关心，他向胡适提议请王到清华执教。当时王国维"以南书房行走的名义教溥仪读中国古书。溥仪出宫，这个差使当然消失；同时，他又早辞去了北大研究所导师的职务，两只饭碗都砸破，生计当然无法维持。我一听到这个消息，便于这年（1924）十二月初写信给胡适，请他去找清华大学校长曹某，延聘王国维到国学研究院任教。胡适跟这个校长都是留学生，王国维又有实在本领，当然一说便成"。（顾颉刚《我是怎样编写〈古史辨〉的》）这件事在胡适书信中也得到了证实。

胡适之所以推荐王国维，主要也是欣赏王的学问。清华国学院成立时，胡适已经名满天下，自然成了清华国学院的主要人选之一，当清华校长曹云祥向胡适提出请他担任研究院导师时，却被胡适坚决地谢绝了。胡适的理由十分客观："非第一流学者，不配作研究院的导师，我实在不敢当，你最好去请梁任公、王静安、章太炎三位大师，方能把研究院办好。"（蓝文征《清华研究院始末》）由于各种原因，清华最后聘请的四位导师是梁启超、王国维、赵元任和陈寅恪，这就是著名的清华国学院四大导师。

当时清华聘请王国维的月薪是四百元，聘期三年，实际上到王投湖自沉，王国维一共只在清华教了两年多时间。关于王国维到清华执教还有一个小插曲。原来，清华发出聘请后，出于各种考虑，王国维并不愿意去，一九二五年二月，还是溥仪下了谕旨，王国维才接受了清华的聘请。清华原拟请王国维担任研究院院长，王以院长须总理院中大小事宜，影响自己做学问为由，辞而不就，只肯任专职教授。后来曹云祥决定改聘吴宓做院长，吴宓认为自己资历不够做院长，只肯做研究院主任。

王国维在清华时，住在西院，这是一所中式房子，前后两处院落，中间通着耳房。后院住家眷，前院是王的书房。王国维当时生活十分简朴，其弟子回忆："先生家居清华园西院，余曾数谒先生于寓所。先生会客即在其书室中。室中除周置图书之外，一桌，一椅，一沙发，数方凳而已。"（徐中舒《追忆王静安先生》）

王国维女儿的回忆则更具体："清华宿舍西苑十六、十八号打通合成一幢，是我们在北平的家。房子是三开间形式，父亲的书房在前幢左侧。一扇木框的大玻璃窗，紧挨着是张书桌，置有文房四宝。三面砖墙全安上书橱，线装书一部部往上摞，都快顶到屋梁了。大部分的书父亲都仔细读过，并加注眉批。"（王东明《最是人间留不住》）

可见，当年王国维在清华时，除了书，几乎家徒四壁。王读书有自己的一套习惯，他认为，人的精神是从朝气落到暮气，所以上午宜读经典考据书，午后宜读史书传，晚间宜读诗词杂记等软性的东西。除了教学，王国维很少应酬，大部分时间埋首书斋，以书为伍。

王国维在清华研究院时授课并不多。"先生在研究院讲演《古史新证》《尚书》《仪礼》《说文解字》四门，极得学生信仰。"（徐中舒《王静安

先生传》)

关于王国维的外貌，他的学生曾有一段简短的描述："王国维先生的大名，我在小学读书时，即已久仰。他是短短的身体，嘴唇上蓄着八字胡须，瓜皮小帽，缀有红帽结，后面拖着一根长辫子，这是他的特别表记，十足的满清遗老，最引起同学们的注意。"（蒋君章《仓圣明智大学的回忆》）另一个弟子的回忆也大同小异："先生体质瘦弱，身着不合时宜之朴素衣服，面部苍黄，鼻架玳瑁眼镜，骤视之几若六七十许老人，态度冷静，动作从容，一望而知为修养深厚之大师也。"（徐中舒《追忆王静安先生》）

相比之下，李恩绩的记录则更详尽：

"一个不很高大的身材，面孔也瘦小，牙齿有点獠在外面。常穿着当时通行的及法布袍子，罗缎短袖马褂。后面拖了一条短辫子。冬天他戴上一个瓜皮帽子，或者穿上羊皮袍子。但他没有比羊皮更高贵的皮衣。他的衣式不很时式，也不很古板，但很整洁。他的近视眼镜是新式的。他也会抽香烟。总之他的物质生活，很随随便便，决没有一点遗老或者名流的气味。看去有点像旧式商店里的伙计。

他对人不很会讲应酬话，更不会客气。假使有人请他看一件古铜器，他看了假使说是'靠不住的'，那个人无论找出一些这样真实证据的话来……他看了以后，依然是'靠不住的'四个字答复，也不附和人，也不和人驳难。

……

他家里旁的东西都不多，书也不很多。不过他的书不是整整齐齐堆在书架上，却是到处摊着。桌子的每一只角里，茶几上，椅子上，床上，甚至于地上，都摊着翻开的书。要等他把正在起草的一篇著作告竣了，才把摊着的书整理一下。到第二篇著作将要动笔之前，书又随处摊满了！"（李恩绩《爱俪园——海上的迷宫》）

王国维虽然思想很新，但待人接物方面却不够圆通，甚至有些孤僻，除了治学，几乎很少与人来往。"他在清华园里住着，普通应酬的事几乎一概谢绝，除去三两友人，如陈寅恪吴雨僧等人外，很少和人家来往。……他讲话不利落，似乎还有点口吃。有一次，北京史学会请他去演讲，听的人都几乎睡着，因为讲的题材太专门，干枯，他那份口才又笨，没劲儿，听的人不能干瞪着眼，只有睡觉。……有一次，有人请他给一位福寿双全的老太

1926年夏，清华研究院第一届学生毕业师生合影，前排右五起：赵元任、王国维、梁启超、梅贻琦

太题个像赞，他当面就拒绝了，说：'这是应酬，我没工夫。'"（毕树棠《忆王静安先生》）

治学之外，王国维完全是一个学究，根本不食人间烟火，十足一个书呆子。王性格内向，很少说话，完全不知经济之道，每月在清华的四百元薪饷，全由夫人支配，只有买书时才向夫人要些钱。据女儿王东明回忆，王国维五十大寿时，清华同学办了三桌酒席为他暖寿，一向开朗外向的赵元任夫人硬是不肯与他同座，公开声明"我不跟王先生一桌"，结果王这一桌始终默默不语，而赵夫人那一桌笑语不断。

毕树棠也谈到一次集会经历："果然在校长对面坐着一位清瘦而微须的四十多岁的老头儿。红顶小帽，青马褂，身后垂着小辫儿和玄色扎腰，很谦恭而谨慎的坐在那里。在大家喧声谈笑之中，似乎他老是安静的，沉默的，除举箸停箸而外，甚么都不理会。曹校长的应酬态度很周到，话很多，看神情每一节话都必问到他老先生，他只是微笑，点头，没有许多回答。饭后，照例有各种余兴，如清唱、谐谈，及诸般游戏，那时便不见他老先生的影子，大概是吃完就走了。"（毕树棠《忆王静安先生》）

类似的回忆比比皆是。

"先生沉默寡言笑，问非所知，每不置答。喜吸纸烟，可尽数支；当宾主默对时，惟见烟袅袅出口鼻间。其治学甚劬，而所学甚博。初治西洋哲学，醉心于叔本华尼采之说，继治宋元以来戏曲。清亡后，与罗振玉先生东渡

日本，治古文字及声韵之学。……比来京师，转治西北地理及辽金元三史。"（容庚《王国维先生考古学上之贡献》）

"余以研究考古学故，与先生接谈问难之时尤多。先生谈话雅尚质朴，毫无华饰，非有所问，不轻发言：有时或至默坐相对，爇卷烟以自遣，片刻可尽数支；有时或欲有所发挥，亦仅略举大意，数言而止；遇有疑难问题不能解决者，先生即直称不知：故先生谈话，除与学术有关者外，可记者绝少也。"（徐中舒《追忆王静安先生》）

王国维大部分时间都沉浸在自己的世界里，专研学问。他自己说，"哲学上的话，大都可爱的不可信，可信的又不可爱；我知道爱哲学家的真理，同时又爱哲学家的谬误，伟大的形而上学，高严的伦理学，纯粹的美学，都是我最喜欢的。……虽然明明晓得可信的不可爱，可爱的不可信——这是两三年中最感到苦闷的。所以近来的嗜好渐渐地从哲学转入了文学，理由是：要在这里找到直接的慰藉。总而言之，统而言之，恐怕这是我底天性吧——做哲学家，觉得感情太多理智太少，做诗人，又觉得感情太少理智太多；诗歌和哲学，将求要取哪一个，我不大知道，也许骑在二者之间吧。"

尽管王国维学问深厚，却十分谦逊，从不妄加批评别人。"先生于当世人士，不加臧否，惟于学术有关者，即就其学术本身略加评骘。……梁任公先生极服先生之学，凡有疑难，皆曰，'可问王先生。'同学辈对于先生，亦备极敬爱，故先生居研究院至为惬适。院中每月例开茶会一次，会次将毕，例有余兴，以助欢娱。有一次先生曾为余等诵辛幼安《摸鱼儿》《贺新凉（郎）》二词。……又有一次，余以事未与会，先生曾为余等诵制艺文，情态酷似村中学究，此余闻之同学云。……先生不喜作书，设有以尺幅索书者，尚可以方寸内正书应之，大幅则谢不能矣。先生覃精古文字学，然绝不为人作古文字，即书签题眉，亦小字楷书。"（徐中舒《追忆王静安先生》）王国维对此有自己的看法："做学问的头一件事就是老实，知之为知之，不知为不知，是知也。不好对不知道的也装作知道。自有注释经书以来几千年了，可是被大家认为很容易懂得的《论语》，还有一些地方我不完全懂得。至于《易经》我不敢断定的，那就更多了。"（转引自蔡尚思《王国维在学术上的独特地位》）

但这并不表示王国维就没有个性，有些东西他是十分坚持的，决不随俗。

酒為春寒潑醑斟　昔年賓客昔園
林馬行鐙火尋常事　觸忤東坡感
舊心　清歡一夕付東流　投老誰能
遣百憂　記得前年披畫讀風鐙過
眼雪盈頭　蔡園二絕句
佩絃仁兄屬書
王國維

他东渡日本时，曾剪过发，不知怎么，后来又留上了，那时留辫子的人已经很少了。王国维的辫子一向是太太替他梳，一天太太梳烦了，便不耐烦地说，"都到这个时候了，还留着这东西做什么？"王国维慨然回答道："正是到了这个时候了，我还剪它做什么！"对于王国维来说，他保留的已经不是一条简单的辫子，而是某种信念了。所以，他坚持不剪。

其实王国维并不是一个完全没有生活情趣的人。据他子女回忆，治学之余，王其实也是很有人情味的，有时甚至相当可爱。

"父亲除了爱书，几乎没有其他嗜好，不外出郊游，不运动，不喝酒，只抽一点'哈德门'牌香烟。吃饭有点挑剔，如果那一天饭菜不太合他胃口，他的筷子就在碗里慢慢地拨。他平常要求母亲自己下厨，家里有一吃长斋佣人煮的饭菜父亲不太敢吃。父亲欢喜红烧的食物，所以小时候桌上的盘盘碗碗大多是红烧的食物。父亲也欢喜吃些零食甜点，于是隔一段日子母亲就雇车到城里的几家大糖果店，买许多糕饼糖果回来，父亲读书写作累了，就会拿点点心来吃。""对于睡眠父亲极有规律，晚上十点多一定上床。每

天看完书回卧房，就自己一个人拿着牌玩'过五关'，尽了兴，睡觉时间已至，即熄灯而眠。"（王东明《最是人间留不住》）

"父亲喜爱甜食，在他与母亲的卧室中，放了一个朱红的大柜子，下面橱肚放棉被及衣物，上面两层是专放零食的。一开橱门，真是琳琅满目，有如小型糖果店。

每个月母亲必须进城去采购零食，连带办些日用品及南北货什。回到家里，大包小包的满满一洋车。……父亲每天午饭后，抽支烟，喝杯茶，闲坐片刻，算是休息了。一点来钟，就到前院书房开始工作，到了三四点钟，有时会回到卧房，自行开柜，找些零食。我们这一辈，大致都承袭了父亲的习惯——爱吃零食。

父亲对菜肴有些挑剔，红烧肉是常吃的，但必须是母亲做的，他才爱吃。"（王东明《怀念我的父亲王国维先生》）

王国维有时表现得甚至十分温情。据王东明回忆："我们小的时候，他一闲下来就抱我们……没有孩子可抱，因此就养了一只狮子猫，毛长得很长，体形也大，而且善解人意。只是有人一呼叫，它就跳到谁的身上。父亲有空坐下时，总是呼一声猫咪，它就跳到他的膝盖上。他用手抚抚它的长毛，猫就在他的膝上打起呼噜来。"（王东明《怀念我的父亲王国维先生》）

但作为一代大儒，王国维真正喜爱的仍然是书。"我们住在城里的时候，他最常去的地方是琉璃厂。古玩店及书店的老板都认识他，在那里，他可以消磨大半天。古玩只是看看而已。如果在书店里遇到了想要的书，那就非买不可了。……"（王东明《怀念我的父亲王国维先生》）

王国维与罗振玉

王罗二人关系，可以说是二十世纪中国学术界最奇特最值得玩味的一种关系。王国维后来之所以成为一代学人，创不世之功，与罗振玉的发现、赏识与资助，有直接的关系。学术界普遍的看法，没有罗振玉，就没有后来的王国维。二者可谓是伯乐与千里马的关系。樊炳清就认为："公质朴少

华，不事交游，故初不露头角，参事力为振拔，名乃大著，远播欧美，且资之以成其学。故论者敬君之品学，尤重参事之能知人，而有以裁成之也。炳清往岁与公同学，相交垂三十年，知公深……"（樊炳清《王忠悫公事略》）这个参事就是指罗振玉。

从有关资料看，王罗二人相识于上海东文学社。罗振玉创办东文学社时，学生一共六人，教授是日本人藤田丰八。"起初罗振玉并不晓得这个人，后来，偶然有一天看到同学某君的扇子，上面写着先生的咏史诗——千秋壮观君知否，黑海西头望大秦。——于是就刮目相看了。"（戴家祥《海宁王国维先生》）罗振玉在一个偶然机会看到这首诗，觉得有这等气魄的人定非凡品，于是对王国维大为赏识。

关于二人相识，还有一件轶事：有一年罗振玉在时务报馆拜年时，"进门以后，阒然无人，一直走到楼上，见一个小房间里有一个人，桌上放着一包花生米，摊着一本书在自斟自酌，不觉有点奇怪。就走进房去，一看，原来读的是《文选·两都赋》，斟的是绍兴酒。益觉奇怪，就进而问讯，其人也起身让座。才知是《时务报》的校对员海宁人王静安。坐下攀谈，觉得其人才华学养都不平凡。就劝王去南洋公学读书……静安先生就这样入了

南洋公学东方班。"（刘蕙孙《我所了解的王静安先生》）

关于罗对王的赏识，还有一个小故事，"祖父一见就刮目相看，认为观堂有过人之才，既予以入东文学社学习东文的方便；及学期考试不及格又向教习说项，不令辍学。"（罗继祖《对王观堂的器重》）不论二人是如何相识的，有一点是肯定的，显然是罗发现了王并给予了相当的栽培，王为此也曾写过三首诗以示感激，其中有"匠石忽顾视，谓与凡材殊"等句，似可证明。

王国维女儿也有类似的回忆："自光绪二十四年（民前十四年）罗氏识拔先父于上海东文学社，时先父才二十二岁。罗氏之于父亲，犹伯乐之识千里马驹。对先父在学术上的启发及生活上的照顾，功德无量。嗣后资助赴日留学，辛亥东渡时期的生活，泰半由罗氏供应。"（王东明《先父王公国维自沉前后》）

王国维后来到日本，在生活和学术上，都得到过罗的很大帮助。

对于二人关系，当时人及后人有许多说法。清代最后一任皇帝溥仪曾这样解释："王国维对他如此服服帖帖，最大的原因是这位老实人总觉得欠罗振玉的情，而罗振玉也自恃这一点，对王国维颇能指挥如意。……王国维求学时代十分清苦，受过罗振玉的帮助，王国维后来在日本的几年研究生活，是靠着和罗振玉生活在一起过的。王国维为了报答他这份恩情，最初的几部著作，就以罗振玉的名字付梓问世。罗振玉后来在日本出版轰动一时的《殷墟书契》，其实也是窃据了王国维的甲骨文的研究成果。罗、王二家后来做了亲家，按说王国维的债务更可以不提了，其实不然，罗振玉并不因此忘掉了他付出过的代价，而且王国维因他的推荐得以接近'天颜'，也要算作欠他的情分，所以王国维处处都要听他的吩咐。"（爱新觉罗·溥仪《我的前半生》）

有一点可以肯定，当年在日本，王国维能安心治学，主要得益于罗振玉在生活上的支持和关照。罗振玉也是识才爱才的人，他对王的关照，不仅是生活上的，也有学术上的建议和扶持。王国维后来改治朴学，罗振玉不仅提供了大量的资料和实物，供他研究，而且也提供了良好的建议。这一点几乎成为定评。时人及后人都提到过这一点："雪堂先生连续夜访他几次，劝王改治朴学，是为根本。静安犹疑了两天，最后说出治朴学没有书，没有办法。雪堂第二日就约他去大云书库检视，凡有复本的书，即以一本相赠。记得雪堂先生说，有二百余部。……静安先生因此下了决心，第二天在永观堂院中将三百多部《静安文集》全烧了。随即著《国朝金文著录表》和《宋代金文著录表》。向国学迈出了步。这一件事是静安先生一生重要的转折点。"（刘蕙孙《我所了解的王静安先生》）

王的弟子也有同样的看法："大抵先生为学次第可分四期。二十二以前居海宁本籍，治举子业兼治骈散文，是为第一期。二十二以后，旅居上海，武昌，通州，苏州。八九年间，先治东西文字，继治西洋哲学，文学。年壮气盛，少所许与；顾独好叔本华。……是为第二期。三十一至三十六，五年之间，居北京，专治词曲，标自然，意境二义，其说极透彻精辟。在我国文学史认识通俗文学之价值，当自先生始。是为第三期。三十六以后，随罗氏居东京，尽弃前学，专治经史。盖先生此时为学，已入自创时代。故虽由西洋学术以返求于我国经典，而卒能不为经典所束缚。"（徐中舒《王静安先生传》）

应该承认，罗对王的帮助是很大的。很大程度上，王一直视罗为自己的恩师，不论出于人之常情，还是出于报恩，王自然也为罗做过一些事情。后来王的成就远在罗之上，便引发许多关于二人关系的议论。有的甚至认为，罗的许多成果都出自王之手，甚至有人干脆认为罗乘机窃取了王的研究成果。

金梁认为："辛亥冬，从上虞罗氏避居日本，罗氏博古于金石龟甲文字，神悟多创获，每有发端，公辄为会通贯串，成一家言。故世论今之古学日新，发前人所未发，启之者罗氏而成之者公也。"（金梁《王忠悫公哀挽录书后》）郭沫若也是持这种观点的一个代表性人物。"罗振玉对于王国维的一生是关系最密切的一个人，王国维受了他不少的帮助是事实，然而也受了他不少的束缚更是难移的铁案。王先生少年时代是很贫寒的，二十二岁时到上海入东文学社的时候，是半工半读的性质，在那个时候为罗振玉所赏识，便一直受到了他的帮助。后来他们两个人差不多始终没有分离过。罗振玉办'农学报'，办'教育世界'，都靠着王先生帮忙，王先生进学部做官也是出于罗的引荐。辛亥革命以后，罗到日本去亡命，王先生也跟着他。罗是一位搜藏家，所藏的古器物，拓本，书籍，甚为丰富，在亡命生活中，让王先生得到了静心研究的机会，于是便规范了三十年以后的学术成就。王对于罗似乎始终是感恩怀德的，他为了要报答他，竟不惜把自己精心研究都奉

献了给罗，而使罗坐享盛名。例如《殷墟书契考释》一书，实际上是王的著作，而署的却是罗振玉的名字，这本是学界周知的秘密。"（郭沫若《鲁迅与王国维》）

但据陈梦家的发现，这种流行的观点并不正确。

"一九五一年我得到《考释》的原稿本，都是罗氏手写，其中书头上常注有某条应移应增改之处，并有罗氏致王氏便笺请其补入某条者，称之为'礼堂先生'。《考释》的纲领和分类次第，与罗氏以前诸作，实相一致，不过有所改善而已。在编作中，二人对细目的商榷则确乎是常有的，由稿本与初刊相校，王氏在校写时对于行文字句的小小更易是常有的，但并未作重大的增删。"（陈梦家《殷虚卜辞综述》）

显然二人的关系，远比旁观者了解的更为复杂，有一点可以肯定，作为传统的中国文人，得到过罗这样大的帮助，投桃报李，王确实帮罗做过一些事，至少在资料上，或者整理等方面。

王国维到清宫任南书房行走，也与罗振玉有关。

王国维到清宫，表面上是蒙人升允推荐的，而当初介绍二人认识的，恰是罗振玉。

"民国十二年，蒙古升允（吉甫）先生荐他入清宫，做清宫的南书房行走，这职位除了检校金石书画外，事实上也可说是极无聊的闲缺。"（戴家

祥《海宁王国维先生》）

法国汉学家伯希和也有同样的回忆："在此期间，蒙人升允向依然围绕在年轻皇帝身边的北京小宫廷举荐了王国维，一九二三年，他应召入宫授课，他和罗振玉于是有机会接触到保存在皇帝手中的书籍和艺术品。"（伯希和《王国维》）

"观堂于一九二三年五月入直南书房，到一九二四年十月溥仪出宫止，在直共历十八个月。雪堂公入直于一九二四年八月，到十月还不足两个月。"（罗继祖《观堂书札三跋》）

后来，罗振玉入宫任南书房行走，推荐王国维在南书房担任古董书画的鉴定工作。这对王研究文物，还是起到了一定作用的。

关于王国维到清宫及至后来到清华这段生活，清廷的遗诏中说得比较清楚："癸亥三月，用大学士升允荐，命在南书房行走，赏食五品俸，紫禁城骑马。再上封事，请崇德讲学，蒙褒许。甲子十月九日之变，忧愤怀必死之志。明年春，驾幸天津，俞允留京掌清华学校研究院事。不时赴行朝，蒙召对，依恋出于至诚，每欲有所陈情，口讷苦不达。比年战祸频仍，时局安危不可知，当事者不闻有所筹议，公欲言不可，欲默不忍，愤激异常时……公自以起诸生，为近臣，被殊遇，主辱臣死，杀身成仁，尽知死之义。"（杨钟羲《诰授奉政大夫 赏食五品侍俸南书房行走 特谥忠悫王公墓志铭》）

王国维投湖之谜

王国维先生之死，当时有许多种说法，一时莫衷一是，归纳起来主要有以下几种：

第一种是逼债说。王被罗逼债致死一说，在王国维投湖之后一段时间相当有市场。

罗王二人的交往分三个阶段，开始是师生关系，后成为朋友关系，最后又发展成亲家关系。本来二人关系一向十分密切，王对罗一直心存感激，后来罗将女儿嫁给王的长子潜明，二人结为亲家。但结婚没几年，一九二六年九月二十六日，王的长子潜明突然病逝，二人关系因此急转而下，最终演变成了仇人。

持这种观点的人认为，是罗向王逼债，导致王的自杀。当时有一种流传甚广的说法，说罗王二人合伙做生意，结果亏空巨大，罗向王逼债，王一时无法还债只好一死了之。这个消息最早源自郑孝胥。"王国维'殉清'的消息，在遗老中正闹得热火朝天的时候，忽然跳出来一个煞风景的郑孝胥，把罗振玉如何索债逼死王国维的事实真相全盘揭露出来，大家这才恍然大悟，原来如此。"（周君适《伪满宫廷杂忆》）

溥仪也认为是罗逼死了王："……不知是由于一件什么事情引的头，罗振玉竟向他追起债来，后来不知又用了什么手段再三地去逼迫王国维，逼得这位又穷又要面子的王国维，在走投无路的情况下，于一九二七年六月二日跳进昆明湖自尽了。"（爱新觉罗·溥仪《我的前半生》）

比较可信的一种说法，是罗王二人因王的儿子病逝引发经济冲突，最终导致交恶。"原来罗女本是王先生的子妇，去年王子病死，罗振玉便把女儿接归，声言不能与姑嫜共处。可是在母家替丈夫守节，不能不有代价，因强令王家每年拿出二千块钱交给罗女，作为津贴。王先生晚年丧子，精神创伤，已属难堪，又加这样地要索挑唆，这经济的责任实更难担负了。"（史达《王静安先生致死的真因》）

但从实际情况看，说罗振玉因经济原因逼死王国维并没有多少根据。这从王国维死前给罗的最后三封信，也可以看出一部分端倪。二人交恶前王国维写给罗的最后三封信中主要就是谈这个问题。在一九二六年九月十八日（应是阴历，下同）致罗的信中有这样的话："初八日在沪，曾托颂清兄以亡儿遗款汇公处，求公代令嫒经理。今得其来函，已将银数改作洋银二千四百二十三元汇津，目下当可收到。而令嫒前交来收用之款共五百七十六元，今由京大陆银行汇上，此款五百七十六元与前沪款共得三千元正，请公为之全权处置，因维于此等事向不熟悉，……亡儿在地下当为感激也。"罗氏收到信及钱后，要退回，于是有了九月十九日王的第二封信，其中有这样的句子："令嫒声明不用一钱，此实无理，试问亡男之款不归令嫒，又当归谁？仍请公以正理谕之。我辈皆老，而令嫒来日方长，正须储此款以做预备，此即海关发此款之本意。此中外古今人心所同，恐质之路人无不以此为然者也。"从这封信中，已经看出，因为罗氏拒收，王已经很为动气了。九月二十五日，王又给罗写了第三封信："昨奉手书，敬悉种切。亡儿遗款自当以令媛之名存放，否则照旧日银庄之例用'王在记'亦无不可。此款在道理法律当然是令媛之物，不容有他种议论，亡儿与令媛结婚已逾八年，其间恩义未尝不笃，即令不满于舅姑，当无不满于其所夫之理，何以于其遗款如此拒绝。若云退让，则正让所不当让，以当受者不受，又何以处不当受者，是蔑视他人人格也，蔑视他人人格，于自己人格亦复有损。总之，此事于情于理皆说不过去，求公再以大义喻之。"从这封信看，为这三千元的归属，王对罗的做法已经很是愤怒了。

王国维态度坚决地写了这三封信，最后罗振玉还是收了下来，但二人的不快是显而易见的。其实王国维当时经济状况并不好，非常需要钱，但他坚持君子生财，取之有道，由此也可知王为人之风范。

据罗振玉之孙罗继祖回忆，这笔钱最终确由罗家收下了，但却另派了用途："后来这笔钱虽然收下了，但并未交给姑母使用，而是做了给王先生印《遗书》的基金。"（罗继祖《王静安之死》）

可见，逼债说站不住脚，如果罗真要逼债，也断不致送到手的钱都不肯要，从王的三封信看，此说不攻自破。

第二种是殉清说。这种观点也有很大市场。最具代表性的是罗振玉、吴宓及溥仪三人。

罗振玉是这种观点的坚定支持者："乃十月值宫门之变，公援主辱臣死之义，欲自沉神武门御河者再，皆不果。及车驾幸日使馆，明年春幸天津。奉命就清华学校研究院掌教，以国学授诸生。然津京间战祸频仍，公日忧行朝，频至天津，欲有所陈情，语呐辄不达。今年夏，南势北渐，危且益甚，公欲言不可，欲默不忍，乃卒以五月三日自沉颐和园之昆明湖以死。"（罗振玉《海宁王忠悫公传》）

与王国维过从甚密的吴宓也持相同的看法，认为："王先生此次舍身，其为殉清室无疑。大节孤忠，与梁公巨川同一旨趣。若谓虑一身安危，惧为党军或学生所辱，犹为未能知王先生者。"（吴宓《雨僧日记》1927年6月2日）

最具代表性的，当然是溥仪，这在王死后的诏书中说得十分明白："南书房行走五品衔王国维，学问博通，躬行廉谨，由诸生经朕特加拔擢，供

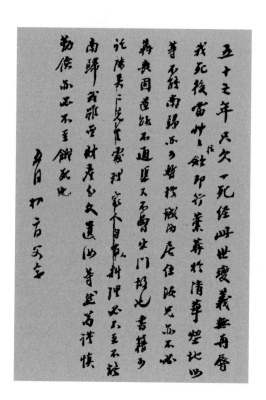

职南斋。因值播迁，留京讲学，尚不时来津召对，依恋出于至诚。遍览遗章，竟自沉渊而逝，孤忠耿耿，深恻朕怀。……"从实际情况看，溥仪的观点难免有些自作多情的成分。

第三种是时局恐惧说。持这种观点的人坚持认为，王国维之所以自杀，主要是出于对北伐的误解和恐惧。

梁漱溟就是这种观点的一个代表人物："梁任公住家天津，而讲学则在北京，故尔，每每往来京津两地。某日从天津回学院，向人谈及他风闻红色的国民革命军北伐进军途中如何侮慢知识分子的一些传说。这消息大大刺激了静庵先生。他立即留下'五十之年不堪再辱'遗笔直奔颐和园，在鱼藻轩前投水自沉。"（梁漱溟《王国维自沉昆明湖实情》）

王国维的清华同事梁启超也持类似的观点："他平日对于时局的悲观，本极深刻。最近的刺激，则由两湖学者叶德辉、王葆心之被枪毙。"（梁启超《给梁令娴等的信》）

史学家顾颉刚也有相似的看法："……始恍然明白他的死是怕国民革命军给他过不去。湖南政府把叶德辉枪毙，浙江政府把章炳麟家产籍没，在我们看来，觉得他们罪有应得，并不诧异，但是这种事情或者深深刺中了静安先生的心，以为党军既敢用这样的辣手对付学者，他们到了北京也会把他如法炮制，办他一个'复辟派'的罪名的；与其到那时受辱，不如趁党军尚未来时，索性做了清室的忠臣，到清室的花园里死了，倒落一个千载流芳。"（顾颉刚《悼王静安先生》）

赵万里也认为："四月中，豫鲁间兵事方亟，京中一夕数惊。先生以祸难且至，或有更甚于甲子之变者，乃益危惧。五月初二日，夜，阅试卷毕，草遗书怀之。是夜熟眠如常，翌晨盥洗饮食赴研究院视事亦如常，忽于友人处假银饼五枚，独行出校门，雇车至颐和园。步行于排云殿西鱼藻轩前。……"（赵万里《王静安先生年谱》）

作为学人，王国维恐惧的原因，主要是怕受辱，气节受损。王投湖前一天，即五月初二，弟子姜亮夫去家中拜访，当时王家中很乱，王正在整理稿件（事后看显然在处理后事）。此前，王就犹豫地征询姜的意见，问他要不要剪辫子，姜劝他不必计较形式，王才释然。这次王直接告诉他："亮夫！我总不想再受辱，我受不得一点辱！"这话显然反映了此时王内心深刻的焦虑。姜觉察出王的不安，把话告诉了王的密友陈寅恪，想让陈劝他想开些，但陈因马上要前往看未婚妻，准备回头再去劝王，不料第二天王即投湖了。姜的亲身回忆，与王在遗书中提到的"五十之年，只欠一死，经此世变，义无再辱"的话完全是相吻合的，可信度很高。

第四种是丧子说。应该承认，罗王二人因子女关系失欢，这是肯定的，此事对他后来自杀是有一定影响的。王东明也认为："他的投湖自尽与大哥过世有很大关系。父亲最爱大哥，大哥病逝，给父亲很深的打击，已是郁郁难欢，而罗振玉先生又不声不响地偷偷把大嫂带回娘家，父亲怒道：'难道我连媳妇都养不起？'然后把大哥生病时医药费全汇去罗家，他们寄还回来，父亲又寄去，如此往复两回，父亲生气得不言语，只见他从书房抱出一叠信件，撕了再点火焚烧。我走近去看，见信纸上款写着：观堂亲家友（有）道……"（王东明《最是人间留不住》）

第五种是对传统文化的悲观失望说。此观点认为王国维的悲观心态，对

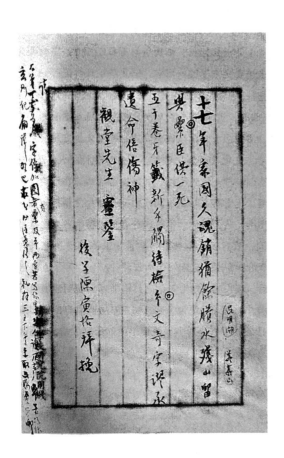

传统文化失望与矛盾是导致其死亡的主因。主要以陈寅恪为代表。陈在《王观堂先生挽词序》中说："或问观堂先生所以死之故。应之曰：……凡一种文化值衰落之时，为此文化所化之人，必感痛苦，其表现此文化之程量愈宏，则其所受之苦痛亦愈盛；迨既达极深之度，殆非出于自杀以求一己之心安而义尽也。……"一九二九年六月，王自沉二周年忌日，清华研究院师生立碑纪念，陈寅恪撰《海宁王先生之碑铭》，再次表达了同样的意思："士之读书治学，盖将以脱心志于俗谛之桎梏，真理因得以发扬。思想不自由，毋宁死耳。……先生以一死见其独立自由之意志，非所论于一人之恩怨，一姓之兴亡……"

王国维的弟子徐中舒认为："王先生的性格很复杂而且可以说很矛盾：他的头脑很冷静，脾气很和平，情感很浓厚，这是可从他的著述、谈话和文学作品看出来的。只因有此三种矛盾的性格合并在一起，所以结果可以至于自杀。他对于社会，因为有冷静的头脑，所以能看得很清楚；有和平的脾气，所以不能取激烈的反抗；有浓厚的情感，所以常常发生莫名的悲愤。积日既久，只有自杀之一途。"（徐中舒《追忆王静安先生》）

"我想远因还是思想悲观，近因是时事的激刺，有心抱定一种典型的理想，完其一生。……梁任公的挽联说他是行己有耻，陈寅恪挽词的《并序》说他是殉了中国本位的文化，似乎最有见地。"（毕树棠《忆王静安先生》）

从各种情况看，陈寅恪的观点最具代表性，也最有说服力。综合分析，王国维的自沉是各种因素导致的一个必然结果。王的自杀是经过慎重考虑做出的决定，并不是一时心血来潮。

据王国维女儿回忆："六月二日晨起，先母照常为他梳理发辫，并进早餐，无丝毫异样，全家人万万没有料到竟会在当天投水自尽，由此可见先父确视自杀为解除他内心痛苦，并可避免未来难以预测的侮辱之惟一办法。"（王东明《最是人间留不住》）

"父亲身边从不带钱的，那天上午他在学校里跟研究院一位湖南籍助教侯厚培借了五块钱，叫了部洋车坐到颐和园门口，买了门票进去，洋车夫在外头等，等了许久还不见父亲出来，就上前问守门的人，那人说：'哎哟！有位老先生跳湖了！'洋车夫听了连忙奔回清华报讯。……父亲的遗容十分安详，穿著一贯的马褂、长袍、汗巾和布鞋。从口袋中寻出四块多钱和一纸遗书，纸已湿透，惟字迹完好，信封上是我的名字：'五十之年，只欠一死，经此世变，义无再辱。我死后，当草草棺殓，即行藁葬于清华茔地。汝等不能南归，亦可暂于城内居住。汝兄亦不必奔丧，固道路不通，渠又不曾出门故也。书籍可托陈吴二先生处理。家人自有人料理，必不至不能南归。我虽无财产分文遗汝等，然苟谨慎勤俭，亦不至饿死也。五月初二日，父字。'"（王贞明《父亲之死及其他》）

从各种细节看，王国维自杀，是有许多迹象的，只是一般人并未察觉。"公殉节前三日，余访之校舍。公平居静默，是日忧愤异常时。……余转慰之，谈次忽及颐和园，谓：'今日干净土，惟此一湾水耳。'盖死志已决于三日前矣。殉节为五月初三日，公晨起赴校，复雇车到颐和园，步至排云殿西鱼藻轩前，临流独立，尽纸烟一枚，园丁曾见之，忽闻有落水声，急往援起，不过一二分钟，早气绝矣，时正巳正也。……公怀必死之志，见于遗嘱，明明白白，不待言矣。余与公订交近三十年，又晤公于殉节前三日，生死之交，知之最深。……公于时事不轻置可否，于人不轻加毁誉，而众感其诚，见者无不叹敬。"（金梁《王忠悫公殉节记》）

王国维去世前，甚至还做了一件事。他走到半路又折回来，然后再回颐和园自杀。"在先生逝世之前数日为国桢及友人所托，书写扇面两页，其一已送给友人，桢存留其一。当先生写扇面时，将桢之名，误写为兄。这天先生赴颐和园后，又返校园办公室用墨笔涂改'兄'为'弟'字，然后又进颐和园鱼藻轩前效止水之节自沉。于是可见先生强毅坚忍之志，镇定安详，临事不苟的态度。……同时先生与赵万里学长写的扇面就径题为《玉山樵人诗》。……又先生写玉山樵人'回避红尘是所长'的诗句就可以知道先生自沉之志早已决矣。……新旧思想上的矛盾，交织来往于胸怀之中，不能解决；而终于效法古代爱国诗人屈原泊罗的自沉，他也恰当于榴花盛开，五月端午的时节……而投昆明湖自杀了。"（谢国桢《题王国维先生书扇面绝笔书遗迹》）

可见，王国维决定投湖，是一个深思熟虑的决定，是不可挽回的。

王国维去世后，罗振玉还代拟了一个伪遗折，一时传为笑谈。"直到后来静安投湖而死，叔蕴（即罗振玉）替他代呈一个遗折给宣统，里面说了许多恭维叔蕴的话。后来，又在静安投湖的衣带里发现静安一张亲笔的遗折。这件事，一时传为笑谈。"（周善培《旧雨鸿爪·罗振玉》）

关于罗代拟遗折的事，罗继祖是这样说的："祖父一接到投湖消息，又看到'五十之年，只欠一死，经此世变，义无再辱'十六字的遗嘱，才痛感挚友不忘久要，而自己反不能捐弃小嫌，万分愧对。急急忙忙代作了一份遗折呈给溥仪，这份遗折虽未留稿，内容可以估计到，一定是希望溥仪毋忘在莒，近贤远佞。在祖父认为死者的心事他是明白的，代递遗折，尽后死之责，心安理得，所以丝毫没有想到会有人责备他'欺君'。"（罗继祖《王静安之死》）

罗代拟遗折，确有为王考虑的意思在里面，用罗继祖的话说，"祖父和王先生失欢后，从丙寅（一九二六年）九月到丁卯（一九二七年）五月中，历九个月没有通信。丁卯正月，溥仪生日，王先生照例来津祝嘏，两下碰面，

未交一言。这时北伐将次成功，祖父和王先生虽在形迹上隔绝，而彼此效忠故主的信念却心心相印。"（罗继祖《王静安之死》）

这种解释，总体上还是可信的。但在当时，罗代拟遗折的事，把溥仪都蒙住了。"罗振玉假造遗折的秘密……一直到罗振玉死后，我才知道这个底细。近来我又看到了那个遗折的原件，字写得很工整，而且不是王国维的手笔。一个要自杀的人居然能找到别人代缮绝命书，这样的怪事，我当初却没有察觉出来。"（爱新觉罗·溥仪《我的前半生》）

虽然，对王国维的死亡之谜，有许多种解读，迄今也没有一个完全令人信服的答案，作为局外人，我们也许永远无法真实准确地抵达死者的内心世界。但有一点是可以肯定的，作为一代大儒，一个文化巨擘，他的死并不能完全归结为某种简单的原因，而是多种因素造成的结果，在偶然中体现了一种必然性。这件事情本身已经成为二十世纪一种文化现象，这也是王国维留给后人继续探索的一个课题。

先哲的精神，后生的楷范：

"疯子"章太炎

文辞训故，集清儒之大成；内典玄言，阐晋康（唐）之遗绪；博综兼擅，实命世之大儒。

——黄侃

考其生平，以大勋章作扇坠，临总统府之门，大诟袁世凯的包藏祸心者，并世无第二人；七被追捕，三入牢狱，而革命之志，终不屈挠者，并世亦无第二人：这才是先哲的精神，后生的楷范。

——鲁迅

　　章太炎是一个非常有个性的人物，不仅国学深厚，脾气也异常古怪，与其得意弟子黄侃同气相投，在圈内留下许多谈资。论学问名气，章太炎当年与清华国学院的四大导师难分轩轾。事实上当年清华校长曹云祥在征求胡适意见时，胡适最初推荐的三个导师人选，便是梁启超、王国维和章太炎。三人可谓比肩而立，难分伯仲。本来章太炎可以顺理成章地当上清华国学院的导师，可最终章太炎以他与梁启超个性不合为由，谢绝了。章太炎特立独行的个性在这件事上再次暴露无遗。这样，清华的大门对章太炎便从此关上了，清华也因此少了一位国学大师。从严格意义上说，章太炎并没有正式担任过大学的教授，但他一直做着大学教授都难以胜任的教学工作，他的一生远比一般书斋里的教授更为精彩。

　　章太炎，浙江余杭人，一八六九年出生。初名学乘，字枚叔，后改名炳麟。又因私淑顾炎武，以炎武名绛，而易名绛，字太炎。曾祖为余杭巨富，祖父是乡村医生。父亲曾官至河南按察使，后任杭州诂经精舍监院多年。在这样的一个家庭中，章太炎幼承家学，从外祖父、父兄治经书和文字音韵之学。从诂经精舍肄业后，师从朴学大师俞樾，学业精进。章太炎虽埋首书经，饱读诗书，却并不是个书呆子，很早就显露出极高的治学天赋。章的得意高足黄侃曾著文说："先生生而徇敏，幼读《东华录》，愤异族之君中国，即立志不仕进。年十七八，从德清俞君受经学，又尝从仁和谭仲修游，文采斐然，有所述作。治《左传》，为《春秋左传读》数十万言，始显名于世。"（黄侃《太炎先生行事记》）

一八九五年，章太炎加入康有为所办的上海强学会。一八九六年年底，应梁启超之邀，任时务报撰述，与谭嗣同等人相识，受梁、谭等人影响，思想渐趋革命。一八九七年六月，章太炎在杭州发起成立兴浙会。一八九八年十二月，因支持维新变法，遭到清廷通缉，逃往日本占领下的台湾，次年转赴日本，八月回国。

章太炎与孙中山的友情便始于这一时期。当时"任公方主办《清议报》于横滨，与孙总理过从颇密，渐醉心民族真理，得太炎书，乃函约赴日，谓将介见孙某同计议国是。太炎闻之甚喜，因有扶桑之行。太炎与孙总理订交即在此时"。（冯自由《记章太炎与余订交始末》）这里可以看出，章太炎赴日本并结识孙中山，都是梁启超从中安排的。

一九〇〇年，《訄书》出版。章氏在书中提倡复兴诸子之学以济儒家，反满，反列强，首倡光复之说，对当时的社会思潮影响深远。不久章氏又发表《正仇满论》，第一次对清廷及保皇主义进行公开批判。一九〇二年，章因遭到苏抚恩铭通缉，再次东渡，思想更趋激进。"是年三月，于明崇祯帝主殉国忌日，发起支那亡国二百四十二年纪念会，孙总理、梁任公均署名为赞成人。是为吾国留学界组织爱国团体之滥觞。"（冯自由《记章太炎与余订交始末》）因清室干预，孙中山及留学生数百人未能与会，后来在横滨补办仪式，席间，孙中山提议与会者各敬章太炎一杯酒，总七十余杯。于此可见孙中山和广大爱国志士对章的敬重及章当时的影响。

一九〇二年五月，章太炎回国。一九〇三年五月，为邹容《革命军》一书作序，称之为"义师先声"；六月作《驳康有为论革命书》，因文中有"载湉小丑，不辨菽麦"之语，引起清廷震怒，二事并发，与邹容一同被捕。章氏这两篇文章所产生的影响是巨大的，有人评价道："尤以太炎《与康有为书》中'载湉小丑，不辨菽麦'两语为奇警，论者谓不啻向五千年帝王历史中，猛投以爆弹也。"（景梅九《悲忆太炎师》）

事发后，清政府到爱国学社抓人，问谁是章炳麟，章太炎挺身而出说：

"我是章炳麟，你们抓我好了。"章遂被捕。章在狱中做裁缝度日，但革命意志不减。当时邹容尚在逃，章在致邹容的信中大义凛然道："吾已被清廷查拿七次，今第八次矣，志在流血，焉用逃为？"劝邹容不要逃。不久，邹容真的主动投案。结果，章太炎被判三年，邹容判了两年。邹遇害后，章特地在宅壁高处挂了一幅邹容的遗像，前面摆了一张几状横板，上设香炉，每月初一、十五必沐手敬香一次。

一九○六年阴历六月二十九日，章太炎出狱赴日，在欢迎会上，章慷慨陈词，表达自己志向：一、"用宗教发起信心，增进国民的道德。"二、"用国粹激动种姓，增进爱国的热肠。"并表示要成革命大业，必须有精神病人的执着和勇气，"……大凡非常可怪的议论，不是神经病人，断不能想，就能想也不敢说，说了以后，遇着艰难困苦的时候，不是神经病人，断不能百折不回，孤行己意。所以古来有大学问，成大事业的，必得有神经病才能做到。"章氏一生行事古怪，常被人视为"疯子"，与他这种想法不无关系。

不久，章太炎在东京加入中国同盟会，担任《民报》社长，继续鼓吹革命。章氏革命热情很高，但生活上极困顿。章流亡日本时，生活拮据，常食盐笃饭。盐笃饭，乃浙江方言，即桌上放一小盆盐，用筷子蘸着下饭。最困难时连这样的饭都吃不上，生活之艰苦可见一斑。

这一时期，在日本的中国留学生人数很多，许多人慕章氏大名，希望追随他学习国学，应广大留学生的要求，章氏决定创办国学讲习所，免费向留学生讲授国学。学员中以黄侃、钱玄同、朱希祖、马裕藻、鲁迅、周作人、沈兼士、沈尹默等人最为著名。对章氏创办国学讲习所的原因，其亲炙弟子黄侃这样解释：先生"文辞训故，集清儒之大成；内典玄言，阐晋康（唐）之遗绪；博综兼擅，实命世之大儒"。（黄侃《太炎先生行事记》）"其授人以国学也，以谓国不幸衰亡，学术不绝，民犹有所观感，庶几收硕果之效，有复阳之望。故勤勤恳恳，不惮其劳，弟子数百人。"（黄侃《太炎先生行事记》）

章氏讲学目的，不仅为弘扬国学，更是为了民族复兴。对此许寿裳也有同感："先师章先生是革命大家，同时是国学大师，其阶位卓绝，非仅功济生民而已。前世纪之末……自先师以历史民族之义提倡光复，'首正大义，截断众流'，百折不挠，九死无悔，而后士民感慕，翕然从风，其于民国，

艰难缔造，实为元功。"（许寿裳《纪念先师章太炎先生》）有一天，在东京讲学时，章问余云岫："新药中有入口即绝，略无宛转者乎？"（余云岫《余杭章师逝世三周年追忆》）表示了为革命必死的决心。

随着时间推移，章太炎在学界和思想界的影响越来越大。一九一一年十月十日武昌起义，于右任发表文章，称："章太炎，中国近代之大文豪，而亦革命家之巨子也。"辛亥革命胜利后，时任总理的孙中山特地遣使迎章太炎至南京总统府议事。

袁世凯窃取大总统宝座后，鉴于章在国内的影响，聘章为总统府高等顾问，同年任命章为东三省筹边使，试图笼络章太炎为其所用。宋教仁一案后，章对袁世凯的幻想逐渐破灭，认清了袁世凯的本质，起而反袁。"民国成立，袁氏初以东三省筹边使饵先生，既而罢职返燕都，隐窥袁氏抱帝制野心。一日，予谒先生于客寓，先生拟效方孝孺故事，执丧杖，穿麻衣，痛哭于国门，以哀共和之将亡，为同人所劝阻。然'章疯子'之名，遂由此播露。"（景梅九《悲忆太炎师》）鲁迅曾高度评价章太炎的革命功绩："考其生平，以大勋章作扇坠，临总统府之门，大诟袁世凯的包藏祸心者，并世无第二人；七被追捕，三入牢狱，而革命之志，终不屈挠者，并世亦无第二人：这才是先哲的精神，后生的楷范。"（鲁迅《关于太炎先生二三事》）

章氏反袁，自然为袁世凯所不容。一九一三年八月起，章事实上已经遭到袁世凯的软禁，失去了行动的自由。"一九一四年二月，太炎乃往总统府向袁辞行，袁不见。则以袂被宿其门下。袁遂命戒严司令陆建章将太炎拘禁于一军事废校。……续移龙泉寺。"（汤国梨《太炎先生轶事简述》）

被袁世凯囚禁后，章做好了必死的准备，在致夫人信中感慨道："我死以后，中夏文化亦亡矣。"并在室内写满了"杀、杀、杀、杀、杀、杀、杀，疯、疯、疯、疯、疯、疯、疯"的对联，表达他的愤懑之情。

关于章太炎在北京被拘禁的情况，其弟子马叙伦的记叙最为可信："太炎为袁世凯幽居于北京钱粮胡同时，以作书自遣。日有大书，尝书速死二篆，大可尺五六。悬之屏风，遂趣其长女以自缢。"（马叙伦《章太炎》）

章的被捕直接导致了其大女儿的自杀。"……其时去京省视老父，乃其洞烛袁世凯之阴谋，始知去京省父，已无意中落入袁之圈套。非但将致老父于死地，即自省亦陷入绝境。遂于八月间，自缢而死。"（汤国梨《太炎先生轶事简述》）

但这一切并没有改变软化章的态度。被囚禁北京时，章太炎对扮成服务人员的袁的特务宣布六条规则："一、每日早晚必向我请安；二、见到我时须垂手鹄立；三、称我曰大人，自称曰奴仆；四、来客统称曰老爷；五、来客必须回明定夺，不得擅自拦阻，亦不得擅行引入；六、每逢朔望，必向我一跪三叩首。"

一向严谨的章太炎甚至还借吃元宵表达对袁世凯的切齿之恨，戏称道："汤圆又称元宵，元宵者，袁消也。"一口将汤圆吃下，引得大家大笑。（邹立人《我的外公章太炎二三事》）

刚被囚禁时，章太炎非常担心为袁世凯所害。据其弟子马叙伦称，在北京钱粮胡同时，"……太炎惧为所毒，食必以银碗银箸银匙"。据说银可验毒。而且屋内也不生火，怕袁世凯用煤气毒死他，身上穿了几层厚厚的衣服。后来见袁世凯没有放他走的意思，章干脆绝食，一连三日拒不进食。任谁劝也不听，大家都为他的健康担心，却苦无良策。大家觉得马叙伦与他能谈得来，便让马去做章的工作，章也因为马叙伦不谈政治，才让他进屋。马开始劝他进食，章死活不进，还引《吕览》中的养生之言说，"迫生不若死"，马见直接劝说无效，便与他谈起理学来，结果两人越谈越投机，章太炎的

1913年，章太炎与夫人汤国梨举行西式婚典

情绪也渐渐好转，见天色已晚，马乘机说："余来一日矣，未有食也，今欲食，先生陪我，可乎？太炎始诺。"（马叙伦《章太炎》）马当即让厨师煮两碗鸡蛋来，先送一碗给章，自己却不动筷子，等章吃完，忙把自己的那碗又端了过去，章也没有拒绝。章太炎的绝食就这样被马叙伦巧妙地劝解了。当马离开时，厨师都肃立在一旁向他表示由衷的感谢。

关于章氏的"章疯子"绰号的来历有多个版本，景梅九有一种说法，是因为章太炎仿方孝孺执丧杖，穿麻衣，反对袁世凯称帝，哭共和将亡，被时人称为"疯子"。曹聚仁对此也有类似的解释："黎元洪死，先生挽之以联，下署'中华民国遗民章炳麟挽'；……孙总理奉安之日，先生寄挽之联，更是骇人：'举国尽苏俄，赤化不如陈独秀；满朝皆义子，碧云应继魏忠贤。'章疯子这外号，就这样更流传更证实了。"（曹聚仁《章太炎先生》）

章氏一生，得夫人汤国梨帮助甚多。与汤国梨结婚时，章太炎已经四十余岁。一九一三年六月十五日，章太炎与汤国梨在上海哈同花园举行婚礼，证婚人是蔡元培。有趣的是，二人结婚并非自由恋爱，而是经人介绍的。据汤国梨回忆："我是浙江吴兴乌镇人。在一九一三年，三十岁时，由上海务本女校同学张默君的父亲、同盟会员张伯绳（纯）先生介绍，与章太炎结婚的。"

汤国梨是有名的才女。"吾嫂汤国梨女士，辞趣缤纷，足有才藻，徒以文名为吾兄所掩，则温和勤谨以相夫子，非吾兄欢辄不自欢。"（章行严《伯兄太炎先生五十有六寿序》）

章太炎虽然学问大，名气大，但作为一个男人却并没有多少吸引力。与章氏有过过从的日本著名作家芥川龙之介曾这样写道："不客气地说，他的相貌，实在不漂亮，皮肤差不多是黄色的，鬓髯稀少得可怜，那突兀峥嵘的额，看去几乎像生了疣。只有那丝一般的细眼——在上品的无边眼镜背后，常是冷然微笑着的那细眼，确有些与众不同。"（《芥川龙之介氏的中国观·章炳麟氏》）

汤国梨的回忆更能说明问题。"关于章太炎，对一个女青年来说，有几点是不合要求的：一是，其貌不扬；二是，年龄太大，他长我十五岁；三是，很穷。可是，为了革命，在满清皇朝统治时，即剪辫子，以示决绝。其硬骨头气魄和治学精神，却非庸庸碌碌者可企及。绝非有些欺世盗名、祸国殃民者可比拟。并想，在结婚之后，对文学方面，向他有所讨教。"（汤国梨《太炎先生轶事简述》）

章太炎结婚时条件相当艰苦，"他与先母成亲时，宾客满堂，由蔡元培证婚，中山先生等都来祝贺。但家中甚为简陋，仅有白木方桌一张，长条木凳四只，新房内其他家具和陈设都是从外面租来的。婚后仅一个多月，先父只身北上被囚。袁世凯死后获释归家，未住满一月，又去西南和南洋争取革命力量，一去又近半年。南洋归来，适我诞生尚未满三个月，他又离家参加护法战争，随中山先生去广州组织护法军政府，一年零三个月后才回家。先母每忆及此，总不胜感叹，说先父心里只有国，没有家"。（章导《忆辛亥革命前后先父章太炎若干事》）

章太炎除了做学问，从事革命活动，几乎没有什么生活能力，仿佛不食人间烟火似的。马叙伦这样描写道："长亦独慧于读书，其于人事世故，实未尝悉也。出门即不能自归。其食则虽海陆方丈，下箸惟在目前一二器而已。……夏季，裸上体而御浅绿纱半接衫，其裙带乃以两根缚腿带接而为之。缚带不得紧，乃时时以手提其裤，若恐堕然。""其四十四岁在东京时，余游日本，即往访之。……其饭配仅大蒜煎豆腐一味也。"（马叙伦《章太炎》）

"先生生平不讲究饮食，且又近视。每食仅就案前近身菜肴下箸，家人以是每将先生好者置其前。时有不当意者，则尽白饭数碗，不语而去。方口可容拳。一竽之食，三数口能尽之。因患鼻疾，以口呼吸，饭时亦然。故饭屑最易误入气管。往往对案就嚏，饭花四溅。而先生容色自若，视如无事。"（朱镜宙《章太炎先生轶事》）

章氏出了门常常找不到家，闹出不少笑话，汤国梨对此常常哭笑不得。"中山先生派人陪送太炎回家时，出了孙家，门口仅有一辆人力车，太炎即坐到车上，挥手令拉车工人快跑。拉车工人问往哪里？太炎说'家里'，问：你家在哪里？太炎说在马路上弄堂里，弄口有一家烟纸店的弄堂。因而他坐在车上，一直在马路上兜圈子。"（汤国梨《太炎先生轶事简述》）

章氏虽脾气有些怪，有时却极有人情味。他与刘师培的恩怨是非即是一例。

刘文典原是刘师培弟子，对章的学问也十分佩服，后来刘、章二人交恶，在刘文典看来，其责任主要在刘师培。刘氏夫妇因为与章不睦，公开发表章的丑史，对章进行丑化。古人谓君子交恶，不出恶语，刘与章交恶后对章进行人身攻击，显然错在刘氏。所以刘文典在东京见到章时很是尴尬，不想章太炎听说他是刘的弟子，不仅没有不悦反而十分高兴，拉着他谈了几个小时，并对刘师培的学问推崇备至。从此，刘也成了章的弟子。章回国后，住哈同花园。刘师培当时在端方幕府任事，端方被杀后一度下落不明，不少朋友都替他担心。章也十分关心刘的命运，亲自给四川都督尹昌衡写信打听刘的下落；同时与蔡元培联名在上海登广告，劝刘师培到上海。并对刘文典说："申叔若死，我岂能独生？"后听说谢无量把刘接到成都，在存古学堂教书，才放下心来。仅此一事，亦可见章氏的宽宏大度。

综观其一生，章氏主要还是一个学问家。弟子许寿裳称："章太炎先生是革命者，同时是国学大师。他的学术之大，可谓前无古人。"他在国学弘扬传播方面的工作影响至大，培养了一批杰出人才。流亡日本时期最得意的有八大弟子，也有称十大弟子。"我们同班听讲的，是朱蓬仙（名宗莱），龚未生，钱玄同（夏），朱逖先（希祖），周豫才（树人，即鲁迅），周起孟（作

人），钱均夫（家治）和我共八人。"（许寿裳《从章先生学》）

"每星期日清晨。……在一间陋室之内，师生席地而坐，环一小几。先师讲段氏《说文解字注》，郝氏《尔雅义疏》等，精力过人，逐字讲解，滔滔不绝，或则阐明语原，或则推见本字，或则旁证以各处方言，以故新谊创见，层出不穷。即有时随便谈天，亦复诙谐间作，妙语解颐；自八时至正午，历四小时毫无休息……"（许寿裳《纪念先师章太炎先生》）

周作人回忆更为详细："往民报社听讲，听章太炎先生讲《说文》，是一九〇八年至一九〇九年的事，大约继续了一年少的光景。这事是由龚未生发起的，太炎当时在东京一面主持同盟会的机关报《民报》，一面办国学讲习所，借神田地方的大成中学定期讲学，在留学界很有影响。……一总是八个听讲的人。……太炎对于阔人要发脾气，可是对青年学生却是很好，随便谈笑，同家人朋友一般。夏天盘膝坐在席上，光着膀子，只穿一件长背心，留着一点泥鳅胡须，笑嘻嘻的讲书，庄谐杂出，看去好像是一尊庙里的哈喇菩萨。""那时太炎的学生，一部分到了杭州，在沈衡山领导下做两级师范的教员，随后又来做教育司（后改称教育厅）的司员，一部分在北京当教员，后来汇合起来，成为各大学的中国文字学教学的源泉，至今很有势力。"（周作人《民报社听讲》）

章太炎执教大学的经历，最早可追溯到东吴大学。这一年他三十四岁，他到苏州东吴大学任教员主要是为逃避清政府的迫害。

一九〇一年经吴君遂介绍，章太炎到东吴大学任中文教员，这是章氏首次来苏州执教，在东吴大学待了近一年时间。当时章授中文，不谈经史，却大谈民族大义，倡导学生走光复道路，一时产生很大影响。保皇派十分震惊，视章为"乱党"。一九〇二年元月，江苏巡抚恩寿到学校查问，要求美籍校长准许逮捕章太炎，章得到友人吴君遂的通报，匆忙逃往日本。

提到当年章太炎在苏州东吴大学执教的事，不能不提到俞曲园。当时，俞曲园住苏州曲园，章往春在堂拜见，俞对章从事反清革命活动十分不满，骂其"不孝不忠，非人类也，小子鸣鼓而攻之，可也"。章不服，对曰："弟子以治经侍先生，今之经学，渊源在顾宁人。顾公为此，正欲使人推寻国性，识汉虏之别耳，岂以刘殷、崔浩期后生也？"因政见不同，章退出曲园后，写《谢本师》一文，表示从此断绝师生之谊。"章太炎创革命排满之说，其本师德清俞曲园先生大不为然，曰：曲园无是弟子，逐之门墙之外，永绝师生关系。太炎集中，有《谢本师》文。"（刘禺生《世载堂杂记》）

虽然因政见不合，章太炎与本师闹翻，但他内心里仍十分推崇俞曲园。章很喜月旦人物，并且少所嘉许，但终生对俞曲园和谭仲修二人极尊敬。一次游杭，到杭州第二天，章便穿起马褂，又要学生也同样穿戴，原来去凭吊老师俞曲园故居。到春在堂时，命人点起三支香烛，三跪九叩行礼，显示对本师的怀念。

还有一件轶事，也可见章氏对本师的感情之深。"有一次在西湖的某处，跟梁启超等在一起，梁氏看见前面挂的一副俞氏所撰楹联，就讥讽地说：'喔，原来是一对鹁鸪！'章就闻而恚甚，动起武来了。"（文载道）俞曲园八十六岁去世时，章十分哀悼，于一九〇八年写《俞先生传》，发表在《国粹学报》上，对俞做了这样的评价："浙江朴学晚出""昌自先生"。

章从俞师那里学到了不少东西，但并不拘泥，而是形成自己的治学风格。章太炎称："余常谓学问之道，当以愚自处，不可自以为智；偶有所得，似为智矣，犹须自视若愚。古人谓既学矣，患其不习也；既习矣，患其不博也；既博矣，患其不精也。此古人进学之方也。大抵治学之士，当如蒙童，务于所习，熟读背诵。愚三次，智三次，学乃有成。""余意凡史皆春秋，凡许书所载及后世新添之字足表语言者皆小学。尊信国史，保全中国语言文字，此余之志也。"（诸祖耿《记本师章公自述治学之功夫及志向》）这可谓章氏一生治学心得。

时隔三十年，章第二次来苏州讲学是一九三二年，这也是他最后一次来苏州讲学。一九三二年，淞沪会战后，章见日本步步紧逼，蒋不愿抗战。章见事不可为，于是返沪不谈国事，专事讲学。"太炎于一九三二年秋，应金松岑邀请来苏州讲学，先后在大公园县立图书馆、青年会、沧浪亭等处。"

一九三三年，在苏州成立章氏讲学会。"章氏国学讲习会成立后，由太炎主讲，并请王小徐、蒋竹庄、沈瓞民等任特别讲师。其他担任讲师者，则有朱希祖、汪东、孙世扬、诸祖耿、王謇、王乘六、潘承弼、王仲荦、汪伯年、马宗芗、马宗霍、沈延国、金玉黼、潘重规、黄焯。各省学子前来就学者渐增至五百余人。"（汤国梨《太炎先生轶事简述》）

一九三四年秋，章举家迁苏州，住在锦帆路五十号。

一九三五年三月，蒋介石派丁维（惟）汾来苏探视，黄侃陪同，并"致万金为疗疾之费"。章乃以此万金为学会经费，并发布办学"简章"：

其一《定名》："本会为章太炎先生讲演而集合，又其经费由章先生负责筹集，故定名章氏国学讲习会。"

其二《宗旨》："本会以研究固有文化，造就国学人才为宗旨。"

其三《学程》：讲习期限二年，分为四期，学程如左：

第一期：小学略说、经学略说、史学略说、诸子略说、文学略说；

第二期：《说文》《音学五书》《诗经》《书经》《通鉴纪事本末》《荀子》《韩非子》《经传释词》；

第三期：《说文》《尔雅》《三礼》《通鉴纪事本末》《老子》《庄子》《金石例》；

第四期：《说文》《易经》《春秋》《通鉴纪事本末》《墨子》《吕氏春秋》《文心雕龙》；

其四《程度》："凡有国学常识，而对于上定科目，有志深造者，无论男女，均可报名听讲。"

一九三五年九月，新学舍落成，正式开学。听者五百人，外省来的有一百多人。（沈延国《章太炎先生在苏州》）"一九三五年暑假开始，共招学生七十二人，籍隶十四省。江浙人居多……先生自任主任，每星期担任四小时，每次二小时。尚有助教多人，以前中央大学历史系教授朱希祖担任《史记》，前东北大学主任教授马宗芗担任《庄子》，孙世扬担任《诗经》，诸祖耿担任《文选》，黄蕙（绍）兰（黄侃前妻）担任《易经》。……先生首讲《左传》，次讲《尚书》，最后拟讲《说文》，尚未开讲即已去世。"（任启圣《章太炎先生晚年在苏州讲学始末》）"先生分门讲演，每日过午开始，往往延及申酉。一茶一烟，端坐讲坛，清言娓娓，听者忘倦，历二三小时不辍。"（诸祖耿《太炎先生〈国学讲演录〉》序）唯一美中不足的是，章太炎授课时一口浙江方言，听课的人听得十分吃力。

讲习所于一九三五年九月十六日正式开课。学生中年龄最大的七十三岁，最小的十八岁。章每周凡三次，每堂两个小时。逝前数日，虽喘甚不食，夫人再三劝阻，仍坚持上课，表示"饭可不食，书仍要讲"。

章氏晚年在苏州时，除了教书育人，别的毫无兴趣，完全沉浸在自己的世界里。

"章氏晚年，不知钱为何物，更不明钞票之用途。嘱仆役购烟一包，便予洋五元，其子欲做大衣，亦予洋五元，甚至在苏州建屋时，亦拨洋五元，盖章氏仅知钞票一张，可有一次用途也。"（周黎庵《记章太炎及其轶事》）因此，他的一切都靠夫人打理。

"太炎老师实际上经济情况，非常穷困。他的嗜好，只是吸香烟而已，自己吸的是'金鼠牌'，飨客则用'大英雄'。此外，欢喜吸水烟。一筒水烟，地下必留一个烟蒂，因此家中地板上就有成千上万经烟蒂烧焦的小黑点。他的衣衫，常年不过三四套，从未见他穿过一身新衫。师母说太炎先生最怕洗面，更怕沐浴，手指甲留得很长，指甲内黑痕斑斑。……如绿豆糕、豆酥糖及各种杭州土产，是他最中意的。

太炎教师唯一的收入，是靠卖字。他不登广告，所以来求字的人极少。幸而由上海著名笺扇庄朵云轩主人，常常带了纸张来求他写字，每次都有小件大件百数十宗，取件时不论件数多少，总是留下笔润银币五十元。

在同福里居住不久，章老师竟发了一笔小财。一天，革命元老冯自由来访，要他写两件东西，一件是孙中山先生的《中华民国政府成立宣言》，一件是《讨袁世凯檄》。这两件原稿，本是章师手撰的，冯氏要求他亲笔各写一件，成为'历史文献'，当时冯氏不过送笔润银二十元。不料这件事，报纸上竟大登特登，有无数人都来求章师再写这两件原文，我记得一共有五六十份，有的送墨银（墨西哥银元简称）四十元，有些送墨银二百元。章师抱定宗旨，效黄夷甫口不言钱，章师母又不便出面，一切都由我应付。章师大约写到十件以上，就恼怒异常，再也不肯动笔，经师母横劝直劝，他只是不出声。后来想出一个办法，原来他平日吸的都是金鼠牌香烟，有一次人家送他一罐茄立克香烟。章师称它为外国金鼠牌，时常吵着要吸，师母不舍得买，这次就允许他每写一件，买一罐给他，这样问题解决了。"（陈存仁《师事国学大师章太炎》）

章太炎有两大爱好，一是吸纸烟，"先生嗜纸烟，往往一支尚余寸许，又燃一支，曾见其历三四小时不断。所吸以当时上海流行之美丽牌为常，偶得白金龙，即为珍品，盖先生为人书字初无润格，有欲得其翰墨者，大率即以纸烟若干听为酬，故能取之不尽，用之不竭。……先生为人书字，以钟

鼎为常，喜以一人牵纸，振笔疾书。"（左舜生《我所见晚年的章炳麟》）

另一个爱好是喜吃臭东西，以臭为美味。"他最喜欢吃的东西，是带有臭气的卤制品，特别爱好臭乳腐，臭到全屋掩鼻，但是他的鼻子永远闻不到臭气，他所感觉到的只是霉变食物的鲜味。"

据陈存仁回忆，有一位画家钱化佛，是章府的常客，一次他带来一包紫黑色臭咸蛋，章竟欣然大乐，开口说"你要写什么，只管讲"。隔了两天，钱化佛又带来一罐极臭的苋菜梗，章乐不可支，又说"有纸只管拿来写"，钱要他写"五族共和"四字，章竟一气写了四十多张。后钱又带来臭花生、臭冬瓜等物，让章又写了一百多张。而且提出落款不要署章炳麟，只署章太炎。章氏居然无不听从。

章太炎不善理财，更不懂生计，家里一切都由夫人打理，寻常生活常常捉襟见肘，夫人汤国梨知道许多人求他的字，只好让他多给人写字，以解决生计，但章太炎却是一副名士派，高兴写就写，不高兴不论人家出多少钱也不写，一切完全凭他的爱好和情绪。章氏对某人喜欢就写，不喜欢就不写，常常弄得事情很僵。平常别人求的最多的是寿序或墓志铭等，夫人索价一百元一件。"章师的书件落款，往往只写'某某属'或'某某嘱书'，绝不称'仁兄'或'先生'。求书的人，为了这点很不高兴，而且他写的是小篆，当时的富商巨公，对这种字体都不认识，不表欢迎，所以他的鬻书生涯真十分清淡。"（陈存仁）

章的性格就是这样。"章师嫉恶如仇，凡人有不善，他总是面加呵斥，不稍留余地，到了晚年，凡他不喜欢看见的人，绝不接见，即使见了也不会多说话，嘿尔顾他，不再作灌夫骂座。"（陈存仁）不要说普通人，就连蒋介石，他也是这样。据陈存仁回忆，一次在杭州楼外楼上，章太炎正在给别人写字，蒋介石偕夫人由周象贤陪来吃饭，饭别，周对蒋说，那个写字的就是章太炎。蒋过来招呼说："太炎先生你好吗？"章回答："很好很好。"蒋又问他近况如何，章答："靠一支笔骗饭吃。"蒋又说："你有什么事可以随时关照象贤。"章答："用不到，用不到。"蒋为表示尊敬，要用车送他回去，章坚持不肯坐其车，蒋无法，便将自用的手杖送给他，章对手杖倒满意，收下来了。次日杭州报上便刊登章"杖国杖朝"的消息，显示蒋对故旧极为关照。

　　章对蒋的不满，据说与蒋不让他为孙中山写墓志铭有关。孙中山去世时，章有意为孙中山写墓志铭，也只有他有资格写，但因他平日对蒋多有指责，引起蒋的不满，不愿请他写，但其他人又无资格写，所以碑亭虽建，但有碑无铭，只让人刻了"天下为公"四字代替。章对此终生引以为憾。看来此言也不完全是空穴来风。

　　一九三六年六月十四日章太炎因病去世，享年六十九岁。得知章氏病逝的消息，"全国朝野表示惊悼"（《早报》），国民政府拨专款三千元为章氏治丧费。"先祖父的生前友好纷至吊唁，并要求政府予以国葬，以表彰他生前功绩。当时由张继、居正、冯玉祥、李根源、丁维汾、程潜、谢武刚、陈石遗等出面，提请国民政府讨论。在一九三六年七月一日的国民党中央政治委员会第十七次会议上，曾作出'章炳麟应予国葬，并受国民政府褒恤'的决定（《朝报》一九三六年七月二日）；在同年七月十日，南京《中央日报》并正式公布了'国葬令'。国葬令全文如下：宿儒章炳麟，性行耿介，学问淹通。早岁以文字提倡民族革命，身遭幽系，义无屈挠。嗣后抗拒帝制，奔走拥法，备尝艰险，弥著坚贞。居恒研精经术，抉奥钩玄，究其诣极，有逾往哲，所至以讲学为重。兹闻溘逝，轸惜实深，应即依照国葬法，特予国葬。生平事迹存备付史馆，用示国家崇礼耆宿之至意。此令。"（章念驰《章太炎营葬始末》）国葬地点按章生前愿望选在抗清民族英雄张苍水墓侧，但因抗战爆发，国葬变得遥遥无期了，只好先葬于苏州章家后花园。一九五五年，在有关政府部门努力下，移至杭州风景区内张苍水墓侧，墓碑上"章太炎之墓"几个字还是章生前写的。也许最有资格写的还是他本人。

关于章太炎的一生，张中行有一句评语较为恰当，章太炎"总的印象是：学问方面，深，奇；为人方面，正，强（读绛）"。

一个背叛者，一个浪漫者，一个专制的"君主"：

怪杰辜鸿铭

英文文字超越出众，二百年来，未见其右。造词、用字，皆属上乘。总而言之，有辜先生之超越思想，始有其异人之文采。鸿铭亦可谓出类拔萃，人中铮铮之怪杰。

——林语堂

在民国时期，辜鸿铭是个大名鼎鼎的人物。林语堂这样评价他："英文文字超越出众，二百年来，未见其右。造词、用字，皆属上乘。总而言之，有辜先生之超越思想，始有其异人之文采。鸿铭亦可谓出类拔萃，人中铮铮之怪杰。"（林语堂《辜鸿铭集译〈论语译英文〉序》）

民国早年，辜氏不仅在国人中名声鼎沸，在西方世界名气更大，甚至到了被神化的地步。一度，辜鸿铭成了中国文化和中华文明的代名词。一九二一年，英国名作家毛姆游历中国时特地慕名求见，想一睹尊容，请他讲解《春秋大义》。为此特地托一位英国洋行的同胞说情，等了几天也未见回音。去问怎么回事，同胞说，他写了一张条子，让辜氏前来拜见，不知为什么一直未见辜氏影子。毛姆一听才知事情被弄糟了，于是亲笔拟了一封短简，恭恭敬敬地表达仰慕之意，求赐一见，辜氏这才答应与他见面。

还有一个故事，更能说明辜氏的影响。当年日本著名作家芥川龙之介到中国访问，一位老朋友约翰斯特别叮嘱他说："不去看紫禁城也不要紧，但不可不去一见辜鸿铭啊！"在当时西方人眼中，辜氏名声居然超过了紫禁城！有意思的是，芥川龙之介见到辜鸿铭后，特地写了一篇文章，在文章中，他真诚感慨道："约翰斯真不我欺。"（芥川龙之介《辜鸿铭先生》）显然这次见面令他十分满意，对辜氏和中华文化也有了更深的了解。

这两则真实的故事很形象地说明了辜氏在外国人心目中的影响。

辜鸿铭为什么令外国人如此着迷呢？

辜鸿铭（1857—1928），原籍福建同安，出生于马来亚槟榔屿。名汤生（Tomson），又号立诚，别署汉滨读易者、读易老人，晚年自称东西南北老人。曾祖为当地华侨首领，父辜紫云，在槟榔屿为英商布朗经营橡胶园，母为欧洲人。因从小聪明伶俐，被布朗收为养子。一八六九年，十三岁时，辜氏随养父布朗赴欧留学，接受系统的西方教育，后获爱丁堡大学文学硕士学位，为中国完成全部英式教育第一位留学生。辜氏先后留学欧洲十一年，广泛涉猎西方文学、哲学等，精通英、德、法、拉丁、希腊等多种语言，这在早期留学生中也十分罕见。辜氏后来暴得大名也与他精通多国外语有很大的关系。

一八八〇年，辜鸿铭学成返回槟榔屿，在新加坡当地殖民地政府任职。一八八二年，在新加坡偶晤维新派人物马建忠，一席长谈后辜氏思想发生极大转变。自称"三日倾谈""使我再一次变成一个中国人"。从此开始从西学转向中国文化。"……读五经诸子，日夜不释手。数年，遂遍涉群籍，爽然曰：道固在是，不待旁求也。"（罗振玉《外务部左丞辜君传》）辜氏通过研读传统文化，对中西方文化产生了新的认识，"谓欧美主强权，鹜外者也；中国主礼教，修内者也。言一时强盛，似优于中国，而图长治久安，则中国之道盛矣、美矣！文襄闻而大异之，延入幕府，不烦以常职，有要事就询焉。"（罗振玉《外务部左丞辜君传》）

一八八五年，辜氏入张之洞幕府，担任幕僚，先后近二十年，从此迷上传统的儒家文化，成为中华传统文化的忠实信徒。

一九〇七年，辜鸿铭随张之洞入阁，第二年被任命为外务部员外郎，后升至左丞。一九一〇年，辞去外务部职务，南下上海，任南洋公学教务长（一说校长）。关于辜去上海的原因，一种说法是，张之洞死后，张的上司和同事梁敦彦感到袁世凯将卷土重来，因辜曾在公开场合骂过袁是流氓，更大胆声称："人谓袁世凯为豪杰，吾以是知袁世凯为贱种也。"梁敦彦担心他会遭到袁世凯的报复，难逃厄运，劝他南下，于是辜遂南下上海南洋公学。辜氏在南洋待的时间并不久，辛亥革命后，辜为忠于清室便从南洋辞职了（一说是被赶走）。关于辜从南洋辞职的原因，蔡元培是这样说的：武昌起义后，上海望平街有人发传单，交通堵塞，"辜先生那时正在南洋公学充教员，乃撰一英文论说送某报，责问公共租界工部局，谓'望平街交阻滞，何以不取缔？'南洋公学学生阅之，认辜有反革命意，乃于辜来校时，包围而诘责之。辜说：'言论本可自由，汝等不佩服我，我辞职。'学生鼓掌而散，辜亦遂不复到校。"（蔡元培《辛亥那一年的辜鸿铭》）辜氏在南洋的时间虽不长，但这却是辜氏教授生涯的开始。

一九一五年四月，蔡元培聘请辜鸿铭任北京大学教授，讲授英国文学。这个时期正是辜氏在西方文化界如日中天的时期。一九一六年，《春秋大义》德译本出版，在德国掀起一股"辜鸿铭热"，丹麦著名文学批评家勃兰兑斯在《辜鸿铭论》中称他为"现代中国最重要的作家"，从来还没有一个中国人被西方如此认可，并得到这样高度评价。就连李大钊也在一九一八年撰文称"中国二千五百余年文化所钟出一辜鸿铭先生，已足以扬眉吐气于二十世纪之世界"。这一时期的辜鸿铭可以说达到了他声名的顶点，真正是炙手可热，所以辜鸿铭的狂与怪也就不足为奇了。时人这样评价他："在我的记忆中，辜鸿铭这个人可说是怪才，他的'才'可能有人能相伦比；至于他的'怪'，却是无人能与伦比的。"（周君亮《追忆怪才辜鸿铭》）

辜鸿铭出名，不仅因为他的学贯中西，也不仅因为他能操一口流利的外语，还因为他奇特的外貌和许多特立独行的做法。谈到这位学界怪杰，周作人曾这样描写道："北大顶古怪的人物，恐怕众口一词的要推辜鸿铭了吧。……他生得一副深眼睛高鼻子的洋人相貌，头上一撮黄头毛，却编了一条小辫子，冬天穿枣红宁绸的大袖方马褂，上戴瓜皮小帽……"非常可笑的是，就连他的包车车夫，也是一个拖带大辫子的汉子，正好与主人形成一对，成为北大门前的一道风景。当年还是北大学子的罗家伦后来回忆说："我记得第一天他老先生拖一条大辫子，是用红丝线夹在头发里编起来的，戴了一顶红帽黑缎子平顶的瓜皮帽，大摇大摆地上汉花园北大文学院的红楼，颇是一景。"

还有人描写得更加细致："先生性虽和蔼，但一触其怒，则勃然大发，无论何人，不能遏止，必骂个痛快，才能平息。先生喜叉麻雀，但不高明，

1918年，北大文科哲学门第二次毕业摄影。前排右起：陈汉章、梁漱溟、陈独秀、蔡元培、马叙伦、陈映璜、辜鸿铭、魏友枋

每战必北。日居谈喜诙谐，叨叨不绝，信难捧腹。衣冠极奇特，常穿蓝布长衫，戴红顶瓜皮小帽，留长辫一条。民国初年至北大上课时，行必坐轿，衣龙补长袍，足厚底朝鞋，头戴花翎顶，其辫弹弹，提水烟袋而登讲坛。"（王森然《辜鸿铭先生评传》）几个人的回忆，大同小异，却从侧面构成了一幅北大时期辜鸿铭的形象写照。

关于辜鸿铭在北大授课的风采，最有发言权的，当数他的亲炙弟子罗家伦。"在清末民初一位以外国文字名满海内外，而又以怪诞见称的，那便是辜鸿铭先生了。……后来我到北京大学读书，蔡先生站在学术的立场上网罗了许多很奇怪的人物。辜先生虽然是老复辟派的人物，因为他外国文学的特长，也被聘在北大讲授英国文学。因此我接连上了三年辜先生主讲的'英国诗'这门课程。……到了教室之后，他首先对学生宣告：'我有三章约法，你们受得了的就来上我的课，受不了的就趁早退出：第一章，我进来的时候你们要站起来，上完课我先出去你们才能出去；第二章，我问你们话和你们问我话时都得站起来；第三章，我指定你们要背的书，你们都要背，背不出不能坐下。'我们全班的同学都认为第一第二都容易办到，第三却有点困难，可是大家都慑于辜先生的大名，也就不敢提出异议。"（罗家伦《回忆辜鸿铭先生》）

辜氏英文很好，由于从小未接受严格的传统文化教育，中文反倒不尽如人意，不仅译文有时显得生硬，板书也常常出错，"因为辜先生的中国文学是他回国以后再用功研究的，虽然也有相当的造诣，却不自然。这也同他在黑板上写中国字一样，他写中国字常常会缺一笔多一笔而他自己毫不觉得。"（罗家伦）

辜氏从小受西方教育方式影响较大，所以并不完全拘泥中国的教学方式，上课时也经常跑题，信马由缰。周作人回忆说："他在北大教的是拉丁文等功课，不能发挥他的正统思想，他就随时随地想要找机会发泄。"（周作人《北大感旧录·辜鸿铭》）

不仅如此，辜氏许多做法，也迥异于常人。"五四"时候，辜氏在一家日本人办的《华北正报》上写了一篇文章，大骂学生运动，说学生是暴徒，是野蛮。有一天，罗家伦看报以后，拿着报纸就冲进教室质问他，说他不该在日本人的报上写文章骂中国学生，辜一时脸色铁青，最后用手敲着讲台忽然文不对题地来一句："我当年连袁世凯都不怕，我还怕你？"这简直有点像小孩子吵架了，倒也显示了他政治上幼稚可笑的一面。

辜鸿铭一向恃才傲物，目中无人，眼中能看得上的人寥寥无几，蔡元培算得上是其中的一个。也许是因为蔡元培请他到北大的，所以他对蔡元培一向十分维护，甚至到了可笑的地步。"五四"运动后，由于政治上的原因，蔡被迫辞去北大职务，大家都竭力挽留，辜鸿铭也走上讲台表示挽留之意，讲话时突然来一句："校长是我们学校的皇帝，所以非得挽留不可。"他的用意很明白，但把蔡元培比作皇帝的说法在当时却很不合时宜，若是换了别人，早挨了众人一顿批，但因为他是辜鸿铭，而且又是为了表达挽留蔡元培的好意，所以也就没人与他计较了，反倒哄笑起来。

接受传统文化熏陶后，辜氏思想渐渐趋于保守，甚至对旧的封建文化十分迷恋，但在具体表现上又特立独行。

"辛亥年清帝逊位后，有一批遗臣，组织一集体名曰'宗社党'，辜鸿铭亦为此中一分子。时宣统仍拥有皇帝名义，曾下诏诸遗老剪去发辫，遗老们都奉诏，但辜的辫子却留下不剪。中国在男人蓄辫时期，也有十分漂亮的辫子，那是长在青少年头上的，头发很长很多而黑润，但辜鸿铭的头发却稀少而短，半黄半黑，结成发辫，其细如指，都在后脑勺上，弯弯曲曲，十分怪异。他却毫不以为怪，昂然出入于大庭广众之间，遗老们遵命剪发后，

全世界只有一条男辫子保留在辜鸿铭的头上，因此便使这一条发辫成为辜鸿铭的特别标志了。"（周君亮《追忆怪才辜鸿铭》）

对辜氏的种种另类做派，罗家伦分析得十分透彻，"无疑义的，辜先生是一个有天才的文学家，常常自己觉得怀才不遇，所以搞到恃才傲物。他因为生长在华侨社会之中，而华侨常常饱受着外国人的歧视，所以他对外国人自不免取嬉笑怒骂的态度以发泄此种不平之气。他又生在中国混乱的社会里，更不免愤世嫉俗。他走到旧复辟派这条路上去，亦是不免故意好奇立异，表示与众不同。他曾经在教室里对我们说过：'现在中国只有两个好人，一个是蔡元培先生，一个是我，因为蔡先生点了翰林之后不肯做官就去革命，到现在还是革命。我呢？自从跟张文襄（之洞）做了前清的官以后，到现在还保皇。'"（罗家伦《回忆辜鸿铭先生》）

同在北大执教的温源宁认为："他辫子的炫耀，很足以显露他整个人的性格。他为人刚愎，度着与人对抗的生活，众人所承认者，他则否认；众人所欢喜者，他则不欢喜；众人所承认者，他则藐视。与众不同，即是他的快乐和骄傲；因为剪辫子是流行的，所以他便留辫子，倘若人人都留辫子，我相信剪辫子的第一人，一定是辜鸿铭。"（温源宁《辜鸿铭》）温的话可谓一语中的。

对此，辜氏自己的说法也许最具参考意义。"许多外人笑我痴心忠于清室。但我之忠于清室非仅忠于吾家世受皇恩之王室——乃忠于中国之政教，即系忠于中国之文明。"（林语堂《辜鸿铭》）

辜鸿铭虽行事怪诞，却有自己的原则。袁世凯时代，"安福部当权时，颁布一个新的国会选举法，其中有一部分的参议员是须由一种中央通儒院票选的，凡国立大学教授，凡在国外大学得学位的，都有选举权。于是许多留学生有学士硕士博士文凭的，都有人来兜买。"（胡适《记辜鸿铭》）一位姓陈的来运动辜投他一票，辜说，别人票二百元一张，他的至少要五百元一张。对方还价三百，最后双方经讨价还价，以四百元成交。选举前一天，陈某把四百元和选举入场证都带来了，再三叮嘱辜氏第二天务必到场。"等他走了，我立刻赶下午的快车到了天津，把四百元钱全报效在一个姑娘——你们都知道，她的名字叫一枝花——的身上了。两天工夫，钱花光了，我才回北京来。"（胡适《记辜鸿铭》）后来，那人赶到辜家大骂他无信义，辜拿起棍子，大骂道："你瞎了眼睛，敢拿钱来买我！你也配讲信义，你给我滚出去！从今以后不要再上我门来！"（胡适《记辜鸿铭》）这是辜亲口对胡适讲的故事，可信度非常高，记在胡适的文章中，这件事一时传为笑谈。

辜鸿铭看不起那些政客，对他一度效忠的清室也颇有微词。"先生任气忤物，往往开罪于人。在鄂中庆祝万寿节时曾歌曰：'天子万年，百姓花钱；万寿无疆，百姓遭殃。'"（王森然《辜鸿铭先生评传》）这也反映了他性格的复杂性以及忧国忧民的一面。

所以有人说："辜先生是一个时代的反抗者，并且是一个良心的反抗者，不论好坏，他一定要批评，宁可做社会的公敌，良心觉得不对的，就是骂，痛骂；他骂得也痛快！他不肯降服社会，人云亦云。他宁可做一个真小人，不肯做一个伪君子；要同社会对抗！"（震瀛《辜鸿铭先生之欧洲大战观》）连《清史稿》中《辜鸿铭传》亦说他："汤生好辩，善骂世；国变后，悲愤尤甚。"（陈彰《一代奇才辜鸿铭》）

辜氏对洋人态度也反映了他性格的复杂性。也许因为在西方太久的缘故，对西方人人性中丑恶的一面了解越深，越鄙视那些妄自尊大的洋人，这一点也与那些崇洋者大相径庭。在北大时期，他最看不惯那些自以为是的洋教授，甚至公开表示他的轻蔑。他"戴着一副大墨晶眼镜，宽袍大袖，昂然坐在沙发内，谁也不理睬。他对于外国教授，特别是教文科的教授，分外不客气"。（周君亮《追忆怪才辜鸿铭》）一次一位外国教授看到他一条小辫子，十分好奇，便好奇地向校役打听。辜问清他是教文学的，故意改用拉丁语与他谈话，对方马上接不下去，辜得意地说："你教西洋文学，如何拉丁文如此隔膜？"洋教授大窘，才知道此人是鼎鼎大名的辜鸿铭。

林语堂还讲过一个故事："鸿铭好出人意外，向来看不起英人之傲慢。曾在北京真光电影院，前座有一外人，鸿铭出其不意，拿他手里的烟斗，向前面秃发一敲。外人不知所以，鸿铭只拿烟斗向他要火，外人忙乖乖地听命。"（林语堂《辜鸿铭集译〈论语译英文〉序》）

辜氏对洋人完全按洋人规则行事，毫无媚洋心态，虽在国人看来有些乖戾，但却深受洋人的尊重。"一次，辜氏在东交民巷内的六国饭店，用英文讲演'The Spirit of Chinese People'（他自译为《春秋大义》），中国人讲演从来没有卖票的，他却卖票，并且卖得很贵。当时听梅兰芳的戏，最高票

价不过一元二角，而他的门票则售二元，其受外人重视可见一斑。"（张起钧《文坛怪杰辜鸿铭》）鉴于辜氏的巨大名声，在北京大学时，北大请来的外国一流洋教授见到他都十分恭敬，远远地站着，而他走近了，看见英国人，用英语骂英国不行，看到德国人，用德语骂德国不好，看到法国人，则用法语骂法国不好，把这些世界一流的洋教授一个个骂得心服口服。"在庚子八国联军的时候，辜先生曾用拉丁文在欧洲发表一篇替中国说话的文章，使欧洲人士大为惊奇。善于运用中国的观点来批评西洋的社会和文化，能够搔着人家的痒处，这是辜先生能够得到西洋文艺界赞美佩服的一个理由。"（罗家伦《回忆辜鸿铭先生》）

就是对外国那些品行不好的少年，他也毫不客气。有一次，辜氏在上海乘电车，忽遇两个英俊的洋场少年，见他这样土相，西洋少年故意用英文讪笑他，辜听了十分恼火，立刻用极流利的英语骂了过来，两少年大吃一惊。洋少年改用法语，辜又用流利的法语把对方狠狠骂了一通。两人无地自容，狼狈而逃。

辜对洋人的反感，是有自己的原因的。"虽然辜鸿铭在苏格兰受过外国教育，有许多外国朋友，但他并不喜欢西方人。在革命之后，他更加不喜欢他们。因为他把革命归因于西方的影响。他憎恨把那种同中国精神相对立的民主理想介绍到中国。他写道：'这种崇拜暴乱的教义是从英国和美国输入中国的。它引起革命和现在民国这场恶梦。'现在，这种崇拜暴乱的教义'正在威胁和毁灭当今世界文明中最有价值的财富'——真正中国精神。他还认为，如果不立即放弃这种暴乱崇拜，它'不仅会毁灭欧洲文明，而且会毁灭世界文明'。"（庄士敦《废帝溥仪召见辜鸿铭》）

辜氏迷恋传统的中国文化，连旧文化中的糟粕也一并吸收进来，包括对纳妾、玩妓、小脚等的癖好。"辜鸿铭虽是学博中西，足迹遍天下，但他为人怪诞，他不但力主保存我国的旧文化，甚至连辫子、小脚、姨太太等也在他的保存范围之列。而他之好辩善骂，尤为当时人把他列为金圣叹一流的人物。"（陈彰《一代奇才辜鸿铭》）

辜氏在京城吃花酒、逛妓院几乎是公开的秘密，他却似乎把它当成了一件文人雅事。"辜先生有时亦逛八大胡同。认识一妓，名纫香者，貌不美而有风致，酒量极好。予在大森里识一吴人名小凤第者，每吃花酒，必请辜先生。

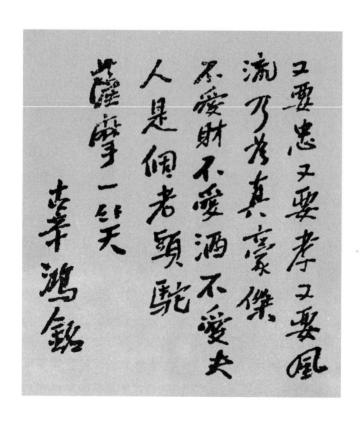

辜鸿铭赠日本友人萨摩雄次手书

先生常以小辫与群妓嬉戏，有时打茶围。至天亮始各归寓。"（《记辜鸿铭》）

辜氏对女人的喜爱有许多异于常人的怪癖，据说他有恋小脚癖，每以寻访三寸金莲为乐事，尤喜嗅小脚的臭味，据说每一嗅及，文思大发。对此他还有一番奇谈怪论："小脚女士，神秘美妙，讲究的是瘦、小、尖、弯、香、软、正七字诀；妇人肉香，脚惟一也，前代缠足，实非虚政。""女人之美，美在小足，小足之美，美在其臭，食品中其臭豆腐、臭蛋之风味，差堪比拟。"（陈彰《一代奇才辜鸿铭》）

"先生在湖北时，寓所在大朝街……正夫人系中国产，为其续娶，貌仅中姿，而其裙下双钩，尖如玉笋，绰约婀娜，莲步珊珊，先生最宠爱之，二夫人日本籍……相传辜氏有嗜臭奇癖，每夜就寝时，照例必捧其夫人双翘大嗅一阵，方始就寝，否则不能安眠。……先生且喜嫖，每夕必御女，女非小脚不乐，谓缠足妇人，为中国女性特有之美，又谓中国妇人小脚之臭味，较诸巴黎香水，其味尤醇，且谈时眉宇间含有莫大愉快之色。"（王森然《辜鸿铭先生评传》）

辜氏既放浪形骸又十分守旧。一个典型的例子是关于学生男女同校上课的事。有一年，辜主讲北大英文课时，当时男女刚刚实行同学，他忽见座位中有女生，大异，有人告以是新招女生。他怀疑别人听不懂，当女生读给他听后，他仍以音不对把人赶出教室。下课，辜即找到蔡元培，说"教室中忽发现女性，男女授受不亲，请辞去教职"。一时传为笑柄。（事见王森然《辜鸿铭先生评传》）

辜氏性格中除了狂、怪，还有十分幽默的一面。

辜氏上课时，并不呆板，有时甚至还很幽默。"辜先生对我们讲英国诗的时候，有时候对我们说：'我今天教你们外国大雅。'有时候说：'我今天教你们外国小雅。'有时候说：'我今天教你们外国国风。'有一天，他异想天开地说：'我今天教你们洋离骚。'"（罗家伦《回忆辜鸿铭先生》）震瀛在《补记辜鸿铭先生》一文中也曾有类似记载："看他的为人，越发诙谐滑稽，委实弄到我们乐而忘倦，也是教学的一种方法，所以学生也很喜欢。"可见，辜鸿铭上课时并不刻板，还是比较生动的，深受学生欢迎。

辜氏的幽默更多地表现在他的日常言谈中。"有一次，鸿铭应外国友人的宴饮，来宾中只有他是华人，于是大家便推他坐首席。坐定后大家谈论中西文化，席间有人问他：'孔子之教，究竟好在哪里？'辜答以：'刚才诸君互相推让，不肯居上座，这就是行孔子之教。假如行今日西洋物竞天择之教，以优胜劣败为主旨，则今天这一席酒菜势必要等到大家竞争一番，俟胜败决定，然后坐定，才能动筷子了。'他这妙论一出，引得坐客捧腹不已。"（陈彰《一代奇才辜鸿铭》）

辜氏最著名的幽默故事是他关于婚姻的茶壶理论。"他是公开主张多妻主义的，他一个最出名的笑话就是：'人家家里只有一个茶壶配上几个茶杯，哪有一个茶杯配上几个茶壶的道理？'"（罗家伦《回忆辜鸿铭先生》）这个笑话流传如此之广，以至陆小曼与徐志摩结婚时，她怕徐再与别的女人谈恋爱，便对徐说："志摩！你不能拿辜先生茶壶的譬喻来作藉口，你要知道，你不是我的茶壶，乃是我的牙刷，茶壶可以公开用的，牙刷不能公开用的！"（罗家伦）

虽然辜氏在朋友中大谈茶壶理论，但具有讽刺意味的是在家中却十分惧内，"他平生很怕老婆，所以他告诉我们：'老婆不怕，还有王法么？'这是他的幽默。"（震瀛《记辜鸿铭先生》）

辜氏幽默与讽刺还体现在他的文章中，比如："什么是天堂？天堂是在上海静安寺路最舒适的洋房里！谁是傻瓜？傻瓜是任何外国人在上海不能发财的！什么是侮辱上帝？侮辱上帝是说赫德（Sir Robert Hart）总税务司为中国定下的海关制度并非至美至善。"（罗家伦《回忆辜鸿铭先生》）

关于辜氏的幽默，林语堂有独到的见解："实则辜鸿铭之幽默起源于其倔强之本性及其愤世嫉俗之见解。在举国趋新若鹜之时，彼则扬言尊礼；在民国时期，彼偏言尊君，偏留辫子；在崇尚西洋文明之时，彼力斥西洋文化之非，细读其文，似非无高深见解，或缺诚意，然其持之过甚，乃由愤嫉而来。"（林语堂《辜鸿铭》）

一九二四年十月，辜氏应日本大东文化协会的干事萨摩雄次邀请到日本讲学。"先生出任大东文化学院教授，讲授东洋文化及语言学，先生特异的风格和敏锐的洞察力，深得青年学子的爱戴。"（萨摩雄次《追忆辜鸿铭先生》）

一九二七年秋，辜鸿铭自日本返回北京，担任张作霖顾问，不久被拟定为山东大学校长。可惜未能上任，即于一九二八年四月三十日病逝。

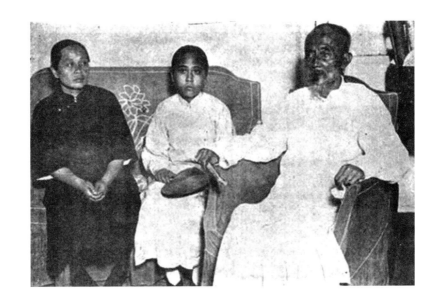

　　盖其一生，辜氏都是一个矛盾的人。温源宁的一段话概括得十分到位："一个背叛者，宣传君主主义；一个浪漫者，接受儒教作为人生哲学；一个专制的君主，却以佩奴隶的记号（辫子）为得意：辜鸿铭之所以会成为中国近代最有趣的人物者，即是由于上述的矛盾。"（温源宁《辜鸿铭》）

　　辜氏外表的狂、怪只是一种表象，他的狂怪掩盖了他内心深刻的矛盾。对辜氏的评价，吴宓的话也许较为准确："盖辜氏久居外国，深痛中国国弱民贫，见侮于外人，又鉴于东邻日本维新富强之壮迹，于是国家之观念深，爱中国之心炽，而阐明国粹，表彰中国道德礼教之责任心，乃愈牢固不拔，行之终身，无缩无倦。此实辜氏思想学说真正之渊源。故辜氏生平痛恨中国人（尤以留学生为甚）之吐弃旧学，蔑视国俗。而以感情所激，趋彼极端，遂至力主忠君，长戴辫发，自比遗老。而其晚年最崇拜日本，乐居彼邦，亦可藉此说明。盖皆热烈之爱国主义所酿成者也（吾国今日爱国之士应洞察此层，勿徒以顽旧讥斥辜氏）。"（吴宓《悼辜鸿铭先生》）

后　记

　　承蒙团结出版社的垂青，我的这本小书《不尽往事尽风流》最新修订版才有了出版的机会。

　　这本小书，初版于2008年，当初河南文艺出版社许华伟兄出版这本小书时，书名《民国教授往事》。那一年，恰逢在郑州召开全国书市，我在书市上看到刚刚问世并散发出油墨香味的这本小书时，内心多少有些小小的激动，虽然这不是我的第一本书，对我来说，它的出版却有着特别的意义。那时民国热刚开始升温，作为一个职业出版人，我根据自己对市场的理解，决定另辟蹊径，选择一个微观视角切入，集中书写民国教授这一特定群体。作为聚焦民国教授这一群体的非虚构作品，我的这本小书在当时差不多可以算是第一本。出版后，市场反响良好，十年间先后有过多个版本，其中还有一个台湾版。当初我只是想写一本能够供读者消遣的书，并没有太多奢望，其市场反响多少超出了我的意料之外。

　　这本小书的诞生，并不是受民国热影响的跟风写作，而是缘于我当时为单位组织策划的一套"大家散文文存"。为了做好这套书，我亲自担任了一部分图书的责编，并因此对这些散文大家的生平有了更多的了解，发现其中相当一部分人都有一个共性：他们既是民国文坛风云人物，又是大名鼎鼎的大学教授，如鲁迅、胡适、朱自清、俞平伯、苏雪林、陈西滢、沈从文等人无不如此。大学教授是那个年代所有文人学者向往的职业，远比今天的大学教授位尊而高薪。我曾在《民国教授往事》后记中说：这些作家在作品中详细"谈到他们当年在北京、上海、武汉、广东，以及抗战时期大后方昆明、重庆、成都等地高等学府的教书生涯和生活经历，透过这些文字，我第一次对民国时期大学教授这一特定群体的生活有了一些感性的认识，也就是在这个时候，忽然产生了写这本小书的冲动"。当时搜集资料，远不像今天这么便捷，作为一个业余作者，我花了大量时间钻图书馆，跑古旧书店，逛旧书摊，四处搜集查阅资料，前后历时近三年时间，最终完成了这本小书。

作为一个职业出版人，一个业余作者，我知道在图书爆炸的时代，市场并不缺少一本小书，既然要写，就应该尽量为读者提供一些新鲜的东西，一点干货。因此，写作之初，我为这本小书定了几条标准：第一，入选的人物，必须是大学教授，要有大学教书的经历，而且要具体书写他们在大学执教的职业生涯，包括细节，给人以现场感。第二，入选者不光有名，有影响，而且还必须是有故事的人，要有趣，能引起读者的兴趣，产生阅读的快感。第三，作为一本非虚构历史文化读物，一定要用史实和史料说话，用细节说话，不胡编乱造，不搞假大空，不说教，尽量做到无一事无出处，无一事无来历。因此，书中所有的引文都严格注明了出处，力求还历史以本来面目。第四，文字风格力求与历史人物和时代气息相吻合。也许因为这个原因，这本小书出版后，一直受到读者的欢迎，长销十多年，这既出乎我的意料，也令人欣慰。

白云苍狗，逝者如斯。一晃，距离初版已经十五年了。根据出版社的要求，为了适应今天年轻一代读者的需求，笔者对全书做了较大修订，这次修订主要体现在以下几个方面：第一是篇名，所有的篇名都进行了重新修订，更加具体丰富，也更适合今天年轻读者的阅读需求。第二，增加了大量照片，大大丰富了作品的内涵，更加厚重，图文并茂。第三，新增了两篇新写的文章：《我与阿Q是同乡：名士陈从周》《一生低首紫罗兰：周瘦鹃》。陈从周不仅是资深大学教授，还是一代园林宗师和古建筑研究大家。周瘦鹃曾在民国报坛名重一时，又是著名作家，其文人和报人身份与本书风格也十分吻合。

这次能有机会修订出版，完全是机缘巧合。二〇二三年四月，疫情刚刚过去，江南草长莺飞季节，团结出版社领导一行到访南京，在五台山先锋书店举办著名作家、学者王振羽先生《人事完缺：吴梅村传》新书发布会。在发布会上，我有幸结识团结出版社多位领导，梁光玉社长、赵广宁总编辑、总编助理李可女士等人。我和梁社长可谓一见如故，承蒙梁社长垂青，主动提出为我这本小书出一个最新修订版，而且速度神速。具体操作中，总编助理李可女士亲自担任拙作责任编辑，不辞辛苦，亲力亲为，不仅一一完善篇名，而且还花费宝贵时间查找资料，为本书增加了大量珍贵的历史图片，极大丰富了图书的内容；在编排上，也提出了很好的建议，为这本小书增色很多，令我特别感动。在此，一并表示真诚谢意。

由于时间和学识所限，书中错误和不足之处，在所难免，敬请读者批评指正。

汪修荣

2023 年 9 月于秦淮河畔